中山大学"985工程"马克思主义与当代文明创新基地
"全球化时代的意识形态与价值教育"项目成果
"十一五"期间（2006–2010年）国家重点图书出版规划项目

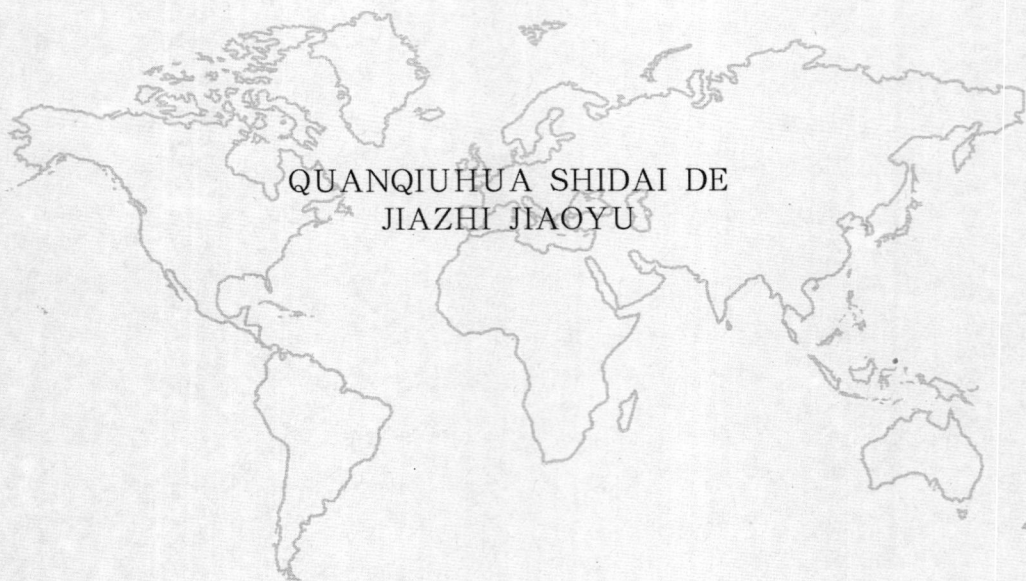

QUANQIUHUA SHIDAI DE
JIAZHI JIAOYU

全球化时代的
价值教育

《全球化时代的意识形态与价值教育》丛书
李萍 主编

林滨 等 著

人民出版社

目 录
contents

目录
contents

总 序

　　全球化是当今世界发展的客观趋势和历史潮流，进入 21 世纪后全球化的进程加速，全球化议题日益成为世界共同关注的重点问题，无论是 2008 年席卷全球的金融危机，还是 2009 年哥本哈根全球气候大会以及 2010 年 4 月华盛顿核安全峰会，全球化无疑已经广泛深刻地影响了世界的发展和人类的命运。

　　所谓全球化，是指人类社会从以往各个地方、民族和国家之间彼此分割的原始封闭状态走向更紧密联系和全方位交往的全球性社会变迁的过程。从根本上说，全球化是以社会生产力发展为动力的，是人类社会逐步超越各种障碍和制约因素，在各种领域加强互动、交流，逐步取得共识，遵守共同规则，采取共同行动的趋势过程和价值选择。生产力尤其是知识的积累普及、技术水平和通讯工具的不断革新缩短了空间的距离，资本运行的驱力与轨迹则形成了从地方市场到世界市场的全球经济的一体化，人类活动范围和联系空间不断扩大，相互交往变得全面和深入，使世界变成了地球村。

　　作为一种全球性的历史发展，全球化不仅体现为经济交往、贸易活动，而且必然带来观念的交流，价值的碰撞、信息的融合，从而引发了人类社会的深刻变化。正像经济全球化深刻地改变了世界经济的格局和发展趋势一样，全球化条件下的文化变迁和发展也产生了更为广泛和深刻的变局，这是在资本、技术、信息的全球化流动基础上产生的"意识流"、文化和价值观的整合与变迁，它涌动在全球化的时空中。按照社会意识自身的活动规律，通过本土与全球、传统与现代、一元与多元的作用方式，形成了全球化条件下文化发展的新特点。因而认真研究全球化时代的文化变迁与发展的规律和特点，无疑具有十分重要的意义。

从广义上看，文化的内核是价值观念系统，价值观又与特定主体的存在方式相联系而构成社会的意识形态；在现实性上，意识形态是价值观的特定表达方式。在全球化的条件下，文化、价值观、意识形态的相互关联和相互作用具有了更为复杂的内涵和新的特点，文化的交往必然引发价值观、意识形态的碰撞、交汇以致冲突，从而给国家意识、文化安全带来挑战，同样需要从理论和实践上给予高度关注。全球化既提供了意识形态发展的舞台，也形成了意识形态较量的战场，"趋同"与"求异"的对立统一构成了意识形态发展的力量，其内隐着文明的冲突与秩序的重建。

从历史上看，中国的现代化与全球化的历史似乎有着不解之缘。肇始于20世纪70年代以来的改革开放和社会主义现代化的宏伟事业，正是在经济全球化的新浪潮中把握机遇、发挥优势、脱颖而出、迅速崛起的，换句话说，正是全球化的浪潮推动了中华民族伟大复兴的现代化航船。因而作为东方文明的古国，作为人类文明新实验——社会主义的现代化中国，其文化形态和价值体系必然在全球化的浪潮中面临着更为激烈的碰撞、冲突、失范、融合与重构，从而奏响了新文明的序曲，它既开创了中国特色社会主义的发展之路，也为人类文明的发展注入了新的元素和动力。因而在全球化带来的文化同质性和文化多样性的张力中，如何发展社会主义的意识形态，确定社会主义的核心价值，坚持中国特色的文化自觉和主体性，无疑成为具有重大意义的时代课题。

　　为此，由我主持和我的同仁一起承担完成的中山大学 985 二期项目《全球化时代的意识形态与价值教育》研究丛书，立足于时代发展的宏大背景，力图对全球化背景的意识形态和价值教育的时代主题作出积极的探讨和应有回应，从而形成了本套丛书。本丛书以全球化为背景，以马克思主义理论为指导，以意识形态与价值教育为研究对象，以多学科的理论和方法，从纵向方面，围绕着意识形态这一文化现象重要内核的形成和发展的特点，对意识形态概念——世界意识形态流派——当代社会主义意识形态发展进行了递进的深入研究；从横向方面，观照当代中国社会的发展，对意识形态与经济发展、意识形态与价值重构、意识形态与价值教育展开了关系的理论阐释，力求勾勒与把握全球化时代的意识形态与价值教育的基本特征，从而对全球化作为新的生存方式对社会与人的发展带来的深刻影响作出积极的回应。本丛书各册的主要内容如下：

　　《当代意识形态论》（钟明华等著），将意识形态放置在全球化的平台上来进行思考，从而使意识形态的概念在流变中得以丰富与扩充，成为具有主导力量和核心影响力的文化思想。在此基础上继续从市场叙制、政治转型、文化产业、社会复制、技术传媒等层面探讨与意识形态的关系问题，并得出全球化时代意识形态发展的一些新趋势。最后，着重从本土的层面回应如何进行意识形态建设。

　　《全球化时代世界意识形态流派述评》（孟庆顺等著），以当代世界发展作为历史背景，既重点论述了包括马克思主义、自由主义、民主主义等在世界上影响较大的一些意识形态流派，也探讨了当代崛起的新意识形态流派，如消费主义、女权主义、生态主义、科技主义等，分析其缘起与流变，评述其现状与未来，思考其意义与启示。

　　《当代国外社会主义意识形态发展导论》（郭文亮、杨菲蓉等著）以当代国外社会主义意识形态发展为主线，深入分析了当代国外社会主义意识形态发展的时代背景和社会历史条件，全面概括了当代国外社会主义意识形态发展的历史进程与空间布局，着重探讨了当代国外科学社会主义、民主社会主义、民族社会主义等有代表性的社会主义意识形态在不同地区、不同时代的曲折发展，并在此基础上，认真总结了当代国外社会主义意识形态发展的经验教训，客观评析了当代国外社会主义意识形态发展的地位和作用，同时思考和展望了新世纪国外社会主义意识形态发展的趋势和前景。

《当代中国经济与社会主义意识形态互动发展研究》（叶启绩、谭毅等著），立足于中国经济发展事实，以全球化时代的经济与意识形态日益形成互动的趋势为出发点，比较系统地分析这种趋势的基本内涵、表现，并从中国社会主义建设中处理经济与意识形态关系的历史经验与教训出发，深入研究了改革开放以来中国经济发展所取得的巨大成就与中国对社会主义意识形态进行的多次重大创新历程的同步性、互动性。探讨了两者相互相承，共同发展的规律、特点、作用机制与方法等问题。

《当代中国价值问题与价值重构研究》（吴育林等著），以全球化和中国改革开放、构建社会主义市场经济为时代背景，以马克思主义意识形态理论和价值学理论为思想理论基础，试图揭示当代中国在经济转轨、社会转型时期的价值困惑问题及其孕生的历史、文化、意识形态和时代变迁等存在原因；在此基础上厘析出当代中国价值重构的思想资源、基本指向和实践建构原则和途径。

《全球化时代的价值教育》（林滨等著），以全球化时代社会主义意识形态的研究为背景，在对社会主义核心价值把握的基础上，以全球视野和时代意识，探讨了价值教育的时代境遇与追求，在对价值教育的中西沿革与嬗变梳理的基础上，对价值教育的本体进行了理性的审视，展开了对价值教育的焦点与矛盾的分析，厘析了意识形态与价值教育的关系，探讨了当代中国价值教育的内容与途径，力求对价值教育的时代建构与发展趋势做积极的探索。

可以说，这套丛书是我们置身时代境遇中，对人类文明经过长

期艰难跋涉汇聚各种力量而形成的全球化浪潮的思想淘沙，我们在感受历史潮汐的涌动之时，期翼以我们的努力，通过对全球化时代文化与价值变迁的省思，把握其精神脉搏的韵律，以使我们在被全球化浪潮裹挟着前行的同时，还能自觉保有理性的睿智，用人类思想的光芒照亮远方的道路……

主编

2010 年 4 月 22 日

第一章
全球化时代价值教育的发展境遇

全球化是现代社会的"时代话语",是标识时代特征的"时代意识"。不论人们愿意与否、自觉与否,全球化作为当今时代的生存方式与发展方式,都已深刻影响并将继续影响着人们的思维方式与价值观念,锻造出与现代社会变迁相呼应的精神气质与人格范式。在全球化时代下审视价值教育,探索全球化下的价值教育变革的深层矛盾、内在机理与创新思路,有着特定的时代紧迫性与现实重要性。

一、多元共生的激荡与困惑

作为对立统一的两级，全球化与民族化自一开始便是相拥出场的，没有民族化，也就没有全球化；越是全球化的普及深化，也就越发凸显民族化的独特性与价值性。全球化带来了西方价值，更新了人们的思维方式与价值观念，但也是在全球化不断深化的环境下，人们从来没有像今天这样强烈关注人内在的精神状况与人的发展问题，从来没有像今天这样时刻追问着民族文化价值的发展与创新问题。毋庸置疑，全球化开启了国人对自身内在的精神世界与民族文化价值的新一轮反思。在全球化与民族化、西方价值与东方传统的冲突与交融中，多元与一元共在，激荡与交融同生，困顿与突围并存。困惑与选择、借鉴与批判、传承与开新成为全球化时代的文化价值领域的经常性主题。

1. 全球化：当今时代的生存方式和发展方式

生存方式是人们在特定的背景下如何生存以及如何对待生存的问题。人类社会的物质生产方式及其实践环境决定了人的存在方式和发展状况，有什么样的社会生产生活实践形态，就有什么样的人的存在样式。马克思、恩格斯在《共产党宣言》中曾描述道：全球化实际是一个始自哥伦布 1492 年发现新大陆的资本在全世界的运作和扩张过程。① 资本主义工业化对世界范围原料和市场的需求以及资产阶级对利益的追逐，无疑是人类从闭关自守、彼此分割的状态走向全球化社会的始作俑者，但全球化概念具有现代性意义及其被各民族广泛认同并深刻改变人们的生产和生活，则是近几十年来伴随着全球性经济活动和信息技术的兴起而出现的。"global"（全球性的）自从 16 世纪就已经被使用了。直到 20 世纪 80 年代早期，全球性这一概念才得以广泛应用。20 世纪 80 年代，在形容词 "global"

---

① 《马克思恩格斯选集》第 1 卷，人民出版社 1995 年版，第 273 页。

的学术用途得到扩展之后，全球化和全球性都成为举足轻重的术语，主要是指加强联系和普及并加强世界一体性意识之双重特性。① "全球化的释义中最普遍的是这样的一些观念：通过一种技术的、商业的和文化的趋同，世界正在变得更加一致和更加标准化，而这种趋同倾向发源于西方；而且全球化与现代化联系在一起。"② 全球化作为中国现代化进程的现实际遇，它与市场化、网络化相互交织、相互强化。对于当代中国而言，全球化的时代意义绝不仅仅停留于一种新的交往方式与全球经济交往活动，而是愈发成为中国现代化进程中人们所无法离弃的具有现代性意义与价值的生存方式与发展方式，是标识当今时代特征的"时代话语"与"时代意识"，它给传统社会的生存方式和发展方式带来了革命性的改变。

首先，全球化深刻改变了中国千百年来维系着的社会结构和社会关系，带来了生存方式的变革。传统的生存方式是建立在农业生产的基础之上的。在这一历史时期，人并没有真正摆脱自然的控制而获得独立，人依然依赖于自然界而生存。在传统相对落后的生产力条件下，人们只能在有限的范围内利用自然提供的生存条件，因而其生存方式和发展方式必然受自然条件的限制，从而表现出明显的地域性特征。在中国，这种极富地域性特征的生存方式局限在封闭性极强的"乡民社会"中。由于农作物固着于土地上，侍候庄稼的老农也因之像是半身子插入了土里。直接靠农业来谋生的人是粘着在土地上的。乡村里的人口似乎是附着在土地上的，一代一代地延续下去，不太有变动。③ 由于要共同抵御自然灾害，农民习惯聚族

---

① 王宁编：《全球化与文化：西方与中国》，北京大学出版社 2002 年版，第 18—19 页。

② 【荷】让·内德文·皮斯特：《作为杂合的全球化》，梁展选编：《全球化话语》，上海三联书店 2002 年版，第 103 页。

③ 费孝通：《乡土中国·生育制度》，北京大学出版社 1998 年版，第 7 页。

而居。在这样的狭小的环境里，与陌生人交往的机会也因此极其缺乏，基本不会超过偶尔小规模集贸交流的范围。不同区域内的人们的生存方式还不能真正相互影响，更不要说各民族国家之间大规模的交流。

聚族而居的传统中国，血缘是维持其社会关系的基本纽带，而交往的密切程度以及人与人之间权利义务关系则与血缘的亲近程度成正相关关系，中国传统的人伦关系可以说是一个封闭、狭隘和保守的"差序格局"。由于血缘是稳定的，"差序格局"中私人关系以及社会关系亦都异常稳定。生活范围的限制使得人与人在价值观、宗教信仰以及行为方式方面都具有极大的同质性。新中国成立后的很长时期，尽管社会性质和社会结构发生了根本性的变化，但经济生活的计划性与市场化发育得不充分，从而限制了社会的开放与经济的全球参与，经济滞后性与社会封闭性特征仍然十分明显。20 世纪 80 年代以来，中国现代化进程中适逢世界范围的全球化浪潮，全球化与市场化改革、网络信息技术相互交织，根本改变了传统社会的基本样态，带来了社会生活"撕裂性"的变革。全球化首先打破了传统的生产方式和生活方式，它不仅把生产和消费的经济活动纳入了世界的范围，而且把现代人的生活方式置于世界视野之中，使社会生产与生活的物质基础进行新的组合。在全球化浪潮席卷下，传统的生产方式得以根本改变，人们的生活圈和交往范围不仅突破了血缘、族缘与地缘的局限，而且随着现代科技与传媒的发达，已经跨越地域和疆界的阻隔，日益显现世界性的视野。"不管我们是否知道和是否愿意，我们都是早已是世界社会关联中的行动者和反应者。或许不是经济，而是人生变得全球化了。"[①] 随着生产方式的根本转换，传统以家庭、宗族为轴心的交往方式让位于以业缘和活动

---

① 【德】乌·贝克、哈贝马斯等著，王学东等译：《全球化与政治》，中央编译出版社 2000 年版，第 51 页。

的公共关系为轴心的交往方式，传统建基于血缘关系的封闭的差序社会结构与人伦秩序，冲破了传统的地缘、血缘羁绊与局限，获得了全球范围的开放性与流变性。过去"人们总是把社区、家庭、朋友或其他各种能够感受得到的共同体与地域联系起来，而现在我们却日益生活在这样一种状况中，即不能再说我们所经历的共同体存在于某个地方。相反，我们所处的地方未必与共同体有关。"① 全球化的生存方式，冲破了传统社会结构、生活方式、社会关系与人伦秩序的固有格局，打破了传统社会的密闭结构与人的宗法差序式的生存方式，在很大程度上克服了传统社会的封闭性、保守性与狭隘性。建基于信息网络技术基础上的全球化，使人们的生存摆脱了地域和民族文化的限制，全球性的流动、交往成为一种常态。全球化下的生存格局，已被纳入世界视野之中。

其次，全球化不仅作为现代社会的存在方式，而且还是现代人的一种精神理念与精神追求，是一种"时代意识"、"时代精神"。全球化生存与交往所蕴涵的开放、变革、自由、个性、开拓、创新的精神气质，直接冲击了传统文化价值观念中的封闭、守旧、以身许孝、以孝尽忠、以德付礼、压抑个性的精神理念，为传统伦理价值体系嵌入了全新的、具有现代性价值的精神气质与要素，使新旧伦理价值观念在现代社会境遇中进行充分的交融与涤荡，进而得以自我革新与发展。全球化作为一种"时代精神"的确立，将赋予现代人以开放的视野、思维与气质，从精神气质与民族性格的最深层次处置换中华民族的心理、思维、理念与价值判断，从民族心理与民族性格上塑造民族开放、交流、革新、创造的精神气质。尽管全球化作为一种生存方式，它不可避免带来了西方强势文化与价值观念的入侵，带来中西价值的强烈碰撞，造成对中国社会结构、人伦

---

① 【德】乌·贝克、哈贝马斯等著，王学东等译：《全球化与政治》，中央编译出版社2000年版，第52页。

秩序和价值生态的困顿与乱象。但全球化的影响是深刻的、全方位的，对于"在一个静态性的农业社会中，富有一种'自足的系统'，而在世界秩序中，享有一种自觉与不自觉的'光荣的孤立'"的中国传统文化而言①，全球化的到来不仅从外在开放环境，而且从内在栖身之基上，改变了传统价值自足、惰性的"光荣孤立"，赋予传统文化精神新的时代境遇与时代话语，创设了传统文化在新时期开放性的对话与自我更新的机制。全球化对各社会主体而言具有"顺我者昌，逆我者亡"的淘汰机制。淘汰机制的发挥开端总是作为一种外在的约束，但人们要想适应这种机制，必须将其内化为一种自觉。全球化所彰显的开放、变革、创新、个性的精神气质，对社会生活而言即是一个标杆，是一个评价标准，每个试图在全球化背景下生存与发展的人都必须将其所携带的传统精神气质与之置换。易言之，全球化不仅从外在环境，而且从内在的栖息之基上改变了传统精神气质的辖制权，创设了传统价值观念转换的时代境遇、历史契机与内在动力。

2. 文化价值场域：全球化与民族化的多元共生

当今世界的全球化首先是经济领域的全球化，但又绝不仅仅限于经济领域，网络信息技术的发展和文化产品的自由流动势必使其触及人类生存发展方式的最深层次的精神文化层面。马克思、恩格斯在《共产党宣言》中就指出："过去那种地方的和民族的自给自足和闭关自守状态，被各民族的各方面的互相往来和各方面的相互依赖所代替了。物质的生产是如此，精神的生产也是如此。各民族的精神产品成了公共的财产。民族的片面性和局限性日益成为不可能，于是由许多民族的和地方的文学形成了一种世界的文学。"② 文

① 金耀基：《中国的现代化》，载《金耀基自选集》，上海教育出版社2002 年版，第 1 页。
② 《马克思恩格斯选集》第 1 卷，人民出版社 1995 年版，第 276 页。

化的全球化是经济全球化的必然结果，也是经济全球化运行的深层动力。全球化文化的发展是一个多元化的进程，是各种文化激荡与融合的过程。发达国家凭借其先发优势以及强大的经济实力，占据了多元文化发展的发言权。尤其是随着计算机和网络的迅猛发展，发达国家利用信息网络在全球兜售其价值观念。文化对经济互相依存、相互促进的关联性日益增强，全球化在把民族经济放置于世界经济范畴中来的同时，也给民族文化带来了巨大的压力。吉登斯指出："现代性的根本性后果之一是全球化。它不仅仅是西方制度向全世界的蔓延，在这种蔓延过程中其他的文化遭到了毁灭性的破坏；全球化是一个发展不平衡的过程，它既在碎化也在整合，它引入了世界相互依赖的新形式，在这些新形式中，'他人'又一次不存在了。"①

文化的核心内容是价值观念，文化的多元也就是价值观念的多元。全球化发端于西方国家，西方文化的渗透也就表现为随着经济全球化的冲击，西方价值观念对中国当代社会的渗入并发挥巨大影响。从历史上看，西方的价值观念经历过两次大的变革，分别是基督教价值观念的引进和近代价值观念变革，这两次价值观念变革有一个重要的共同点，那就是根据时代的发展对价值观念进行补充，使价值观念体系适应时代发展的需要。综观西方的价值观念，个人主义总是处于价值体系的核心地位。个人主义围绕个体中心，张扬个体主体性价值，重视平等、自由、责任等价值观念对社会发展的功能。反观中国传统的价值观念，与西方价值观念强调个人主义、契约至上、法治主宰、公平正义不同，植根于传统宗法制度小农经济土壤之中的中国传统价值观念具有群体优先、整体和谐、天人合一、重义轻利、重德轻法等特点。事实上，西方价值观念对中国传

---

① 【德】乌·贝克、哈贝马斯等著，王学东等译：《全球化与政治》，中央编译出版社 2000 年版，第 152 页。

统价值观念的冲击并非肇始于改革开放,在鸦片战争时期就表现得十分强烈。当时,西方的价值观念在坚船利炮的掩护下,开始向华夏大地渗透,然而由于国家正处于生死存亡的非常时期,社会的中心任务是救亡图存,因此,占主导地位的社会心理是对一切西方的事物,不论是器物还是文化基本上都持反对与否定的态度。然而随着改革开放的推进和全球化时代的到来,西方价值观念伴随经济与文化的交流席卷而来,任何人都无法阻挡这个历史潮流。

任何一种文化都有其独特的生成土壤,不同的地区和国家,具有独特的社会经济和科学文化发展状况、地理环境和民族传统、宗教信仰和价值判断,这些极富个性的因素共同锻造了不同的社会文化。不同的社会文化特别是价值观念所形成的独特的民族烙印,也深深影响着社会成员的行为方式,任何一种文化都有其存在的根据和基础,都表现为自身的特殊性,都有内在的亲和力。不容否认,全球化带来了不同的文化,尤其是西方文化和价值观念凭借其雄厚的经济实力基础的发达的传播技术,对中国传统文化带来了极大的挑战。然而任何文化都具有其独特的优势,全球化不可能吞噬一个民族文化,而只能是相互借鉴和学习的过程。英国哲学家罗素就曾描述过这个过程:"不同文明之间的交流过去多次证明是人类文明发展的里程碑。希腊学习埃及,罗马借鉴希腊,阿拉伯参照罗马帝国,中世纪的欧洲又模仿阿拉伯,而文艺复兴时期的欧洲则效仿拜占庭帝国。"①

各民族文化价值观的差异过去存在,现在依然存在,将来也不会消失。全球化把各民族文化价值观念有机连接在一起,在多元文化交融与互动中,"民族化"特征才能真正地在比较中体现出自身的特点,因此,民族文化在全球化的时代面临着挑战,同时更是面临

---

① 【英】罗素著,胡品清译:《一个自由人的崇拜》,时代文艺出版社1988年版,第37页。

着机遇。挑战意味着差异、冲突，而机遇意味着发展的新平台与新动力。多元化是一个整体的多因素、多层面的相互联系的有机体系，它指向多样性的统一，多元化的宽容。一种文化价值观只有通过同其他文化价值观的相互作用，或者通过吸取异质文化价值的积极因素，才能自我保留、自我创新、自我发展。各个国家和民族都有自己的文化传统和特点，这些文化传统和特点，积淀在这些国家和民族的性格与气质之中，流淌在这些国家和民族人们的血液中，进而促进生产方式、经济体制、政治体制、文化传统、民族特性的多元化。很显然，全球化不是消磨各个民族文化个性的机制，而是促进各文化相互交流的平台。诚如哈贝马斯所言，举凡文明国度的科学当中好的东西和有用的东西，只要合乎我们的目的，我们就都愿意接受下来；接受它们实际上是对文明的促进，而民族性不能变成抽象的封闭性，这样，接受的过程也就不会和民族性发生冲突了。① 孔汉思也认为，全球化日益使人们感受到"我们是相互依存的。我们每一个人都依赖于整体的福利，所以我们珍视生物共同体，珍视人、动物和植物，珍视对地球、空气、水和土壤的保护。……我们希望别人怎样对待我们，我们就必须怎样对待别人。我们承诺敬重生命与尊严，敬重独特性与多样性。"② 全球化的结果，并不是消解民族文化和民族精神，而是"建立一个全球性的秩序，既保持着差异性，又实现了社会均衡。"③ 全球化作为人类发展的潮流，蕴涵着深刻的时代性特征，昭示着多元共生的文化价值场域正在形成。在这样的大背景下，不同文化间的交流与碰撞成为民族文化发展的有利契机，通过互相借鉴与学习，彼此理解与包容，从而开阔民族文化的视野，

---

① 【德】尤尔根·哈贝马斯著，曹卫东译：《后民族结构》，上海人民出版社2002年版，第16页。

② 孔汉思：《全球伦理》，四川人民出版社1997年版，第51页。

③ 【德】尤尔根·哈贝马斯著，曹卫东译：《后民族结构》，上海人民出版社2002年版，第2页。

丰富民族文化的内容，提升民族文化的品质，使民族文化适应时代的需求。只有把代表人类发展方向、反映当今世界精神的价值观念、思维方式吸收并整合到民族文化之中，才能巩固、丰富民族文化的特色，实现文化的传承与发展。

3. 价值多元下的主体困惑与怀乡情节

中国现代化进程中的全球化境遇，业已构成了当代中国的存在基础和当代人的生存方式与发展方式。从物质层面到制度层面再到精神层面，全球化对于当代中国社会的影响表现得如此深入和全面，因此，不论人们是否自觉，它都已经"根本性地改变或转换我们世世代代的传统道德规范与价值秩序。"[①] 作为一种生存方式，全球化带来的精神文化与价值观念的变迁是釜底抽薪式的，它不断冲刷传统的人伦观念与秩序，催生新的伦理精神与价值范式，呼唤并锻造出同社会现代化互动的人的精神气质与人格范式，推动传统道德观念与人伦秩序的变动。客观而言，全球化的生存方式是一种体现了现代性价值的生存方式，不仅构成了当代社会的"政治—经济结构"，而且还成为现代人的"体验结构"，"不仅仅是一场社会文化的转变，环境、制度、艺术的基本概念及形式的转变，是人的身体、欲动、心灵和精神的内在构造本身的转变；不仅是人的实际生存的转变，更是人的生存标尺的转变。"[②]

全球化下的全球化与民族化交织的多元价值环境，又是一个"艰难"的文化处境，"这种艰难当然是我们的传统在现代的断裂造成的心灵撕裂而言的"。全球化内蕴着的现代性价值，虽然是以殖民的方式侵入我们的生活世界的，但我们已无法拒绝全球化及其所创造的现代性价值的诱惑。在此，"文化处境的艰难就是心灵在传统衰

① 金耀基：《现代化、现代性与中国的发展》，《社会科学的应用与中国的现代化》，社会科学文献出版社 1997 年版，第 21 页。

② 刘小枫：《现代性社会理论绪论》，上海三联书店 1998 年版，第 19 页。

落之后失去安顿、煎熬于理性有意的分裂的症候。"① 当全球化作为时代的标识与主导性的发展思维被确立起来时，西方文化价值以及全球化生存方式所带来的全新的价值观念，已经深刻扰动着今天人们的生活世界。人们从未像今日这样如此直接、如此深刻、如此全面地体验与感触着个体独立、个性自由、主体性高扬的西方文化价值内涵，社会也从未像今天这样呼唤变革、独立、奋发、创新的精神。全球化时代是"人心不古"的时代，传统生存方式下的价值观念、精神世界、人格范式等都或多或少显现出与全球化生存方式的诸多不协调之处。当以家庭、宗族为轴心的传统交往方式让位于以业缘和活动的公共关系为轴心的交往方式的时候，建基于血缘关系传统的封闭的差序社会结构与人伦秩序，在全球开放和快速流变的视野中，显得那么不合时宜；而当全球性的流动、交往成为一种常态时，封闭守旧、以德付礼、身许忠孝、抑制个性、忧惧变革的惰性化精神理念，在开放、变革、自由、个性、开拓、创新的时代潮流面前，同样显得那么疲态与寂落。正是全球化生存方式而不是其他，搅动了当代社会最深层的价值秩序，推动着现代人生活世界的转换、精神价值的重构。当全球化生存方式置换了安身立命的传统后，随之而来的必然是一场"人心的革命"及"精神家园"的革故鼎新。此间，主体的困惑与茫然便成为全球化生存方式下基本的精神表象。历史与价值、理性与情感、东方传统与西方逻辑，从未像今天这样扰动着主体的心灵。当社会变革中的价值秩序的乱象层出不穷时，自然，主体心灵冲突与碰撞比任何年代都要剧烈得多。

美国汉学家列文森在描述 19 至 20 全球化时代的中国变动社会时，曾说："每个人对历史都有一种情感上的义务，对价值有一种理

---

① 唐文明：《与命与仁——原始儒家伦理精神与现代性问题》，河北大学出版社 2002 年版，第 2 页。

智上的义务，并且每个人都力求使这两种义务相一致。……然而，在 19 世纪，历史和价值在许多中国人心灵中被撕裂。"① 在"传统主义"占居主导的东方文化价值下，每每社会变革引发了价值秩序变动与更迭之时，感伤主义的文化怀乡则是这种文化特征下的普遍民族心态。19 与 20 世纪全球化时代尚如此，20 与 21 世纪全球化时代也是这样，全球化浪潮下的心灵与价值秩序的困顿与乱象，一样引发了一种温情主义的怀乡病。人们更愿意从民族传统价值中去寻找全球化下心灵安顿的应对之策。然而，全球化的生存方式毕竟本质上有别于农业经济时代的，当社会存在的方式以及人的生活世界的根基被釜底抽薪后，精神价值世界的变迁、调整甚至重建则是不可阻挡的历史趋势。可谓是，"真正健康的文化怀乡要带着当前的处境和命运、带着当前实际的生存经验和问题去回返'曾经沧海'的精神家园。"② 因此，全球化作为一种生存方式，它预示着精神层面的更新；全球化所带来的价值秩序的困顿与乱象，也只有诉诸于发展变革、继承开新、与时俱进的思维方式才能真正解决人的安身立命问题。总之，回应全球化时代的价值秩序问题，必然涉及人心世界、精神家园、价值秩序的再建构。全球化创造了新的生存方式，也提出了新的生存方式下的人的心灵秩序与精神家园的重建时代课题。

二、主体需要的反思与选择

从物质到制度再到精神，全球化深刻改变了社会主体的生存样态、生活世界与精神家园。物质层面上利益个体化与多元化需要，制度层面上的社会正义与现代性期待，精神层面社会主体的主体性

---

① 【美】列文森著，刘伟等译：《梁启超与中国近代思想》，四川人民出版社 1986 年版，第 3—4 页。

② 唐文明：《与命与仁——原始儒家伦理精神与现代性问题》，河北大学出版社 2002 年版，第 8 页。

确认与提升趋势，都已构成了全球化时代社会主体维度的深刻变革。作为雕琢人的精神家园的价值教育，它是激发主体行为的精神动力，斟定人的意义与价值，传递时代精神气质，推动社会文明与人的现代化的基本形式，对于社会的变革与人的现代化具有特定的价值与意义。全新的社会境遇与生存方式，催生了主体新的需要与新的选择。当全球化带来社会釜底抽薪式变革之时，价值教育则要适应新的生存方式与社会境遇，发挥其特定价值，就必须全面审视和认识新境遇中的社会主体的深刻变化，全面洞悉和把握主体的需要与选择。

1．多元价值环境中主体需要的差异化

人的需要是现实人的最基本内涵。人们的价值判断直接影响到他们的需要选择及其满足。要厘清在全球化影响下主体的价值需要，必须先对需要进行明确的界定。首先，人的需要是主观与客观的统一。人的需要具有主观性，表现为人的意图、意识、意志等主观形式。现实的人是完整的人，必然包含着人的欲求、目的、意识等主观性。如果抽掉了人的主观性特征，就难以成为现实的人。但同时，人的需要也是客观的，受客观环境的限制。社会经济发展情况、分配方式等都影响了需要的满足方式、满足程度。其次，人的需要是丰富多彩的，是物质需要和精神需要的统一。物质需要是人生存和发展的前提，精神需要是人更高级的需要。不能撇开物质需要，片面地强调和提倡精神需要。当人的基本物质需要都未得到满足而一味地强调精神需要的导引作用，则违背了客观现实。当然，物质需要再重要也不能取代精神需要，物质需要只能给人以温饱，而精神需要才能给人以坚定的信念和不懈的动力。

对需要的上述清晰界定，为我们判定多元化价值观念背景下主体的需要提供了前提条件。全球化对我国传统价值观念带来了冲击与挑战，在最直观、最现实的层面，表现为多元化、个性化的利益观对传统利益观的冲击和改变。我国传统的价值观念重奉献轻索取、重集体轻个体、重精神性满足轻物质性满足，而价值多元主义不仅带来了西方的个人主义思潮，还张扬经济理性和物质的消费。因此，在全球化下审视主体需要的变化，首先就是要面对多元、差异的主体的个体利益意识觉醒问题。

第一，主体利益的差异化与个体化趋势。对利益的追求是人活动的直接动机。马克思认为："任何人如果不是同时为了自己的某种需要和为了需要的器官而做事，他就什么也不能做。"① 为满足需要而奋斗是人性所在。漠视个体具体的利益需求，片面强调个人对群体的奉献，在传统的价值观念中是一以贯之的。这一方面是因为个体的生存能力弱，每个人只有依靠群体才能得以存活，所以个体首先必须维持群体的运转，才谈得上生存与发展；另一方面，在传统义利观影响下，社会主流价值推崇舍生取义，推崇君子之交淡如水，君子喻于义、小人喻于利。传统价值下的利益观是整体性、一元性和精神性的。中国现代化进程中的全球化境遇是与市场化生存方式相伴随的，市场经济的趋利性以及市场化生存方式下多元主体的利益对等性，驱动着人们生活世界的巨大变革，趋利性不仅具有合法性基础而且还有充分的价值合理性根据。趋利不仅表现为对物质利益的看重，而且还表现在利益构成的个体化和多样化上。主体利益差异化和个体化趋势，还是维持市场经济运作的重要机制。在市场化生存方式下，经济成就也成为了评价个人事业成功的重要尺度之一。利益尤其是物质利益需求，对于人的精神生活具有基础性地位，全球化下的利益分化与个体化趋势，对于主体的生活世界和精神价值追求的影响是深刻的。分析新境遇中的主体需要的变化，从利益层面切入有其合理性与必然性。

第二，主体利益需要的多层次性。物质资料是人得以生存与发展的前提。当人们的生存条件处于物质匮乏的艰难时期，人的需要

---

① 《马克思恩格斯全集》第 3 卷，人民出版社 1960 年版，第 514 页。

首先是物质性的，此时精神性的激励通常是低效甚至是无效的。但在传统的价值观念中，精神需求常常被赋予超越性意义，这种超越性表现为精神需要具有道德正当性和神圣性，而相比之下物质需求则少了道德性的光辉。基于此，儒家传统伦理思想的"成人之学"就绝不会着眼于物质与制度层面，而是在精神层面，要"改变气质"，以达到"成贤"、"成圣"的目的。除此外，道家、墨家等的人生理想与人格追求，自然也是"尚贤"，"真人"、"圣人"、"贤人"、"圣王"，这些是诸子百家共通性的理想人格。的确，超物质方面的需求是表征人与动物区别的重要标志，但是不以物质为基础的精神需求注定会成为无源之水、无本之木。全球化生存方式下，西方的物质主义、现实主义、个人主义、享乐主义的价值观念，对社会主体的影响是不同程度存在着的，市场化也使人们更加关注物质利益的获得与物质利益的分配公平。全球化生存方式下人们的需要具有多层次性与复杂性。在基础层面，社会主体物质性需要逐渐呈现分化与个体化发展趋势；在制度层面，社会主体对制度正义与公平价值格外看重；在精神层面，主体的心性世界和精神价值世界呈现不断丰富与发展趋势。全球化下的价值教育必须面对着主体需要的变化，才能真正深入到主体的生活世界，获得其价值合理性基础。

2. 主体性觉醒与提升趋势

随着全球化时代生产力的发展和科学技术的进步，社会主体通过社会性力量的提升克服了自身生理上的局限，实现了从社会空间到社会关系的双重拓展。从社会空间上看，人们日益摆脱对自然的依赖，活动领域不断扩展。从社会关系上看，市场经济的发展使社会的流动性增强，人们突破了狭窄的血缘关系、地缘关系的限制，拓展了社会交往的空间并为新的社会关系的形成提供了可能。社会空间和社会关系的拓展使得主体的发展从对人的、物的依赖关系发展到自由个性阶段，人的主体性生长，随之经历了一个由弱到强、由局部人的主体性到多数人的主体性的过程。所谓主体性，就是人作为主体的规定性，人作为社会的主体，是人同自然、社会以及他自身的主客体的关系中确立的。我们谈人的主体性，其真实的用意在于始终从"主体"出发来审视全球化的生存方式，把主体的特性的实现与彰显作为评价新事物价值的标准。通俗地说，就是以人性的方式和人道的方式认识人，对待人。① 正是全球化下主体的主体性特质的彰显，使现代人走出了传统社会境遇的制约，获得了现代性的意义。人的主体性原则与特征的确证，是公民人格成立的基本前提和首要条件，也是公民身份区别于臣民和子民身份的本质之所在。在家国同构与宗法秩序的传统社会境遇中，囿于宗法血缘关系的国人，其公共身份只能是臣子的角色，处于无"我"、无主体性的状态。传统生存方式是一个主体性缺乏的社会，个体总是社会共同体的构成部件，个体的社会活动也只能以社会共同体为出发点和归依，个体没有独立的权力，也没有自由的价值认知和判断的空间。

而全球化时代的道德领域的分化为人的主体性的觉醒和提升提供了重要契机。有学者认为："道德分化是现代伦理最重要的现象……道德律令的正当性和权威性内在于主体性之中。"② 主体性意识的觉醒与提升，首先体现在传统整体价值至上的绝对化、神圣化价值的消解，道德相对主义色彩渐趋呈现。此外，在个体与群体关系上传统的权利和义务关系格局的不对等性逐渐被打破，个体主体性和整体主体性交互共生。很显然，在全球化时代人们开始更加关注个体权利、个体价值和个体幸福，而在传统生存方式中，群体的价值追求是首要的，个体的价值追求则缺乏合法性依据；就价值判断而言，特定的价值是否可取也取决于群体的集体态度，个体缺乏

---

① 肖川：《主体性道德人格教育》，北京师范大学出版社 2002 年版，第 2 页。

② 刘小枫：《现代性社会理论绪论》，上海三联书店 1998 年版，第 166—167 页。

基本的发言权，道德绝对主义的色彩较为浓厚。从个体的权利伸张来看，与礼治价值和秩序直接对应的家国同构的社会结构，个体的价值绝对要服从于国家和社会，个体权利不仅直接与等级制的身份相对应，更受到宗法政治权力和宗法礼治规范的限制，个体权利的价值直接体现在它服务于作为权利渊源的宗法社会。整体至上的宗法社会，即使是形式上的权利也都以义务作为价值旨归。在市场化与全球化生存方式下，社会生活和个人生活日益分离，群体和成员的界限也日趋清晰。市场经济是通过市场交换来实现资源的优化配置，价值规律是市场经济的根本规律，等价交换原则是基本原则。在市场经济中，每个人都要为自己的利益而谋划、竞争，而市场情况是复杂多变的，个体享有自由选择与判断的权利。市场经济要求个体具有独立性，能够自由地决定自己的经济行为，不具有独立人格的人是不可能成为市场经济的行为主体的。因此，市场经济使主体迅速摆脱了自然性狭隘共同体的限制，摆脱了传统的等级从属和人格依附，成为独立的个人。

在人格层面上，主体性人格的核心在于能动性、创造性和自主性，使人成为自己生命活动的主导，认识到自我的价值，用自我的内在尺度而不是外在尺度，来引导自我发展。[①] 全球化下的主体性觉醒与提升，使主体在集体观、义利观、生活观、事业观等各方面都呈现出全方位的转型和发展，人们在价值认知、价值选择和价值判断上日益表现出自主性、独立性和自由性的特征。全球化推动的主体性觉醒与提升，成为全球化下物质生活世界和精神价值世界最直观的变迁，反之，它又成了社会现代化与精神现代性变革最恒久的动力。

3. 传统价值教育与主体需要的错位

在长期的发展过程中，传统价值教育建立起了完整的教育理念

---

① 郭文安、陈东升：《国民素质与教育基础改革》，人民教育出版社 1997 年版，第 134 页。

和制度化的运作模式，为维持传统社会的运转奠定了坚实的基础。然而，随着时代的变迁和全球化影响的深化，传统价值教育的生存境遇发生了根本性的转变，原有的教育模式和教育理念日趋与主体的需要相背离。传统价值教育在传统社会生活与价值秩序中具先定的客观性和科学性，加之个体主体性的匮乏，传统社会中的价值教育自然具有了传授与导引一元化、整体化道德价值信仰的权威性。①随着传统价值世界的领域分离和人的生存方式的根本性转型，传统的"目的性宇宙观"渐渐打破，价值领域脱离理性的宰制，价值与事实之间开始有了明确的界分。而随着当代全球化生存方式的确立和改革开放的影响，人们的日常生活世界发生了根本的转变，私人生活领域脱离公共生活领域成为一个独立的领域，个体主体意识开始觉醒和发展，人们的价值观念日益多元化，因袭传统的价值教育模式已难以满足需求多元化、差异化社会主体的需要。传统价值教育与主体需要背离和错位在全球化下越发集中表现出来：

第一，传统价值教育的个性化缺失。在家国同构和依靠血缘宗法维持的社会环境中，价值教育不可能培养独有独立人格的"公民"，却通过依附性价值的灌输把整个社会的成员都塑造成与传统伦理文化与人格相匹配的"臣民"。传统的价值教育强调个体对家庭、家族、社会、国家的服从，并不重视个体主体价值、个体权力、独立的价值判断；片面强调人们对于道德义务、道德责任的认同和服从，而无视义务与权利的对等性；在传统价值教育过程中，往往把"禁止"、"约束"作为立足点，忽视人的主体地位与主体性的发展，个性差异、独立人格得不到应有的尊重。

第二，传统价值教育的普适性不足。中国传统价值教育以培养"圣人"为目标，具有强烈的精英主义倾向。"圣人"的目标固然表

①　石元康：《从中国文化到现代性：典范转移?》，三联书店2000年版，第159—160页。

现了崇高的价值，但实际上也暗含着与社会普适性的巨大割裂，因此，"圣人"的目标"只能成为少数人的精神激励，而对多数人来说则只是奢侈品。"① 以圣人为道德培养目标，价值教育致力于提升"小人"与"君子"的人格之境，把不求成圣的"君子"都列入"自弃"之列，缺乏多层次性和宽容精神，因而致使价值教育所提出的一些道德规范缺乏主体内化的理论力量，不易为个体所自觉认同与践行。

第三，传统价值教育的功能偏差。在中国的传统文化里，价值教育总是与传统政治价值与宗法秩序捆绑在一起，它在本质上凸显和实现的是宗法礼制秩序与统治阶级意识形态的控制目的和他律功能，即要求全体社会成员共同遵循和服从一定的政治化的道德伦理、准则和规范，注重对道德主体外在行为的规约，以期使整个社会建立起统一、稳定的内在秩序。这种教育理念忽视了人的主体性，忽视主体的道德权利，片面强调道德的整体性、威权性价值意义，强调个体对国家社会的责任和对宗法礼治秩序的服膺，锻造出与传统宗法社会相适应的人格气质，缺乏创新变革、开拓进取的精神气质。这种功能表达自然与迅速走向开放的全球化社会相去甚远。

第四，传统价值教育的现实利益性虚空。中国传统价值教育十分倚重精神对物质的超越、理想对现实的超越，道义对功利的超越进而以天理否定人欲，以道义否定功利，排斥人欲耻言功利，执著于心性，把精神和物质、理想和现实、道义和功利绝对对立起来，轻视日常生活世界的物质与道德的关系分析，把道德看成是脱离物质利益的，否定物质需求的道德正当性，要求人们"正其谊不谋其利，明其道不计其功"。对物欲和功利的摈弃，实际上也就否认了个体日常生活中的客观需要，当生命世界被压抑得只剩下道德价值的成分时则失却了日常生活的客观性根基。这种无视生命世界丰富内

① 廖申白：《公民伦理与儒家伦理》，《哲学研究》2001 年第 11 期。

容的价值教育也无法真正具有超越性意义。

第五，传统价值教育的方法论缺失。传统价值教育把教育对象客体化，把教育者视为绝对主体，漠视了教育对象的丰富多彩的个性世界和价值认同与追求上的自主性。这种教育方法是传统价值教育忽视个体主体性和道德权利的典型表现。教育者将教育对象客体化，在教育方法上必然表现为一种刚性化和绝对化的灌输方式。刚性灌输的教育方式与价值律令的绝对化、教育者权威主义相伴生。价值律令不容置疑，施教者的观点与方法也总是正确的，不论这样的道德律令与受教育者的生命世界、心灵空间是否存在距离。其结果不能说无效，但至多只能形成服膺人格，难以形成生活世界真正可普及化的自律精神。

比照全球化生存方式下开放社会的现实境遇，传统价值教育的弊症是显而易见的，这种弊症的存在使得传统价值教育在现代生存方式中显得危机四伏，不仅制约着价值教育自身合法性与正当性的获取，而且还关涉全球化下的主体精神价值世界的重建与人的现代化进程。有如英国学者鲍曼所言："目前的教育危机首先是所继承下来的机构和所继承下来的哲学观念的危机。它们因为曾经服务于一个不同的现实，所以可以发现，如果不对它们所配置的概念框架进行彻底的修正，就会越来越难以吸收、适应和容纳所发生的各种变化。"① 正是由于社会境遇、日常生活世界与生存状况、主体的人格气质与精神价值追求的釜底抽薪式变迁，作为斟定人的意义与价值、为人的存在与行为提供精神动力与意义凭藉的价值教育，就有了革新与发展的内在需要、矛盾动力与时代必然。只有实现了价值教育理念和教育方式的与时俱进的转型，才能使其获得新社会境遇中的价值合理性基础，才能担当多元主体价值教化与精神家园重塑的时

---

① 【美】齐格蒙特·鲍曼著，范祥涛译：《个体化社会》，上海三联书店2002年版，第160页。

代使命。

三、价值教育的追求与归宿

全球化生存方式置换了传统社会的存在基础与人的日常生活世界，从根本上改变了传统价值教育的生存之基，开启了异于传统社会的价值生态与精神空间。传统价值教育在新的社会生态下逐渐失去了其原有的价值合理性的基础，其弊端与不足也逐渐呈现出来。全球化生存方式下传统价值教育所遭受的时代困境，决定其由传统向现代转型必然趋势。回应全球化挑战，建基于全球化的生存方式，洞悉全球化下主体的生活世界与生命价值，进而高扬主体的主体性地位，尊重并积极引导主体价值选择，并确立以尊重人、发展人、提升人的价值目标和追求，是全球化下价值教育革新与发展的必然追求与趋势。

1. 价值教育必须全面回应全球化的挑战

当代价值教育作为一种融民族性、区域性和地方性于一体的具有中国特色、中国风格、中国气派的教育活动，必然要栖身于全球化与民族化交织的生存方式与文化境遇之中，在交流、互动、渗透、冲突中施展自身的教化之道。随着文化全球化、信息全球化、网络全球化时代的快速发展，社会主体以其独特和敏锐的时代眼光放眼世界、着眼未来，在多元价值中寻找自身的价值皈依，教育者与受教育者所面对的环境都不再是禁闭的、不变的、纯粹的和一元的。面对全球化的开放的文化环境，价值教育自然无法离弃它而在闭门造车式的开展主体价值建构活动。只有以积极开放的心态走进全球化并栖身于全球化下的多元价值环境，才能汲取和利用不同文化价值之优长，在多元价值中比较、借鉴、融汇、选择、批判中，寻找差异主体的价值建构与导引之道。全球化虽肇始于经济交流，但又大大超越了经济活动，作为一个世界文化开放、多元化发展的过程，全球性的交往与互动使各民族、国家特别是具有"异质"意义的西方价值观念纷纷进入中国，在日益深化的东西方文化交流中，通过不同文化价值观的碰撞与对话，不仅让社会大众与教育对象处于一个多元而丰富、混杂而变动的价值环境中，也为教育者对开放社会价值教育理念的认知深化提供了一个广阔的思维空间。这既有利于打破禁锢自身发展的原有思维模式，促进人们的观念更新，又有利于教育者理性地思考传统价值教育理念、模式、机制、方式的更新问题，探索与开放社会相适应的新型的教育理念与方法。在多元价值融汇与碰撞中，分析自身民族传统价值的优秀部分与先天不足、厘清外来文化价值的积极与消极成分，取人所长、补己所短，这是全球化下价值导引的积极的思维方式与正确的心态。

全球化是一种全新的生存方式，也是一种充满困顿、乱象的生存方式，福与祸交织、利与弊丛生，为此，人们往往用"双刃剑"来形容它。如前所述，这种困顿与乱象是传统价值秩序打破、异质文化碰撞与冲突所带来的，是变革时期的文化阵痛的表征。全球化带来的价值秩序的变动，必然涉及社会价值秩序与人心世界、精神家园的重建，而开展主体价值教育，则是价值秩序重建的主要方式。毋庸讳言，在全球化时代开展价值教育，相比传统社会环境而言要困难得多、艰巨得多，因为，它面对的已经不再是一个单纯的价值选择与塑造问题。全球化大大提升了人的主体性与独立性，大大开拓了个体的价值选择空间，随着个体主体性的空前勃兴，价值教育能否真正融入到全球化的生存方式之中，在冲突与矛盾丛生的价值世界中给主体传递时代所需的价值理念、精神气质、人格范式与生命真谛，担当人心世界、精神家园与价值秩序的再建构使命，这是一个充分挑战的时代课题。现实生活中，人们不难发现，东西方价值观念的冲突、西方价值对个体的影响、极端化思潮的泛起，的确给现实价值教育带来了巨大的困扰，消解了价值教育的应有功效。事实上在全球化时代，价值冲突与纷扰已经是社会的常态，价值教

育只有深入矛盾与冲突的常态之中，才能有发挥自身价值建构的可能。因此，在开放的环境下，价值教育的不断革新、找到不断趋近生活的有效路径，才是其自身在开放社会中的生存状态，才是其回应全球化挑战的基本方式。

第一，价值教育必须革新自身的价值目标体系，以适应全球化的发展。为适应文化全球化的历史潮流，价值教育不可能无视多元价值交汇共生的现实，必然要进行自主目标优化，使价值教育目标体系既体现出民族性的特色，又契合时代性的要求。民族性意味着价值教育要站在民族价值的基本立场上，用民族优秀的价值作为批判、借鉴西方价值的分析工具；时代性意味着价值教育目标要紧跟全球化发展步伐，培养教育对象的全球意识、批判意识与借鉴意识。全球意识的培养，可以使主体在对各种价值观念的比较、甄别的过程中，对各种价值体系作出完整的诠释与客观的评判，从而对不同形态的价值观念有较为深刻与准确的感知，在此基础上才能借鉴与创新。此外，理性的全球意识让受教育者对全球化有了更为全面和客观的认知，从而识别并抵制西方国家价值同化与文化侵略的图谋。全球化与民族化是相拥出场的，没有民族化就无所谓全球化、没有全球化也不可能有民族文化价值的真正传承与发展。全球化下科学的价值教育目标体系的确立，正是要在全球化与民族化、外来文化与民族价值的辩证关系中，找到合理的定位。每个国家要确保自身在全球化浪潮中不至于被同化，需要弘扬本民族的特色，同时民族价值观的当代建构与发展，又必须大力借鉴外来文化的优质成分与先进之处。

第二，价值教育必须高扬社会主义政治价值理念，以应对外来政治价值的侵袭。全球化带来的多元价值观念的确实导致了部分青少年政治价值观的混乱，对此全球化下的价值教育，必须有科学的政治价值导向，必须不断加强马克思主义理论教育，坚持马克思主义在意识形态与政治价值世界中的指导地位，确保社会主义政治价值观念对多元价值观念的统领地位，从而坚持一元与多元的辩证统一。西方的政治价值观念有其进步的一面，但也有很大的欺骗性，存在诸多与民族价值和国情不相适应的地方。如何确保社会大众尤其是青少年群体能正确地区别对待这些多元混杂、良莠不齐的政治价值观念，是全球化时代政治价值教育不可忽视的问题。从民族传统与具体国情出发，建构全球化下的社会主义政治价值观念，是我们评判问题的基本出发点与根本标准。如果我们不是民族虚无主义者的话，那么就应该回到现实国情来审视全球化与价值教育的内在关系问题，就应该建基于民族现实政治背景与政治文化来厘清西方政治价值观的利与弊。事实上，民族文化可以交融与互通、借鉴与汲取，而不同政治价值与意识形态之间，也是可以相互交流与对话的，在对话中借鉴，在批判中提升。政治价值观的和谐相处与相互借鉴，也是全球化时代价值教育应秉持的一种成熟心智与理性思维。

第三，价值教育必须改革其传统的教育模式，以应对全球化下的个体主体性勃兴。很显然，在全球化时代西方价值观念在后发现代化国家之所以能得到迅速的传播，有一个很重要的因素，那就是西方国家价值观念传播手段的先进性，加之经济的强势，使得人们无法忽视它的影响。有人认为好莱坞是美国传播其主导价值观的中心，通过好莱坞影片在全球的放映，使得观众在潜移默化中接受了美国的价值观。这种价值输出方式是隐蔽的，也是先进的。而反观我国传统价值教育，教育模式过于简单划一，始终未能有效深入个体生活世界与生命价值。传统价值教育有着崇高的理想追求，但却自觉或不自觉地忽视了人们置身其中的日常生活世界，忽视了主体丰富多彩的生活世界中价值的丰富性，远离了最具有本真意义、最具有感召力的生命价值与意义的世界。全球化时代的价值体验是丰富的，但又是以个体形式出现的。个体主体性的勃兴，更加凸显了价值体验结构的个体性与差异性。而

传统价值模式的不足，恰恰在于它对个体性的体验结构缺乏足够的重视和关注，表现在传统价值教育目标理念与个体现实生活世界和个体情感世界的脱离，使得价值教育长期处于天马行空的状态之中。从教育手段上看，传统的价值教育重灌输、轻对话，重共性的理论传播、轻个体生活践履；重普遍性的价值说教、轻个体心性价值疏导，造成教育对象知与行脱节、理论与实践分离、生命与价值的疏离，都使价值教育长期处于一种个体价值真空之中。在全球化多元价值共生、价值秩序与乱象常态化的背景中，价值教育要担负价值秩序与人心世界、精神家园的重建，没有完成价值教育模式的变革与创新，是难以胜任这一时代使命的。

2. 价值教育必须全面回应主体的需要

价值教育实现现代性转型的关键在于积极回应主体的多元需要，建基于变动的价值秩序实施有针对性的教育。在全球化的影响下，当代社会主体尤其是青少年群体呈现出开放社会下独有的特征，他们开放程度高，思想变化快，个体意识强，视野开阔，尤其是个体主体意识的觉醒和发展，使教育对象的独立性、自主性大大增强，对价值观念的需求和态度也更加多元和多变。主体性意识的觉醒是全球化时代社会主体最深刻的变化。全球化生存方式通过对个体独立人格的体认，返还了个体独立权利与价值，使社会主体成为真正的认知与评判、分析与借鉴、吸纳与建构的主体。社会主体身上发生的这些变化，从而对价值教育提出了新的要求，价值教育只有及时、全面回应全球化下主体的需要，才能真正走进主体心灵的世界。

首先，价值教育首先必须明确教育对象需要的差异性与多元性。全面了解教育对象和教育对象需要的个性特征，这是有效开展价值教育的前提和基础。随着全球化、市场化、网络化生活方式的确立与深化，经济生活在生活世界中的重要性与日俱增，经济评价在价值评价体系中重要性也从未像今日这样突出，由经济活动引发的物质利益层面的多元需要是价值教育必须首先面对的问题。网络化生存使得社会主体更直接、更便捷地接触到了西方的多价值观念；全球化下生活节奏加快，繁文缛节逐渐被抛弃，精神生活的多样性与流变性也日益明显。全球化下主体求新、求异的个性得到充分彰显，生活与创业理念日新月异，需要层次也日趋多元化，不但在物质领域，而且在制度和精神领域上，个体需要的多元性与差异性也十分突出。教育对象需要的层次性与差异性，呼求价值教育自身不断的变革与创新，对不同主体施加针对主体个性需要的价值教育，在共通性价值教育中找到个性化的教育表达方式。价值教育回应全球化时代挑战，首先要做的就是回应个体主体意识勃兴与个体需要的差异性与多元性的挑战，在建构社会共性价值同时，针对个性价值世界施展有效的价值引领与精神传递。全球化下的价值教育改革与发展的过程，从某种意义上说，也就是传统价值教育在全新的社会境遇与生存方式中在向个体生命价值世界的本营地的进发过程。

其次，价值教育必须树立以人为本的理念。在全球化生存方式中，人的发展是最根本的，全球化作为全新的生存方式，它的真实意义是在对于人的意义而不是对于物的意义。全球化带来经济的成长与物质世界的殷实，其最终价值也必须体现在人的生命意义的丰富上。以人为本的理念恰恰是对全球化下尊重人性呼唤的有效回应。以人为本的理念体现在价值教育把塑造人、发展人作为根本出发点上。长期以来的价值教育往往强调教育者在教育中的主体地位，教育者在价值引导中具有支配地位，垄断了教育的"话语权"，在方法论上形成了教师权威主义和刚性化灌输的教育方法。这种用刚性化的价值灌输，缺乏充分的人性化分析，"它所

要和所能达及也只是人的行为表现，无法穿透人的心灵。"① 其理念并非真正把"人"视为"本"，而是把"管住人"、"束缚人"作为"本"。"用权威的鞭子抽打别人智慧的神经"，其结果效率低下。以人为本的价值教育是以尊重主体的主体性的教育，它尊重人的差异需求和主体地位，关心人、帮助人、理解人，以促进人的全面发展为依归。以人为本的价值教育在方法论层面上，就是尊重主体在整个价值教育过程中的主动性的发挥，给他们以平等自由参与的机会，让他们能充分地自我认识、自我管理、自我服务、自我激励和自我完善，从而学会对自我负责，对他人负责，对社会负责，促进教育对象在多元价值中，不断提升自我分析、自我选择、自我鉴别、自我批判能力，促使他们认识价值问题，作出正确的判断和选择，促进身心健康与精神世界的和谐发展。给教育对象充分的知情权、决策权，使主体在体验美好、体验崇高、体验快乐、体验成功的过程中培养积极的人生态度，形成鲜明的价值判断，锻造丰富的精神家园、塑造美好的心灵。

3. 价值教育必须提升人的主体性

作为担负着全球化下的社会价值秩序与人的精神家园重建的历史使命的价值教育，面对着全球化的挑战以及全球化下主体个性化、多元化需要，价值教育如何才能获得新的生存方式下的价值合理性基础与前提？价值教育如何才能推动现代性精神的建构而使自己真正成为人的现代化的推动力量？这是全球化时代价值教育改革与发展中具有终极意义的追问，对这个问题的有力回答，也只有回到全球化中具有终极意义的"人"的生存与发展上来，以人为标杆，以人的生存状态与发展质量为尺度，以人的生命世界的丰富与殷实为评判标准，才能找到正确的答案。

---

① 鲁洁：《人对人的理解：道德教育的基础》，载朱小蔓主编：《道德教育论丛》第 1 卷，南京师范大学出版社 2000 年版，第 228 页。

教育是指向未来的。从这个意义上说，教育的任何组成部分都具有超越现实的本性。但是，价值教育之超越具有特殊的意义。① 作为传递时代精神、塑造精神家园、斟定人的生命意义与价值的主要方式，价值教育不但要契合新的生存方式的要求，揭示社会变迁的基本规律与路向，而且还要反映社会变迁的应然趋向；不仅要适应现实的世界，而且还要反映可能的世界。全球化之所以是具有现代性意义的生存方式，在于它对当代人们生活世界的深刻改变，全球化的进程从根本上说，就是人的主体性精神失却的重拾过程。主体性是现代性的核心话语，"生命意义的释义在现代社会已经个体化。"② 当全球化的生存方式业已改变传统社会境遇，人的主体性意识不断觉醒，人的现代化成为时代的核心话题时，价值教育只有秉持尊重和开掘人的主体性精神的理念，对人的独立、自由的本原性、应然性存在状态和拥占自我的权利与尊严进行积极揭示、肯定与颂扬，才能真正契合全球化生存方式下社会的变动与人的发展趋势，才能发挥出其揭示本质、把握规律、锻造人才、丰富内涵的积极的社会价值。马克思认为："任何一种解放都是把人的世界和人的关系还给人自己。"③ 黑格尔认为："教育的绝对规定就是解放以及达到更高解放的工作。"④ 当全球化的生存方式把传统钳制人的主体性的异己力量逐渐剥离出去时，以塑造人为目的并领社会精神变革之先的教育力量，理应肩负着"把人的世界和人的关系还给人自己"，使人获得"更高解放"的使命。把进一步提升人的主体性作为全球化下价值教育的终极目标与追求，是价值教育本身获得全球化下的合

---

① 鲁洁：《道德教育：一种超越》，载朱小蔓主编：《道德教育论丛》第1卷，南京师范大学出版社2000年版，第189页。
② 刘小枫：《现代性社会理论绪论》，上海三联书店1998年版，第24页。
③ 《马克思恩格斯全集》第1卷，人民出版社1956年版，第443页。
④ 【德】黑格尔著，范扬等译：《法哲学原理》，商务印书馆1996年版，第202页。

法性根据与时代性内涵的必然要求。

　　把提升人的主体性作为价值教育的追求与归属，也是价值教育摆脱传统价值教育范式羁绊，实现现代性转型，并担当起社会价值秩序和人心世界、精神家园之重建历史使命的必然。传统价值教育与传统社会生存方式相适应，在家国一体社会结构和整体主义价值环境下，传统价值教育对人的主体性问题未能有也无法有真正的重视，这是由传统社会环境的基本特点决定的。在人类社会发展的初期，个人"还没有造成自己丰富的关系，并且还没有使这种关系作为独立于他自身之外的社会权力和社会关系同他自己相对立。"① 全球化生存方式则大大地丰富了人的社会关系与价值关系。当脱胎于封闭、单一、内敛的社会文化结构的价值教育，带着深刻的传统痕迹步履沉重地走到一个开放、多元、变动的全球化时代，它所经受的冲击与挑战是前所未有的，而价值教育自身的转型与革新则是无法躲避的历史抉择。在全球化进程中，当人的主体性被催生，传统价值日渐式微，多元价值世界日益成型时，价值教育就必然要承担起开掘和提升人的主体性的使命与诉求。主体性价值目标也成了现代价值教育与传统价值教育相区别的根本特征所在。

　　价值教育的超越性意义，预示着价值教育在社会转型与变革时代必然是传递时代精神、塑造时代品格、领社会风气之先的力量。全球化业已开创了一个彰显人的主体性的时代，主体性精神催生不仅是一种社会实然的状态，也是社会进一步变革与发展的应然选择。价值教育回应全球化的挑战，必然要针对人的主体性精神勃兴的前提来重建社会的价值秩序、心灵世界与精神家园。尽管主体性的高扬时代也不可避免地引发了社会价值乱象以及主体精神世界迷失与困顿，但就从人的发展的终极价值来审视，只有进一步提升人的主

---

　　① 《马克思恩格斯全集》第 46 卷（上），人民出版社 1979 年版，第109 页。

体性，大力促进人的精神现代化的方式，才能解决社会变迁发展中的暂时难题。当全球化生存方式已经成为一种不可扭转的时代趋势时，我们完全有理由寄希望于价值教育的转型与革新，来推动社会价值秩序和精神家园的重构，实现人的心灵秩序的安顿。

第二章
全球化时代价值教育的历史回眸

　　全球化时代，价值教育作为国际教育界20世纪90年代直面现代价值危机而兴起的一种国际性的教育思潮，其地位和重要性凸显，但作为一种教育实践，自古以来就已存在，各个国家依照自己的历史情境，以其当时的主流价值观为依托开展价值教育。从史论结合的角度沿着价值观念的发展轨迹探讨价值教育的历史沿革，是全球化时代的价值教育从历史与比较中寻找借鉴发展的有效途径。

一、中国价值教育的发展轨迹

在中国，长期以来形成的教育传统是道德教育、价值教育和政治教育三者在用语上基本可以互换，例如，德育与政治及意识形态教育是连同一体的，而德育概念是所谓的"大德育"，其外延包括思想教育、政治教育、法制教育、道德教育等几个部分。从我国价值教育的具体实施来说，除了知识教育中蕴涵着一定的价值内涵以外，道德价值、政治价值、公民素质、自然价值、文化与审美价值等是价值教育的主要内容，道德教育、思想政治教育、公民教育等是价值教育的主要表现形式。本节以传统社会以来我国价值观的变迁为线索，对我国价值教育的发展变化及特点进行探讨和剖析，并就当代价值教育的目标定位提出自己的看法。

1. 儒家主流价值观指导下传统价值教育的伦理化

儒家文化长期以来占据中国传统文化的主导地位，其所倡导的价值观的影响也是根深蒂固。对儒家主流观的形成过程与主要特征的探讨，便成为我们首先关注的问题。

（1）儒家主流价值观的形成及主要特征

价值观念是主体"在价值认识基础上积淀成的深层心理结构的信念"。[①] 作为文化的核心，它的形成并非一蹴而就。儒家价值观念从先秦确立而后在汉武帝时期取得绝对的统治地位，经历了一个漫长的过程，其思想由孔孟创立，经由董仲舒和宋明理学家不断得以发展和完善，总体来看，其主要特征表现在以下几个方面[②]：

第一，在价值导向上趋向禁欲主义。这一点主要体现在其代表

---

① 戴茂堂、江畅：《传统价值观念与当代中国》，湖北人民出版社2001年版，第331页。

② 参见黄书光主编：《价值观念变迁中的中国德育改革》，凤凰出版传媒集团、江苏教育出版社2008年版，第7—12页。

人物对"义"、"利"关系和"理"、"欲"关系的认识。比如，孔子提出"君子喻于义，小人喻于利"①，孟子特别强调"养心莫善于寡欲"②，以期规劝为政者收敛奢欲；力行仁政，董仲舒则提出"正其谊（义）不谋其利，明其道不计其功"③，朱熹则强调"天理人欲不两立，须得全在天理上行，方见得人欲消尽。义之于利，不待分辨而明"④，提倡"穷天理，灭人欲"。

第二，在价值重心上突出纲常伦理。对人伦，先秦儒家有过不少论及，如孔子提到的"君君、臣臣、父父、子子"⑤的君臣父子关系，孟子第一次提出的"父子有亲，君臣有义，夫妇有别，长幼有序，朋友有信。"⑥先秦儒家虽然主张人伦有等级之别，但强调的是君臣、父子之间的相对关系。以君臣关系为例，孔子说："君使臣以礼臣事君以忠"⑦，"以道事君，不可则止"⑧。孟子则更明确表示："君之视臣如手足，则臣视君如腹心；君之视臣如犬马，则臣视君如国人；君之视臣如土芥，则臣视君如寇仇。"⑨董仲舒把君臣父子夫妇伦理关系绝对化并将之建构为"王道三纲"："君为臣纲，父为子纲，夫为妻纲"。董仲舒的"三纲"不仅是我国封建社会最高的政治原则，而且还是最高的道德规范。孔子所创建的儒家道德思想体系主要有两块："仁"和"礼"。孟子在"仁"、"礼"的基础上加上"义"与"智"，明确提出仁、义、礼、智四德说。董仲舒在孟子四德说的基础上加"信"，第一次提出"五常"的概念："夫仁、谊

---

① 《论语·里仁》。
② 《孟子·尽心下》。
③ 《汉书·董仲舒传》。
④ 《朱子语类》卷五十一，见黎靖德编：《朱子语类》第四册，中华书局1986年版，第1218页。
⑤ 《论语·颜渊》。
⑥ 《孟子·滕文公上》。
⑦ 《论语·八佾》。
⑧ 《论语·先进》。
⑨ 《孟子·离娄章句下》。

（义）、礼、知（智）、信五常之道，王者所当修饬也。"① 经过董仲舒系统化、理论化的"三纲五常"成为中国封建社会固有的旧道德，是中国封建道德的基本内容和价值准则。

第三，在价值基点上主张群体至上。儒家文化以社会群体作为价值主体，形成了一种社会本位的价值系统。社会群体被看作是产生一切价值的最终依据，一切价值和意义皆是由社会群体派生出来，一切个体皆没有独立的自己的价值，个体的存在和价值，完全是由社会群体派生。这种以群体为本位的价值观念源于中国古代社会的宗法制度。宗法制的实质在于把人为的等级统治秩序同自然的血缘和亲属关系合二为一，即把人与人的关系确立为统治、服从的君臣关系，但这一君臣关系却主要依靠家族的血亲、世系、长幼等关系来形成、建立、维系和巩固，个人只能以"孝"、"忠"为坐标在家族、血缘中寻找自己的安身立命之所。

与以上价值观念相契合的价值教育在探索过程中形成了自己的范式：目标上塑造"内圣外王"的理想人格，内容上突出纲常伦理，目标定位上强调社会本位。

（2）传统价值教育的演变

第一，先秦儒家价值教育目的和内容。在儒家看来，教育的目的就是塑造"内圣外王"的理想人格，而"圣人"、"君子"则为理想人格的化身。孔子、孟子、荀子都重视仁智统一的君子品质的培养，强调成人或全人的教育理念。孔子在论君子应具备的条件时，大多从思想品德方面提出要求，如"君子怀德"、"君子喻于义"等等。《论语》记载："子路问成人，子曰'若臧武仲之知，公绰之不欲，卞庄子之勇，冉求之艺，文之以礼乐，亦可以成人矣'。"② 也就是说，君子必须具备相当的智慧、廉洁、勇敢、才艺诸种完美的

---

① 《汉书·董仲舒传》。
② 《论语·宪问》。

品格和素质，并辅之以礼乐的修饰，才能使受教育者在人格的全面发展上取得进展。必须具备"志于道，据于德，依于仁，游于艺"①的操守和素质。孟子认为君子应"怀德"、"尚仁"、"行义"。他站在儒家积极入世、刚健有为的社会立场上，把理想人格设计为善、信、美、大、圣、神六个不同的发展层次，并对每个层次上的人格价值标准做了相应的规定："可欲之谓善，有诸己之谓信，充实之谓美，充实而有光辉之谓大，大而化之之谓圣，圣而不可知之之谓神。"②荀子说得更具体："君子智而不仁，不可；仁而不智，不可。"只有"既仁且智"的君子才会是儒家人才。"是故权利不能倾也，群众不能移也，天下不能荡也。生乎由是，死乎由是，夫是之谓德操。德操然后能定，能定然后能应，能定能应，夫是谓成人。"③

先秦儒家价值教育内容主要体现在三个方面：第一，读经研史。明代思想家罗钦顺指出："学校之教，大抵先经而后史，祖孔孟而宗程朱，至于诸子百家，则亦随其力之所及而博观焉。"④学习内容主要是礼、乐、射、御、书、数六艺和孔子编纂的"六经"。孔子曾说："六艺于治一也，《礼》以节人，《乐》以发和，《书》以道事，《诗》以达志，《易》以神化，《春秋》以道义"。⑤第二，习礼。中国传统文化也是一种"礼教"文化，在古代生活实践中，守礼也标志了人的成熟与有德，孔子所谓"克己复礼为仁"就证明了这一点。荀子说："礼者，法之大分，类之纲纪也。故学至乎礼而止矣，夫是之谓道德之极。"⑥《礼记·曲礼》则强调学礼使人超越于动物："圣人作，为礼以教人，使人以有礼，知自别于禽兽。——故曰：礼者

---

① 《论语·述而》。
② 《孟子·尽心篇》。
③ 《荀子·劝学》。
④ 罗钦顺：《整庵存稿》卷一。
⑤ 《史记·滑稽列传》。
⑥ 《荀子·劝学》。

不可不学也。"第三，"明人伦"。"学校之教，所以明伦理，育人才，厚风俗，隆治化"①。在先哲看来，人伦绝不仅仅是种种的社会关系，更体现了人之为人的本性，即"人之所以异于禽兽者，伦理而已矣"。这一时期的人伦具体而言，就是孟子提出的"五伦"："父子有亲，君臣有义，夫妇有别，长幼有序，朋友有信。"②

第二，董仲舒对儒家价值教育的继承和发展。到了汉武帝时期，董仲舒提出："《春秋》大一统者，天地之常经，古今之通谊也。今师异道，人异论，百家殊方，指意不同，是以上亡以持一统，法制数变，下不知所守。臣愚以为诸不在六艺之科、孔子之术者，皆绝其道，勿使并进，邪僻之说灭息，然后统纪可一，而法度可明，民知所从矣。"③ 这一"罢黜百家，独尊儒术"的建议得到采用，使儒学成为中国二千多年封建社会的正统思想。儒家教育成了整个中国封建社会教育的主流，儒家思想成为封建教育的指导思想，"六经"成为封建教育的基本内容，从而使教育目的、内容和教材达到了空前的统一。为了实现"独尊儒术"、"以儒治国"，董仲舒在对策中提出兴太学以养士的建议："夫不素养士而求贤，譬犹不琢玉而求文采也。故养士之大者，莫大乎太学，太学者，贤士之所关也，教化之本原也。……臣愿陛下兴太学，置明师，以养天下之士，数考问以尽其材，则英俊宜可得矣。"④ 太学是儒学化的大学，以"六经"为教材，"六学皆大而有所长，《诗》道志故长于质；《礼》制节故长于文；《乐》咏德故长于风；《书》著功故长于事；《易》本天地故长于数；《春秋》（正）是非，故长于治人。"⑤ 而教育的主要内容则是董仲舒构建的封建伦理规范"三纲"、"五常"。为了实行"三

---

① 罗钦顺：《整庵存稿》文渊阁四库全书本，卷一。
② 《孟子·滕文公上》。
③ 《汉书·董仲舒传》。
④ 《汉书·董仲舒传》。
⑤ 《春秋繁露·玉杯》。

纲"之道，他规定了相应的忠、孝、顺三种道德规范，即臣事君要忠，子事父要孝，妻事夫要顺。其中孝是基础，移孝作忠是目的。上文提到，董仲舒在孟子四德说的基础上加"信"，第一次提出"五常"的概念："夫仁、谊（义）、礼、知（智）、信五常之道，王者所当修饬也。"① 经过董仲舒系统化、理论化的"三纲五常"成为中国封建社会价值准则，同时也是学校价值教育的基本内容。在教育目标上，他认为受命于天的"圣人"必须以三纲五常为内容教化人民，才可使"中民之性"为善，使冥顽之民觉醒，成为"循三纲五纪，通八端之理，忠信而博爱，敦厚而好礼"② 的君子和顺民。

第三，理学教育——封建社会后期儒学教育的新形式。自宋开始，理学兴盛。总的来说，理学主张为学要明心养性，讲明义理，认为仁、义、忠、信不离于心，本源于理，正心、诚意、修身乃为学之本，必须以《易》为宗，以《大学》、《中庸》为体，以孔、孟为法。理学的集大成者朱熹认为"宇宙之间，一理而已。天得之而为天，地得之而为地。而凡生于天地间者，又各得之而为性。其张之为三纲，其纪之为五常，盖皆此理之流行，无所适而不在。"③ 在教育方面，他提出"修德之实，在乎去人欲，存天理"。要做到"存天理，灭人欲"，首先要认识天理。又认为天理全在圣贤书里，强调读儒家经典，"六经是三代以上之书，曾经圣人手，全是天理。"朱熹以毕生精力完成对《大学》、《中庸》、《论语》、《孟子》的注释工作，合称为《四书集注》，并被推崇为"经"的神圣权威。其次，要革尽人欲，既按照礼的规范行事，"非礼勿视听言动，便是天理；非礼而视听言动，便是人欲。"④ 在具体教学实践中，他为学生规定各方面的行为准则，将读书与道德训练相结合。书院是研究和传遍

---

① 《汉书·董仲舒传》。

② 《春秋繁露·深察名号》。

③ 朱熹：《读大纪》，见《朱文公文集》，卷七〇。

④ 《朱子语类》卷四十。

理学的中心。书院以讲授和研究理学为根本，《四书》、《五经》为基本教材，理学家们的著作和语录则为辅助教材或参考读物。书院以探明圣贤之学为真旨，务收修身齐家治国平天下的功效。书院的教学方法主要是教师讲授、学生自学和师生之间的问难辩驳三种形式。教师主讲学问要旨，提举纲领，发挥要义，同时指点读书方法，并在道德和学问两方面树立师表形象，起到言传身教的作用。书院在初期蓬勃发展的生命力在于其宗旨是为讲学而不是为科举，是为修身而不是为出身，因而呈现出与封建官学截然不同的办学特色，但是自元代开始，书院逐步官学化，其自由讲学的性质受到封建统治者的削弱和改变，尤其到了清代，书院师长由官府聘请，学生由官府录取和考核，并被纳入科举考试的轨道，完全成为科举的预备场所。

我国古代价值教育的典型特征是政治与伦理的结合，对道德人格的重视也是源于为政治服务的目的。中国传统哲学的人本主义思想体系是以群体的人、社会的人为基础而构建起来的。反映在社会与人的关系上，依次表现为个人、家庭、国家三个层次，三层关系的发展趋向是由内朝外作水波式投射。在这样一种伦理中心主义观念的支配下，中国古代的学校教育只能朝着片面追求社会人文知识和人格道德完善而忽视科学文化和个体全面培养的单一道德型人才的目标发展。儒家把政治问题的化解完全寄托在道德教育和人格修养上，力求实现政治与伦理合一，内圣外王相资，政权与教化并用。这种价值教育有利于形成一种全社会性的、富有责任感和使命感的文化传统，培养士人学者忧国爱民、兼治天下的入世人格。它强调国家的利益和整体的价值，有其合理性的一面，但忽视了个人的利益与价值，忽视了个体的独立和自由，从而束缚了个人主动性和创造性的发挥。尤其自汉代"独尊儒术"之后，以社会为本位的儒家思想便成为社会的主流思想，对中国价值教育的影响巨大而深远。

2．"西学东渐"的影响及近代价值教育主题的嬗变

"西学东渐"在中国近代从鸦片战争到"五四"时期经历了三个阶段①：从鸦片战争到洋务运动为第一阶段。这一阶段分为两个时期：前期，传教士是此时西学东传的主要媒介，林则徐、魏源、龚自珍等封建专制统治下的知识分子是近代中国向西方学习的启蒙者，他们的基本思想就是了解夷情，"师夷长技以制夷"。后期，在第二次鸦片战争失败及太平天国运动的双重冲击下，以奕訢为首的一批开明之士展开了一场以巩固清王朝统治为目的的洋务运动，使西学在中国的传播进入了一个新的阶段。英美等国的数理化实用知识以及军工技术是此时西学传入的主流。从戊戌变法到辛亥革命时期是西学东渐的第二阶段。它冲破了洋务派的单纯技术引进的界限，维新派和革命派都开始关注西方政治体制和学术思想。为从西方找到立宪、共和的救国方案，无论是维新派的康有为、梁启超，还是革命派的孙中山等都对西方民主政治学说的产生浓厚兴趣，前所未有地将西方国家观念、法制观念、权利义务观念、自由平等观念，集中而具体地介绍进中国。从民国初年到"五四"时期，是西学东渐的第三阶段。资产阶级的伦理、思想、文化成为此时西学传入的主流，进化论得到更为广泛的传播，并成为反传统主义的重要理论基础。陈独秀更认为，西方"近代文明之特征，最足以变古之道而使人心社会划然一新者，厥有三事：一曰人权说，一曰生物进化论，一曰社会主义"②。这一阶段，西学输入的最大贡献是马克思主义在中国的传播。

伴随这一"西学东渐"过程的，是中西两种不同文化的冲突，

---

① 参见杨荣：《论西学东渐对中国社会产生的影响》，《淮南师范学院学报》2007年第6期，第79—80页。

② 陈独秀：《法兰西人与近世文明》，《青年杂志》第一卷第一号，转引自张洪波：《进化论是陈独秀在新文化运动初期思想的主线》，《江淮论坛》1987年第3期，第88页。

这一冲突从物质文化层面，到制度文化层面，再到精神文化层面，逐渐由浅入深、由表及里地展开。这种冲突产生的直接后果之一就是近代中国价值教育主题的嬗变，表现为以科举制为依托的传统"儒礼"文化不断受到挑战，直到最后被摧毁，这一受挑战和被摧毁的过程是沿着两条路径展开的。在纵向上，伴随着以学习西方器物为主要内容的洋务运动、以学习西方制度为主要内容的维新运动和学习西方思想为标志的新文化运动所形成的新的价值观念无不冲击着传统的儒家教育；横向上，伴随着洋枪洋炮而至的宗教活动及其宗教教育，对近代价值教育的影响也不容忽视。本部分试图从这两个方向阐述近代中国价值教育的发展变化。

（1）"中体西用"的价值建构及其对传统价值教育的冲击

人们在论及"中学为体，西学为用"时，总是将它挂在张之洞的名下。其实，早期改良派人士，如冯桂芬、王韬、郑观应等人均已提出这一主张。张之洞则对"中学为体，西学为用"的思想作了较系统的论述。他于 1898 年春夏之际撰写《劝学篇》提出"中学为内学，西学为外学；中学治身心，西学治世事，不必尽索之于经文，而必无悖于经义"的思想。清政府把《劝学篇》颁发到各省，在理论上正式把"中体西用"确认为新式教育的指导思想。新政时期，"中体西用"指导思想被进一步确定。1904 年张之洞等在《奏订学堂章程折》中，指出"无论何等学堂，均以忠孝为本，以中国经史之学为基。俾学生心术壹归于纯正，而后以西学瀹其智识，练其艺能，务期他日成材，各适实用，以仰副国家造就通才，慎防流弊之意。"①

"中学为体，西学为用"亦称"旧学为体，新学为用"。张之洞说："四书、五经、中国史事、政书、地图为旧学，西政、西艺、西

———————————

① 朱有瓛编：《中国近代学制史料》第 2 辑（上册），华东师范大学出版社 1987 年版，第 78 页。

史为新学。旧学为体，新学为用，不使偏废。"① 张之洞将"西学"分为"西政"和"西艺"两类。"西政"包括教育、国防、财政、司法、贸易等方面的制度措施，"西艺"则指算、绘、矿、医、声、光、化、电等各类科学技术。张之洞主张学习"西艺"在先，学习"西政"在后。他认为"讲西政者宜略考西艺之功用，始知西政之用意"②。要使"西学为用"，必须培养大批系统掌握"西学"的人才，这样就必然导致教育内容和教育制度的重大变革。张之洞认为："今日中国欲转贫弱为富强，舍学校更无下手之处。"③ 以他为代表的洋务派大力提倡兴办新教育、改革旧教育，并主持创建大批新式学校。这些学堂力求"西学为用"，学生广泛地学习西方各类科学技术，在教学和管理方面也采用了某些近代措施。按张之洞的构思，"中学为体，西学为用"的原则体现在人的培养教育方面，在职能分工上是"中学治身心，西学应世事"④，在学习程序上是"先入者为主，讲西学必先通中学，乃不忘其祖也。"⑤ 由此看来，张之洞主张的"西学为用"是以"中学为体"为前提的。他吹捧封建的"三纲"是"中国神圣相传之圣教，礼政之原本，人禽之大防"。⑥ 他将"三纲"视为"中学"的核心，是"五伦之要，百行之原，相传数千年更无异义。圣人之所以为圣人，中国之所以为中国，实在于此"。⑦ 直到 19 世纪 90 年代中期，我国仍沿续古代旧的教育体制，尽管洋务派办起了一些新式学堂，如同文馆、武备学堂、船政学堂等，但基本上局限于军事和外语两方面，只能算作在封建传统教育格局之外的一点新的点缀和补充而已。

---

① 张之洞：《劝学篇·外篇·设学》。
② 张之洞：《筹定学校规模次第兴办折》，《张文襄公全集》卷五十七。
③ 《筹定学校规模次第兴办折》，《张文襄公全集》卷五十七。
④ 张之洞：《会通》。
⑤ 张之洞：《劝学篇·序》。
⑥ 《劝学篇·序》。
⑦ 张之洞：《明纲》。

（2）"新民说"与维新运动时期的教育改革

如果说洋务运动是鸦片战争后中国士大夫阶层发起的一场"自强"运动，那么维新运动则是甲午战争失败后代表新兴资产阶级利益的维新派在民族存亡的关头掀起的一场学习西方的变革。一批先进的知识分子在审视传统，学习西方的过程中认识到国民的素质决定国家的强弱，几千年的封建专制造成了国民严重的"奴性"意识，不知国家与天下之区别、国家与国民之关系，要提高国民素质，首先要废除专制制度。在新的人格追求上，严复提出，"今日要政，统于三端：一曰鼓民力；二曰开民智；三曰新民德。"[①] 梁启超则在《新民说》中明确提出"国也者，积民而成"，"欲其国之安富尊荣，则新民之道不可不讲"。[②] 在民智、民德、民力三要素中将民德放在了突出的地位。指出新民既要有私德，又要有公德。公德是国家社会的凝聚力。国民的群体观念和公利意识淡薄的主要原因在于旧的封建伦理只利于培养个人与个人之间的道德规范。至于如何新民德，他提出"新之义有二：一曰淬砺其所本有而新之，二曰采补其所本无而新之。"[③] 就是将中国原有的适合救亡图存的道德赋予新的时代精神，吸取西方自立自强之道补充中华民族道德之不足。除了有道德，梁启超还分析了新民的其他特征：新民"是爱国的、独立自由的、要有进取冒险的精神"。[④] "新民说"反映的是新兴资产阶级的价值观，这一观念对维新运动时期的教育改革产生了重要影响。与站在封建地主阶级立场的洋务派不同，代表新兴资产阶级利益的维新派的教育改革主张有：第一，在人才培养模式上，维新派强调

---

① 严复：《原强》，见《中国近代教育文选》，人民教育出版社 1983 年版，第 174 页。

② 《新民说》，见《梁启超选集》，上海人民出版社 1984 年版，第 207 页。

③ 《新民说》，见《梁启超选集》，第 211 页。

④ 参见黄书光主编：《价值观念变迁中的中国德育改革》，凤凰出版传媒集团、江苏教育出版社 2008 年版，第 82—85 页。

"新国之才"除了通晓中外之故，了解救中国之法，更具备"劲挺有力，刚毅近仁，勇者强矫，务在任道"[①]的人格。第二，变科举，兴学校。办教育是维新派开展活动的一个切入点和立足点。维新运动时期，他们先后创办的新学堂有近百所，比如康有为在广州创设的"万木草堂"、严复等在北京创办的"通艺学塾"、谭嗣同和梁启超在长沙主持的"时务学堂"等等。这些学堂一改过去迂腐的教学内容和方法，培养了不少维新人才，也为近代教育改革做了尝试。在维新派看来，改革旧教育的关键是"变科举"。"变科举"的核心是要废除八股取士制度。康有为指出，国家的当务之急"莫急于得人才；得人才之道多端，而莫先于改科举"；要改科举，"则莫先于废弃八股"，强调"新政之最要而成效最速者，莫过于此。"[②] 梁启超则进一步指出"变法之本，在育人才，人才之兴，在开学校，学校之立，在变科举。"[③] 严复深刻地揭露："八股取士，使天下消磨岁月于无用之地，堕坏志节于冥昧之中，长人虚骄，昏人神智，上不足以辅国家，下不足以资事畜。破坏人才，国随贫弱。"[④] 1898年，在资产阶级维新派的推动下，光绪帝谕令废除八股，改试策论。1905年9月2日，直隶总督袁世凯、湖广总督张之洞、两广总督岑春煊等会奏请废科举，指出"就目前而论，纵使科举立停，学堂遍设，亦必须十数年后，人才始盛……故欲补救时艰，必自推广学校始；而欲推广学校，必自先停科举始。"[⑤] 最终促使清政府颁布上谕，"方今时局多艰，储才为急。朝廷以提倡科学为急务……著即自丙午科为始，所有乡会试一律停止，各省岁科考试亦即停止……总

---

① 康有为：《长兴学记》，广东高等教育出版社1991年版，第17页。
② 汤志钧编：《康有为政论集》（上册），中华书局1981年版，第286页。
③ 梁启超：《变法通议》，《饮冰室合集》文集之一，第10页。
④ 陈学恂编：《中国近代教育史教学参考资料》（上册），人民教育出版社1986年版，第477页。
⑤ 《中国近代教育史教学参考资料》（上册），第577页。

之学堂本古学校之制，其奖励出身亦与科举无异。"① 这样，传承了1300 余年的科举制度寿终正寝。第三，提出制订近代学制。1898 年康有为建议皇上"远法德国，近采日本，以定学制"。他根据德、日两国发展近代教育的成功经验，提出了如下改革思路：遍令全国省、府、县、乡立学，7 岁儿童都须入学，县立中学，省府设大学，京师设一规模较大的京师大学堂。此外，县可设立专门学校（如农、矿、林、机器工程等），省府设立专门高等学校。显然，这是一种完全不同于封建旧教育的近代教育结构体系。康有为的构想不仅对维新时期的教育改革有宏观指导意义，也对 1903 年清政府正式颁布实施的我国第一个学制——《癸卯学制》有重要影响。维新运动作为一场资产阶级的政治改革是失败了，但作为一次近代教育改革运动则影响深远、功不可没。

（3）"五四"新文化运动与现代价值教育的确立

在洋务运动和维新运动推动下的晚清政府的教育改革开启了传统向现代教育过渡的过程，但因为其浓厚的封建性，并没有完成这一过渡。彻底完成这一过渡的是五四新文化运动时期蔡元培及其领导下的现代教育改革运动。

早在 1902 年，蔡元培在《师范学会章程》中就开宗明义地提出教育的宗旨就是"使被教者传布普通之知识，陶铸文明之人格。"② 1912 年 2 月，他发表《对于新教育之意见》一文，提出民主共和国的教育方针应包括：军国民教育、实利主义教育、公民道德教育、世界观教育及美感教育五个方面。就五者的内涵及相互关系，他解释道："军国民主义为体育，实利主义为智育，公民道德及美育皆毗于德育，而世界观则统三者而一之。"③ 蔡元培将军国民教育放在五育之首，认

---

① 舒新城编：《中国近代教育史资料》，人民教育出版社 1981 年版，第65 页。

② 高平叔：《蔡元培全集》第 1 卷，中华书局 1984 年版，第 161 页。

③ 《蔡元培全集》第 1 卷，第 135 页。

为军事体育对于加强民族自卫，抗击外敌入侵和军阀专横都有重要作用，实利主义教育是"人民生计为普遍教育之中坚"的智育，其主要内容为自然科学知识和技能。他将公民道德教育作为指引军国民教育和实利主义方向的教育，主要内容是自由、平等、亲爱。他认为世界观教育是一种哲理教育，意在培养人们具有高深见解，美育以陶养感情为目的，可以丰富科学，充实人生意义。5 月，蔡元培在参议院发表演说时进一步阐明："普通教育，务顺应时势，养成共和国民健全之人格"①，故而正式提出养成健全人格的培养目标。同年 9 月，南京临时政府教育部正式颁布"注意道德教育，以实利教育、军国民教育辅之，更以美感教育完成其道德"的教育宗旨。随后陆续出台一系列教育法令，到 1913 年，逐步形成完整的学校系统，即"壬子癸丑学制"。该学制将教育分成普通教育、师范教育、实业教育三大系统，并对各类学校的培养目标、课程设置等作了具体规定，突出了教育的科学性和民主性。根据时代的变迁，将国家和社会的需要渗透在道德教育、实利教育、国民教育，美感教育中。新学制否定了两千年来以"忠君"、"尊孔"为中心的儒家教育和清末以来"中体西用"的教育方针，否定了君权的绝对权威和儒家思想的独尊地位，明确提出培养具有民主共和精神的健全国民，以资产阶级自由平等博爱精神为主旨的公民道德教育取代封建主义的"尚公"教育。蔡元培始终如一将自己的教育理念贯彻在教育实践中，为反对和抵制封建复古主义教育回潮，阻止帝国主义在华的文化侵略和奴化教育，他联合和组织领导了我国教育界及社会的各种教育团体组织，并通过这些团体创办教育刊物，召开学术会议，开展教育实验和教育交流，先后发动并领导了我国二三十年代的教育思想与实践的改革运动。1917 年 1 月，蔡元培就任北京大学校长后，积极推行办学思想和管理制度改革。他提出："大学者，研究高深学问者也。"认为大学应当学术自由，科学民主，只有这

---

① 《蔡元培全集》第 1 卷，第 164 页。

样才能培养出真正的科学人才。因此，他打破门户之见，主张"以造诣为主，兼容并包"、"囊括大典，网罗众家"。根据这一办学原则，他聘请新文化运动的主要人物陈独秀、李大钊、鲁迅、胡适、梁漱溟等新派人物来校任教，同时也聘请了古经文学家刘师培、持复辟政见的辜鸿铭等旧派人物任教。改革后的新北大，很快成为全国著名的学术中心、五四新文化运动的重要阵地和马克思主义最早的传播地。

袁世凯复辟帝制后，在教育领域掀起了尊孔复古的逆流，针对教育上的复古，新文化运动的先驱者们对封建主义教育的核心——儒家思想进行了猛烈的抨击，指出以孔子学说为核心的儒家思想，适于封建社会而不能适应现代社会的。"五四"新文化运动开启了中国传统价值观念的深层变革，这场运动高举民主与科学的大旗，以西方自由主义的伦理道德为标准，大力宣传资产阶级革命时期的人权、平等思想，以及西方社会进入现代以来相继产生的新理论，高扬"个人价值"的存在，追求国家独立富强与个性自由解放相结合的价值观。提出国家的教育应该是促成独立人格的养成，而不能压制个人自由独立的精神。新文化运动改变了人们的价值取向，"自由"、"平等"、"博爱"越来越为人们所推崇。观念的改变，引起了教育领域的革命：首先表现为追求教育的民主化。新文化运动代表人物认为，要建立一个自由、平等、互助的民主社会，政治经济教育文化等设施就应该为平民掌握。平民教育思潮应运而生，平民教育的目的就是养成会生活的人："培养人生与共和国民必不可少之精神态度；训练处理家常信札、账目和别的应用文件的能力；培养继续读书看报领受优良教育之志愿和基本能力。"① 其次是追求教育的实用性和生活化。美国实用主义哲学传入中国后，"有用即真理"成为人们的主导价值观念。反映在教育上，表现为重视实用知识的传播，注重教育与实际生活相联系。他

---

① 陶行知：《平民千字课编辑大意》，见《陶行知全集》第5卷，四川教育出版社1991年版，第5页。

们抨击封建教育与社会生活和社会实际相脱离，要求改变"劳心者治人，劳力者治于人"的封建教育观，强调新教育应该向大众化、生活化的方向发展，要"弃神而重人，弃神圣的经典与幻想而重自然科学的知识和日常生活的技能。"再次，追求教育的科学化，针对当时教育内容深受传统影响，而且都是文言文，他们提出教育要为平民服务，必须科学化，不仅内容是科学的知识，手段也要符合教育规律，提倡推广白话文和拼音字母。这场思想解放运动推动了日后一系列教育改革，其中最突出的就是"壬戌学制"的出台。

在新文化运动和实用主义教育思潮的推动下，以"科学"和"民主"为时代精神，为了进一步促进中国教育的现代化，蔡元培在 20 年代初组织了对学制改革问题的大讨论，在美国"六三三"学制基础上，重新制订了中国学校制度，这就是一直沿用到 1949 年为止的 1922 年新学制，称之为"壬戌学制"。新学制以普通教育、师范教育和职业教育三个系统构成，以"适应现代进化之需要"、"发挥平民教育精神"、"谋个性之发展"、"注意国民经济力"、"注意生活教育"、"使教育易于普及"、"留各地方伸缩余地"等七项标准为指导思想。从这七项标准，可以看到新文化运动在教育思想上的明显痕迹。

（4）传教士与近代中国价值教育

美国传教士明恩傅曾说："英语国家的人民所从事的传教事业，所带给他们的效果必定是和平地征服世界——不是政治上的支配，而是在商业和制造业，在文学、科学、哲学、艺术、教化、道德、宗教上的支配，并在未来的世代里将在一切生活的领域里取回效益，其发展将比目前估计更为远大。"[①] 传教士对近代中国价值教育的影响主要通过建立教会学校和参加教育改革来实现。

第一，传教士与近代教会学校。从鸦片战争到 19 世纪末，传教士在中国开办教会学校大体可分为三个阶段：第一阶段（1840—

---

① 顾长声：《传教士与近代中国》上海人民出版社 1981 年版，第 113 页。

1860 年），传教士主要是在开放的五处通商口岸和香港开办一些附设在教堂里的小学，目的是"为传播福音开辟门路"。这一阶段开办的洋学堂共约 50 所，学生总人数约有 1000 人。早期教会学校的真正目的是吸引信徒和培养传教助手。在课程设置上开设数学、天文、地理等，有的还开设外语，不习科举，甚至开设女学。① 第二阶段（1860—1875 年），由于《天津条约》、《北京条约》等不平等条约准许传教士深入内地进行活动，教会学校有了迅速地增加。到 1875 年，教会学校总数增加到 800 所，学生约有 20，000 人，此阶段的教会学校仍以小学为主，但已有少量教会中学出现，约占总数的百分之七。学生学习的主要课程不过是圣经选读和教义问答之类，此外，还强迫学生参加弥撒或做礼拜以及其他各种宗教集会。第三阶段（1875—1899 年），由于外国在华企业的增多、中国民族工业的初步发展以及洋务派训练的新式军队的出现，对新型人才的需求日益突出，促进了教会学校的发展。在这个阶段，天主教仍以办小学教育为主，但基督教中学有了明显增加，大学也逐渐在形成之中。到 1899 年，教会学校总数增加到约 2，000 所左右，学生增至约 40，000 名以上。教学内容除宗教课外，还传授一定的西方科学知识，开设了一些数理化和工业方面的课程。为了培养外语人才，很多学校开设英语课程。为了配合教学，他们还编辑出版了大批教科书。1877 年，基督教在华各教派在上海联合组成了学校教科书委员会。到 1890 年，这个委员会共出版了 59 种大约 30，000 册教科书和图表。1890 年，基督教传教士全国大会决定将学校教科书委员会改组成中华教育会，从单纯编辑出版教科书扩展为对整个中华基督教教育进行指导。其章程的第二条规定本会的目的是促进中国教育的利益和增强从事教育工作者的兄弟般的合作。到义和团运动之前，传

---

① 参见熊月之：《西学东渐与晚清社会》，上海人民出版社 1994 年版，第 287—290 页。

教士在很大程度上控制了中国新教育的发展，形成了一个由上而下相互贯通的教会学校的教育网络。20 世纪初，教会学校步入大发展时期，尤其是在高等教育方面，创办了一批在国内外享有盛名的高等学校，如苏州的东吴大学、上海的圣约翰大学、南京的金陵大学、北京的燕京大学、广州的岭南大学等。教会大学的纷纷建立，构成了一个与中国自办大学分庭抗礼的独立教会学校体系。此时的教会学校，其教学内容大多以人文科学和自然科学为主，实行分科专业教学，学生需要经过严格的考试筛选才能入学和毕业。

作为中国境内最早出现的西式学校，教会学校打破了中国封建教育体制的垄断地位。西式管理、西学课程和西方化的校风使教会学校成为近代西方文化和教育体制的引进者和介绍者。在教育内容上，教会学校以西方近代科学知识为教育内容，重视生产技术和实用知识的传授。其教学内容与社会需要相结合，除了宗教道德教育外，还有以科学技术和逻辑推理为主的智育教育，以体操与军事训练为主的体育教育与以音乐、美术为主的美育教育，使学生在德智体美方面都得到发展，可以说这是近代意义上的全面教育。作为封建旧学的对立物，教会学校以自身的先进性对中国封建文化和传统教育制度形成了强烈的冲击和挑战，并在中国传统教育制度变革中发挥了一定的示范作用。教会学校在中国不仅有"破坏性的使命"，而且也不自觉地承担起了"建设性的使命"。它作为一种异端，不仅冲击了中国传统文化的体系，加快了中国传统教育的解体，而且也为传统教育向近代教育的转变提供了某种示范与启迪，为近代新教育的诞生提供了参照物。①

第二，传教士与近代中国新教育运动。来到中国的传教士很快就发现异教信仰是他们传播福音的重大障碍，而这种异教信仰在很大程度上是由异教教育造成的。美国传教士库恩非声称："只要中国

---

① 李华兴主编：《民国教育史》，上海教育出版社 1997 年版，第 33 页。

还以现行教育体制教育自己的年轻一代,中国就仍将是一个崇拜偶像的异教国家。"① 要实现"中华归主",就必须用西方基督教教育取代中国的传统教育。为达此目的,传教士毫不留情批评中国封建教育,积极鼓吹西式教育。虽然传教士对中国传统教育的批评带有宗教狭隘性和强烈的文化中心主义的色彩,其目的也是以基督教化的西方教育取代传统儒家教育,但其批评本身却直指中国旧教育的弊端,因而在近代中国教育的新旧交替过程中,传教士起到了催化剂的作用。除了理论上的批评,他们还积极参与近代中国的教育改革运动,主要体现在三个方面:第一,制订"公共考试方案"。1890年成立的中国教育会在相当长的时期内是以积极推进中国新式教育为主要目标的。中国教育会和广学会在 1900 年制订和公布了"学习课程及考试方案",详细规定了考试的时间、地点、条件和课目等情况。该方案完全是传教士所向往和追求的一种梦想,即统一的基督化中国教育体制。第二,为中国教育改革开"药方"。传教士认为,如果想控制和引导中国教育的发展方向,就必须推动中国的教育制度变革,为发展新式教育提供合乎基督教思想的方案。潘慎文在1896 年"三年会议"上所作的《中国普通教育运动与中国教育会的关系》的报告反映了来华传教士的群体倾向。潘慎文提出,"作为一个基督教教育工作者组成的协会",中国教育会"要运用各种方式去控制这个国家的教育改革运动。"② 他在报告中提出中国教育会应当指派一个委员会对中国现行教育体制进行透彻的研究,搜集西方先进国家已经出版的公立学校报告,从中找出一种最适合中国国情的折中体制,在此基础上制定一个中国公立学校制度的计划。第三,

---

① C. F. Kupfer: "Education in China", The Chinese Recorder 17: 419, NOV. 1886.

② A. P. Parker: "The Relation of the Association to the Cause of General Education in China," Records of the Second Triennial Meeting of the Educational Association of China held at Shanghai, May 6—9, 1896, p. 44.

直接参与新式学堂的教学或管理。自洋务运动以来，新式学堂纷纷建立。由于中国人普遍缺乏经验与必要的西学知识，不得不求助于与官方保持良好关系的传教士，因此直接任官办新式学堂的校长或教师是传教士参与新式教育运动的一大途径。如丁匙良在京师同文馆任总教习达25年之久，而林乐知掌教上海广方言馆也达18年之久。尤其是甲午战后传教士到政府学校任职任教更成为一个普遍现象。历史证明，传教士企图控制中国教育以实现"中华归主"的愿望落空了，但他们作为一股推动力量对近代教育变革的影响是不可忽视的。

3. 新中国"又红又专"的人才观及价值教育的泛政治化

中国共产党早在革命时期，就积累起丰富的思想政治工作经验，突出意识形态的宣传教育，强调政治观的养成。建国后，共产党人高度总结思想政治工作是党和军队工作的"生命线"，并将其延伸至党的建设、军队领域以外的社会主义改造和建设事业当中。总的来说，这一时期的价值教育主要体现为思想政治教育，培养学生的共产主义道德，抵制资产阶级思想的侵蚀，因而其政治化特点非常明显。

为了完成建国初期国家面临的彻底完成民主革命、巩固人民民主专政、恢复国民经济等主要任务，新民主主义教育在全国范围内继续进行。1949年《中国人民政治协商会议共同纲领》第42条规定了国民道德标准："提倡爱祖国、爱人民、爱劳动、爱科学、爱护公共财务为中华人民共和国全体国民的公德。"同年年底召开的新中国第一次全国教育工作会议提出建设新教育要以老解放区新教育经验为基础，吸收旧教育某些有用的经验，借助苏联建设的先进经验。在接下来的接管旧学校、改造知识分子、创建一批人民革命大学等建设新教育的实践中，坚持教育为工农服务的方向，创办工农速成中学以从劳动人民中培养新型知识分子。同时，对高等学校的课程进行改革，废除政治上的反动课程，开设新民主主义的革命的政治课程。

1951 年颁布《关于改革学制的决定》，实施幼儿教育、初等教育、中等教育、高等教育及各级政治训练班，充分保障全国人民尤其是工农劳动人民和工农干部受教育的机会，保证一切青年知识分子和原知识分子有受革命的政治教育的机会。1954 年 11 月到 1955 年 9 月，中央先后批转了三个重要文件，指出："对青年的共产主义道德教育必须密切结合当前的阶级斗争来进行，必须注意以阶级斗争的活人活事来教育青年，逐步培养青年具有工人阶级的立场和思想，成为对敌人无限憎恨、对劳动人民和共产党无限忠诚和热爱的战士。"全国各大城市借助组织干部学习文件、利用反面教材对学生进行反腐蚀教育，通过政治理论课和时事报告向学生进行系统的共产主义道德理论教育。

这一泛政治化特点在毛泽东提出"又红又专"人才观后更加得以强化。1957 年整风反右开始后，党更加重视思想政治战线的工作，强调正确处理政治与经济、政治与业务的关系，在青年学生中进行又红又专的教育。1958 年 1 月，毛泽东在《工作方法六十条（草案)》中提出"又红又专"的要求，指出"政治与经济的统一，政治与技术的统一，这是毫无疑问的，年年如此，永远如此。这就是又红又专。"又说："思想工作和政治工作，是完成经济工作和技术工作的保证，它们是为经济基础服务的。思想和政治又是统帅，是灵魂。"实现"又红又专"的人才培养，最基本的教育方法就是与生产劳动相结合。1958 年 9 月，中共中央发布《关于教育工作的指示》，提出："党的教育工作方针，是教育为无产阶级的政治服务，教育与生产劳动相结合……在一切学校中，必须进行马克思主义的政治教育，培养教师和学生的工人阶级的观点、群众观点和集体观点、劳动观点、辩证唯物主义的观点。"为贯彻执行上述方针，各级学校增配党团专职干部和政治理论课教师。另外，为培养劳动习惯和艰苦朴素的作风，还掀起大规模的下厂下乡运动，通过结合劳动

实践的"鸣"（讲认识、谈看法、摆观点）、"讲"（上政治课、作大报告、讲当的方针政策和共产主义理想）、"辩"（沟通思想、统一认识、坚持真理、修正错误）、"看"（参观访问、学习文件、丰富感性认识、提高理性认识）、"干"（在接受教育的同时，组织实际行动，发扬共产主义理想）形成劳动观点和群众观点。1962 年 9 月，中共中央批准试行的《高校 60 条》规定：高等学校的基本任务，是贯彻执行教育为无产阶级的政治服务、教育与生产劳动相结合的方针，培养为社会主义建设所需要的各种专门人才。高校学生的培养目标是：具有爱国主义和国际主义精神，具有共产主义道德品质，拥护共产党的领导，拥护社会主义，愿意为社会主义事业服务，为人民服务；通过马克思列宁主义、毛泽东著作的学习和一定的生产劳动、实际工作的锻炼，逐步树立无产阶级的阶级观点、劳动观点、群众观点、辩证唯物主义观点；掌握本专业所需要的基础理论、专业知识和实际技能，尽可能了解本专业范围内科学的新发展；具有健全的体魄。1963 年 3 月，中央批准试行《全日制中学暂行工作条例（草案）》和《全日制小学暂行工作条例（草案）》，提出对中学生的德育要求：具有爱国主义和国际主义精神，具有共产主义道德品质，拥护共产党的领导，拥护社会主义，愿意为社会主义事业服务，为人民服务，逐步培养学生的工人阶级的阶级观点、劳动观点、群众观点、辩证唯物主义观点。对小学生的要求是：具有爱祖国、爱人民、爱劳动、爱科学、爱护公共财物等品德，拥护社会主义，拥护共产党。

　　至此，社会主义思想政治教育体系基本确立，但培养目标基本上是从社会需要出发的，更多强调政治教育、思想教育、很少考虑学生的个性与自身发展的需要。尤其到了后期，阶级性特征日益明显，阶级斗争教育成为学校的主课，到处开展"反修防修"教育。党的八届十中全会以后，"以阶级斗争为纲"的思想逐步成为全国各项工作的指导方针。整个教育战线对阶级斗争形势的估计急剧偏

"左"，认为在学校里特别是高等学校，资产阶级和修正主义的思想影响相当普遍，与资产阶级的斗争，已从公开争夺领导权的斗争转为教学、科研领域的斗争，不少资产阶级知识分子正在同我们争夺青年学生。1964年7月毛泽东与其侄子毛远新谈话时明确提出："阶级斗争是你们的一门主课"，"你们学院应该去农村搞'四清'，去工厂搞'五反'"。同年，高教部在召开直属高等学校理工科教学工作会议上正式确定："把阶级斗争锻炼作为一门主课，将参加'四清'和军训正式列入教育计划"。学校思想政治教育的中心任务转变为阶级斗争教育：一方面，有计划地组织学生参加农村社会主义教育运动和城市"五反"运动，组织学生广泛开展访贫问苦活动；另一方面，开展社会调查，通过写村史、厂史、读书、看电影、走访革命前辈等活动进行阶级斗争教育。

除了阶级斗争教育扩大化，大力突出毛泽东思想，也成为这一时期思想政治教育的主要弊端。1965年3月1日，《人民日报》发表社论：《学习长沙政治学校的革命学风》，指出长沙政治学校的好经验主要体现在高举毛泽东思想旗帜，把活学活用毛泽东同志的著作摆在第一位，号召全国各级学校结合自己的情况认真吸取长沙政治学校的经验，把学校办得更加革命化。随后，全国各级学校组织教师、干部去取经，把毛泽东著作作为学习的基本教材，把教好学好毛泽东著作放在第一位。这种学习被林彪所利用，成为"突出政治"的手段，将毛泽东思想神圣化，鼓吹对毛泽东的个人崇拜，使这场轰轰烈烈的学习运动出现庸俗化和形式主义的恶劣倾向，学校的思想政治教育面临全面崩溃的危机。

4. 应试教育制约下的当代价值教育

当代中国社会的改革，是一场深刻的社会革命，改变了社会的结构、人们的思想观念和行为。教育领域也不例外，学校德育的目标、内容、手段与方法都呈现出新的变化与发展。

（1）改革开放以来人才培养目标的变化轨迹

1981 年十一届六中全会通过的《中国共产党中央委员会关于建国以来党的若干历史问题的决议》指出，用马克思主义主义世界观和共产主义道德教育人民和青年，坚持德智体全面发展、又红又专、知识分子与工人农民相结合、脑力劳动与体力劳动相结合的教育方针，抵制腐朽的资产阶级思想和封建残余思想的影响，克服小资产阶级思想的影响，发扬祖国利益高于一切的爱国主义精神和为现代化建设贡献一切的艰苦创业精神。此表述公开放弃了 20 世纪 50 年代后期的"教育为无产阶级政治服务"的提法。

1988 年颁布了《中共中央关于改革和加强中小学德育工作的通知》，指出中小学德育工作的基本任务是："把全体学生培养成为爱国的具有社会公德、文明行为习惯的遵纪守法的好公民。在这个基础上，引导他们逐步树立科学的人生观、世界观，并不断提高社会主义思想觉悟，使他们中的优秀分子将来能够成长为坚定的共产主义者。"《通知》还要求"培养学生适应改革开放和社会主义商品经济的社会环境。中小学教育必须面向世界、面向未来、面向现代化，注意培养学生的改革开放意识，使他们从小养成讲求质量和效率，勇于进取，忠于职守等同发展现代化大生产相适应的观念。"

1990 年 12 月，中共十三届七中全会通过的《中共中央关于制定国民经济和社会发展十年规划和"八五"计划的建议》，正式提出总共 41 个字的新教育方针："教育必须为社会主义现代化服务，必须同生产劳动相结合，培养德智体全面发展的建设者和接班人。"

1995 年 3 月，八届人大三次会议审议通过的《中华人民共和国教育法》又对上述方针作了进一步的充实，表述为："教育必须为社会主义现代化建设服务，必须与生产劳动相结合，培养德、智、体等方面全面发展的社会主义事业的建设者和接班人。"至此，新中国历史上第二块里程碑式的教育方针以法律形式载入史册。

1999 年 6 月，江泽民同志在第三次全国教育工作会议上的讲话中指出："我们必须全面贯彻党的教育方针，坚持教育为社会主义、为人民服务，坚持教育与社会实践相结合，以提高国民素质为根本宗旨，以培养学生的创新精神和实践能力为重点，努力造就有理想、有道德、有文化、有纪律的，德育、智育、体育、美育等全面发展的社会主义事业建设者和接班人。"

2001 年 6 月，教育部颁布了《基础教育课程改革纲要（试行）》，指出，基础教育课程改革的目标在于构建符合素质教育要求的新的基础教育课程体系，这个体系整体设置九年一贯的义务教育课程：小学阶段以综合课程为主。小学低年级开设品德与生活、语文、数学、体育、艺术（或音乐、美术）等课程；小学中高年级开设品德与社会、语文、数学、科学、外语、综合实践活动、体育、艺术（或音乐、美术）等课程。初中阶段设置分科与综合相结合的课程，主要包括思想品德、语文、数学、外语、科学（或物理、化学、生物）、历史与社会（或历史、地理）、体育与健康、艺术（或音乐、美术）以及综合实践活动。积极倡导各地选择综合课程，学校应努力创造条件开设选修课程。在义务教育阶段的语文、艺术、美术课中要加强写字教学。高中以分科课程为主。为使学生在普遍达到基本要求的前提下实现有个性的发展，课程标准应有不同水平的要求，在开设必修课的同时，设置丰富多样的选修课程，开设技术类课程，并积极试行学分制管理。我国教育改革的理念与策略之一就是要改变过于注重传授知识的倾向，关注学生"全人"的发展。

2002 年 11 月，江泽民同志在十六大报告中又进一步阐述了党的教育方针，指出："全面贯彻党的教育方针，坚持教育为社会主义现代化建设服务，为人民服务，与生产劳动和社会实践相结合，培养德智体美全面发展的社会主义建设者和接班人。"

从以上培养目标的变化可以看出，当代价值教育在倡导人的全面发展的目标导向下，从过去忽视个人需要转向以人为本、从过去强调思想、政治素质转向人的全面素质培养。其积极的一面在于培

养了大批用马克思主义世界观武装起来的，具有强烈的爱国主义、集体主义和民族主义精神的社会主义"四有"新人和合格的社会主义事业的建设者和接班人。但是，在中国社会的现代转型过程中，理想的培养目标又始终受到现实的拷问和约束，而最现实的现实就是"高考至上"在教育领域的充斥。

（2）"高考至上"与价值教育的遮蔽

为弥补人才断层，1977年高考制度得以恢复。几十年来高考作为践行社会公平和教育公正的重要制度，为国家选拔人才无疑提供了重要的渠道。但其考试机制的单一化与高等教育需求人才多样化的矛盾、考试内容的僵化与价值教育生活化的矛盾及考试科目设置的孤立性与全面推进素质教育目标的背离都决定了当代价值教育的举步维艰。虽然到目前为止，还没有比"分数面前人人平等"的高考制度更具平等性的制度，但一个不容置疑的事实是这一制度就像一根无形的指挥棒，直接指挥着从小学到高中的整个基础教育阶段，使整个基础教育阶段成为高考的准备阶段，使整个基础教育成为应试教育，它将教育的功利化倾向推到了极致。在"高考至上"的理念推动下，学校教育被社会民众、家长与学生的实用心理驱动，即使明白教育真谛的学校领导与教师也在考试决定命运的逻辑下进行"伟大的"知识灌输工程。知识教育就是教育的全部，语文、数学、外语等很多学科的文化、历史、政治、道德与审美价值内涵被忽视，历史、政治等本身具有丰富价值蕴涵的课程也变成只需死记硬背以应付考试的知识灌输，音乐、美术、体育等丰富学生生活、利于学生素质全面提高的课程在毕业班干脆被取消。即使每天一节用来供学生自己调节的自习课，也被各科老师以冠冕堂皇的理由侵占了。价值教育与知识教育本身同作为学校教育中的重要组成部分而交互渗透和交互影响，但在实践过程中，对知识教育的过分注重造成了知识教育的霸主地位及其对价值教育的遮蔽。这种功利化在当今课程知识供应制度的制约下进一步被强化，接受教育的人、从事教育的人、家长和社会各行各业的人们自觉不自觉地以考试结果作为评价学生的客观标准。因而，人们在接受教育的价值取向上实际是以是否有用作为评判标准的，至于培养目标所提出的"全面发展的人"、"健全人格"等等统统成为纸上谈兵，这就导致了教育中的人们价值取向的偏差：在屈从政治与意识形态中消极应付政治价值，夸大科技理性和知识教育的用处，奉行追逐实利的教育，牺牲全面发展的人格教育和学生个体的生存与生活价值教育。①

二、西方价值教育的历史沿革

西方价值教育的丰硕成果是经过无数思想家和教育家在实践过程中思考、提炼而得的。循着历史的轨迹追溯这一过程不难发现，不同的时期、不同的国家，都有各具特色的理论、形式和方法。每一个时期的价值教育总是与该时期主流价值观相契合，二者之间又相互影响。考虑到时间和空间的跨度，本节提取某一历史时期具有特色或对后世有影响的价值教育进行阐述和分析。

1. 古希腊价值哲学及以人的和谐发展为目的的价值教育

作为西方教育思想发展史的序幕，古代希腊的教育思想给后世留下了非常珍贵的遗产。就价值教育而言，"人的和谐发展"是古希腊教育长期追求的目标。"和谐"在古希腊语中表示人的健美体格和高尚道德的结合。这一教育培养目标在苏格拉底、柏拉图和亚里士多德的教育理念中都有涉及。苏格拉底从人的道德本性的角度，提出"美德即知识"的知德统一论，认为知识是通过后天学习获得的，因此德行也应该是教育的结果，而教育的任务就是培养美德、探求知识以及增进健康。教育的目标就是要培养具有高尚智慧和治国安邦的人才。作为人的最高道德的善表现为身体与灵魂的和谐与有序，

---

① 参见吴亚林博士论文：《价值与教育——价值教育基础理论研究》，华中师范大学 2006 年版，第 148 页。

具体来说，就是人应该具有理智、正义、勇敢和虔诚的美德。苏格拉底价值教育的思想是以其生活的时代背景下形成的哲学思想为依托的。在苏格拉底生活的时代，伯罗奔尼撒战争使希腊的政治社会秩序陷入了混乱，希腊的文化精神和价值观念产生了严重的危机。当时的智者派从经验自然出发来关注人的生活，苏格拉底则从理性的思考入手，通过他的实践活动，试图在雅典重建理性的道德价值。在苏格拉底看来，生存世界的和谐与秩序在于善的目的性安排，人求知的目的就是实践这种善，人的求善也是知识化的过程，这就是人的应然生活。善作为世界和个人的目的是自身规定自身、自身实现自身的。善是人生的最高目的，是人们一切行为的目的，善是生活、思想必须依据的惟一原则，是最高的道德价值。就这样，苏格拉底从思考世界中这种绝对存在的善入手，把哲学从自然带到生活实践中来，使哲学开始价值地思考生活，同时，他为人类生活设置了一个形而上学的最高目的或终极价值。

柏拉图在《理想国》一书中提出，理想国的统治者、保卫者和劳动者分别享有"智慧"、"勇敢"和"节制"的品德，并且达到一种和谐的秩序，对三者施以相应的教育就是一种和谐。在其理想国中，哲学家是至善的代表和贤能的统治者。真正的哲学家在于洞悉理念的本性，并且能够将它运用到国家的治理中去。在所有的理念中，"善"的理念是一切理念的核心，是最高的理念，是哲学家的最高追求。哲学家的必备特征是[①]：第一，具有良好的记性，敏于理解，豁达大度，温文尔雅，爱好和亲近真理，正义勇敢和节制；第二，节制，不贪图享受，决不追求物质享受和肉体的快乐，而是关注自己灵魂的改善和自身心灵的快乐；第三，胸怀坦荡、眼界开阔，能观察和研究所有时代的一切存在，胆怯和狭隘不属于真正哲学家

---

① 参见单中惠主编：《外国中小学教育问题史》，山东教育出版社2005年版，第87—88页。

的天性；第四，身心和谐发展，只朝向理念指引的方向；第五，具备最高的美德——正义，能够充分认识到自己的天职，按照善的理念的要求去行动，从而引导国家走向至善；第六，具备统治艺术，成为国家的统治者。哲学家的培养要经过周密的计划才能实现，必须从小就注意使儿童的心灵受到磨炼，不断排除侵蚀灵魂的各种障碍，使灵魂中最高尚的部分得以发扬光大，抑制灵魂中低级的部分以获得真正的知识。为此，他设计一套教育体系，包括从学前教育一直到成为哲学王为止，学习的主要内容就是辩证法，坚持不懈学习辩证法，就能够将所学的"各种课程内容加以综合，研究它们相互的联系和事物本质的关系"，能经受各种考验，"把灵魂的目光转向上方，注视着照亮一切事物的光源……看见了善本身"。① 正如策勒尔所评价的，"柏拉图的哲学是一个以截然划分精神与物质，上帝与世界，肉体与灵魂的二元论为根据的唯心主义体系。他把真正意义上的存在只归之于精神的存在，而物质世界只看作是理念世界的模糊的摹本，并且以无情的逻辑从这个学说作出种种实际的结论。"② 以此思想体系为基础，柏拉图为价值问题设置了一个比苏格拉底更深远的形而上学依据：善的理念是伦理的终极价值和目的。他要求人们以求知的生活方式去寻求善。

与柏拉图赋予灵魂以永恒价值而否定肉体生命的现世价值不同，亚里士多德认为人的灵魂由三部分构成：植物的、动物的和理性的灵魂。前二者是非理性的，只有当灵魂的三个部分在理性的领导下和谐共存，人才可能成为人。这三部分在人的身上依次为身体、情感和理智，它们的发展遵循一定的顺序，因此，教育需要与儿童自然发展特征相适应，而且必须是体育、德育、智育和美育全面和谐

---

① 【古希腊】柏拉图著，郭斌和、张竹明译：《理想国》，商务印书馆1986年版，第309页。

② 【德】E·策勒尔著，翁绍军译：《古希腊哲学史纲》，山东人民出版社1992年版，第137页。

的训练。亚里士多德认为，国家的存在依赖于公民的本质，因此它必须教育所有的公民，每个儿童必须接受作为公民所需要的同样的基础教育，这方面教育的课程包括读、写和音乐，而青年人和年轻人要学习数学、乐器、诗歌、文法、修辞、文学和地理。获得美德可有三个因素：天性、习惯和理智。至于什么是美德，亚里士多德理解为，它是一个固定的习惯或态度，一个人的性格是这些固定习惯的综合，开始像人类原始的冲动，后来与环境相互作用，通过塑造和引导，这些内部因素变成美德或全部性格。要使公民成为社会的好成员，必须发展每个人的好习惯，通过养成好习惯，发展美德和好品行。亚里士多德的价值教育思想建立在起生命伦理学说之上。在亚里士多德的伦理学说中，灵魂既有理性的成分，又有感情和欲望的非理性的成分，因此，他把人的善或德性分为相互联系的高低两种：理智德性或智慧德性与伦理德性或品格德性，前者是理性的推理活动，没有了它，品格德性就难以践行，反之，理智德性的运用也需要品格德性，因为，德性或善在于践行。亚里士多德的生命理论是从两方面展开的：一是关于生命的现象描述，一是关于生命的本质性的或目的性的分析，两方面从本质上是相互贯通的。他把个人的生存目标定为幸福，使幸福成为了一个完满的伦理学概念，生存本身的善构成幸福，人类一切活动的目的在于幸福。人的特殊本质不是肉体的生存，而是有理性的生活，因此，人的至善是全面和习惯地行使那种使人成为人的职能，就是幸福。

2. 基督教神学统摄下以培养基督教教士为目的的价值教育

在中世纪的西方，居统治地位的思想意识形态是基督教神学。基督教自产生之日起，就把传播教义、争取信徒作为重要目标。在早期以拯救人的灵魂并使其皈依基督教为目的，宣扬依靠对神的信仰与热爱而被拯救，宗教教育是使人获得信仰的最直接工具。希腊教父克雷芒认为，训育在人的发展中起着重要作用，基督引导人过着享受美德和知识的生活；除上帝之外，每一个基督徒也都承担着教育他人，特别是非基督徒的神圣职责，都要"愉快地学习，不倦地教人；将知识传授给别人，既不吝啬，也不假装谦虚而不肯传授"①。教父哲学的主要代表奥古斯丁的思想更是奠定了中世纪基督教教会教育的目的。奥古斯丁全部神学主题只有两个：识神与识己。他认为上帝是绝对的，并且是一切价值的终极和来源。上帝是永恒和超验的存在，是绝对的统一，绝对的智慧，绝对的意志，绝对的精神和绝对的自由。上帝即最高理性，"如果有比绝对的理性更高的存在，那么那种存在就是上帝，如果没有，那么绝对的理性就是上帝。"上帝既然是绝对的存在，那么，他的创造物的人之伦理又是什么呢？人要靠爱来同上帝相融合，爱是最高的德性，是所有其他德性的源泉，而最坏的邪恶是背离上帝，是缺乏神性。爱上帝是爱己和爱人的基础。信仰、希望和仁爱是道德转化的三条主要德目，爱是最高的，但三者是相辅相成的，没有爱，信仰就无所作为，也就没有希望，反之亦然。他把他的伦理用于生活实践，就是要人以积极的态度投身于修道生活和上帝的怀抱。人们只有与全真全善的上帝站在一起，才能进入真知世界，理智并不产生真理，获得真知必须先有信仰，而一切理性的知识也只能是关于上帝的知识，"了解是为了信仰，信仰是为了可以了解。有些事情，除非我们了解，否则就不能相信；另外一些事情，除非我们相信，否则就不能了解。"②所有的教育都应被引向对圣经的理解和训练人们接受永恒的真理。他宣称人生在世的最高目的只是不断地赎罪修行，克己欲望，信仰上帝，才能使自己的灵魂得到拯救。因此，基督教的教育目的既不是发展智力和理性，也不是培养国家公民，而是要培养对上帝充满信仰的虔诚的基督教徒，进而成为忠诚地为教会服务的基督教教士，而基督教教士必须具备虔诚之心和优良品质，能摆脱现实世界的欲

---

① 滕大春主编：《外国教育通史》第三卷，山东教育出版社 1989 年版，第 35 页。

② 【美】梯利：《西方哲学史》（上册），商务印书馆 1975 年版，第171 页。

望和享受，用理性克制欲望，情感服从理性，能够认识到自身的原罪，进而认识到上帝的至善，养成一种善的倾向。奥古斯丁进一步论证，肉体是灵魂的监狱，只有消灭肉体，欲望才能获得精神上的拯救和神圣，因此，禁欲、苦行、修行等既是基督教教义的内容，又是教育目的的一部分。就当时来说，修道院是进行基督教教育、培养基督教教士的重要场所，修道院提倡修道主义，以《圣经》为主要学习内容，培养学生服从、贞洁和安贫三种品质。

中世纪经院哲学的产生使基督教神学理论第一次系统化，经院哲学成了"在教会学校传授的、以神学为背景的哲学"①，也决定了中世纪教育的价值取向和基本精神。处在经院哲学鼎盛时期的托马斯·阿奎那创造性和解释性地扩展了奥古斯丁的信仰哲学传统和亚里士多德的理性哲学传统，并使二者融合起来，将哲学融于神学之中，竭力调和信仰和理性的关系。他承袭奥古斯丁的形而上学和教会的指导原则，在具体的路径上，又采用了亚里士多德的方法。他承认亚里士多德关于"道德德性"和"理智德性"的划分，但又指出此二者只是尘世的德性，而基督徒应该还具备"神学德性"，因为只有"神学德性"才能无误地指示人们接近上帝，而他所说的"神学德性"就是奥古斯丁提倡的"信"、"望"、"爱"神学三德。在他看来，人的幸福和美德与爱上帝是联系在一起的，整个道德所依赖的每一种基本的美德，都是用不同的方法将智慧和知识引入人的日常行为的，理性、自由和个人的责任感是人性论的基本内容，教育的目的在于发展人通往上帝神性的理智。教育不仅要关注人的物质实体的需要，还要关注精神实体的需要，通过发展人的理智，引导人性趋向理性生活，使灵魂与上帝沟通，成为向往神性世界的人，这样的人就是基督教教士。

在宗教改革以前，整个西欧都受以经院主义哲学为基础的经院

---

① 赵敦华：《基督教哲学1500年》，人民出版社1994年版，第222页。

主义教育思想的影响，它以虔诚信仰和服从上帝作为教育的最终目的而表现出信仰主义、禁欲主义和蒙昧主义。到了宗教改革运动时期，日益被倡导的人道主义和教会改良的思想及新教与旧教之争，使基督教教育目的有了新变化，宗教与世俗的双重目地开始被提倡。德国宗教改革运动领导人马丁·路德指出，新教的教育目的不是培养专门的神职人员，而是培养大量的对基督教虔诚信仰、具有独立理解《圣经》能力的基督教徒。同时，他认为宗教改革涉及一个有世俗政府统治的、独立于罗马教皇之外的民族国家的政治变革，需要培养世俗政治的统治者和从事世俗事物的各行各业人才。加尔文认为上帝将人们分为"选民"和"弃民"，作为选民的标准是崇尚理性与科学、积极的处世态度、克己公正、严谨的生活等，因此，神学教育的主要目的之一是道德教化，学校教育不仅要培养有知识的实用人才，而且要全面地培养好的基督徒，也就是"选民"。总之，西方基督教教育在培养教士的教育目的的引导下，经过了一个从虔诚的教徒到用理性和信仰武装的教士，最后成为既对上帝敬仰又具备世俗活动能力的新"选民"的过程。

3. 近代西方资本主义民族国家价值教育的"国家化"

近代历史肇始于 17 世纪的英国资产阶级革命，到 20 世纪第一次世界大战结束，在近三百年的历史中，资本主义民族国家的形成、发展和巩固是其主题，出于资本主义民族国家的形成和发展需要，建立国民教育制度，实现教育国家化是资本主义民族国家的普遍需求。所谓教育国家化，就是为了赋予教育以应有的地位，充分发挥其振兴民族、国家的作用，而把教育纳入国家活动之中，用立法手段保证国家对教育的影响与控制，用行政手段发展公立学校，确立国民教育制度，以实现国家对教育的干预与管理。相应地，出于对本民族的文化认同，价值教育中的国家主义倾向日益明显，在初期，其代表人物有法国的孔多塞和德国的费希特。他们强调教育的社会功能，将教育看成是改造国家和社会的主要手段，主张教育的普及。

到了 19 世纪，国家对教育的控制和指导作用越来越强，教育已经被纳入到国家的意识形态之中，成为国家的社会建制手段。国家对教育的控制导致了教育的制度化和教育的世俗化。在俄国，有乌申斯基为代表的"俄国民族性教育思想"，在美国，有霍列斯·曼为代表的"公共教育思想"。俄国民族性教育思想主张建立具有民族特点的国民教育制度，依据民族性原则改革教育。公共教育思想深受 18 世纪国家主义教育思想的影响，强调教育的普及和国家对教育的管理，为之后的公立学校运动提供了理论基础。本部分以美国公立学校运动时期价值教育的"美国化"作为近代资本主义民族国家价值教育"国家化"的代表进行阐述和剖析。

由于建国初期的教育满足不了新兴国家的政治和社会需要，19 世纪 30 年代开始在美国兴起了一场声势浩大的公共教育运动。与以往学校大多属私立，入学者需交纳各种费用、只为少数人享受的旧体制大相径庭的是，公立教育运动由政府设立免费学校，使所有公民皆享受免费的和非教派的普通教育。公立学校运动的发动者视道德教育的扩散为保持社会和谐与一致的良方。他们不相信穷人、移民、黑人、土著民的家庭教育，所以希望所有学生通过普通的道德律例学会自律。为这场运动做出杰出贡献的当推时任麻萨诸塞州教育委员会秘书的霍列斯·曼和康涅狄格州教育委员会督察长的亨利·巴纳。他们认为教育公民是国家不可推卸的责任，而不能听任少数人垄断，不能把这一神圣任务视为慈善机关的救济工作，主张破除长期以来教育为宗教附庸和办学为教士特权的传统，使学校成为传播科学知识和陶冶善良品德的园地。比如，霍列斯·曼坚持公立学校应帮助学生发展理性和良心，提出"教育的最高级和最高尚的目标与我们的道德品质相关联。学校应该做到德育优于智育。"共同教育运动除了提倡政府办学，还主张教育世俗化，将公立学校的通识教育从家庭、教会、主日学校的宗教训练中分离出来，形成较明确的劳动分工。在课程设置上，他们扩充教学科目，除了读、写、算，又增设了历史、地理等课程。另外，公共教育运动的倡导者还创行了分班编制。长期以来，美国小学集长幼不同的儿童和青少年于一堂，在一起学习各种科目，由老师个别传授。为求教学的发展，学校将不同年龄和接受能力的学生编为不同班级，由不同教师教授不同学科，班级授课应运而生。这场发端于初等教育的改革运动推动了美国公立学校系统的建立，它的成功是有目共睹的。波兰学者德古鲁斯基（Adam G. De Gurowski）在其著作《美洲和欧洲》（America and Europe）中赞扬美国公共教育：美国的未来和美国社会的富有都以公共学校为基础，这种基础是比其他任何基础更有力量的。这种学校乃是天才的美国社会和人民的精神、意志及性格的表现。欧洲有华贵的阶级和学术发达的社会，而个性的充分发展不足；但自由社会的美国在受到刺激后，竟以新英格兰地区的麻萨诸塞州为领导，而掀起波澜壮阔的教育运动，因而只有美国人拥有理智的和受过良好教育的广大群众。[①]

在中等教育方面，美国建国初期，文实学校逐步取代殖民地时期的拉丁文法学校而盛极一时，与只为升学做准备的拉丁文法学校不同，文实学校一开始就具备了自由竞争的企业性质，因此能冲破一切传统的束缚，脱离古典主义和淡化宗教色彩。它勇于面向工业社会的现实，兼顾实用和升学两种职能，并采取丰富多彩和灵活多样的教学方法。又正因为文实学校在人才培养目标上的短期性和学校经营者的盈利意识，故而慢慢失去了其存在的基础，被公立中学取而代之。美国公立中学以 19 世纪 20 年代波士顿创立的中学为肇端，以 1838 年费城创立的中学为完备，到 50 年代中期，全国公立中学走向普遍化和标准化。与收费昂贵，依附于大学的欧洲国家中学不同，美国中学一开始就面向普通民众，以学生的就业为主，在教育和教学的安排上自成体系。在高等教育领域，各地州立大学也

---

① 转引自滕大春：《美国教育史》，人民教育出版社 1994 年版，第202 页。

先后建立，并且在课程上冲淡了殖民地时期旧学院的古典主义和神学气氛，更加注重实用知识和科学知识，另外在思想领域传授新国家所需的意识形态。由于小学教育在道德教育中扮演的必要角色使中学、大学有更多自由来提供更广泛、更功利的课程，美国人日益将这些阶段教育与职业和社会成功联系在一起，而不是将它和文化传承与政治稳定相联系。对于这场声势浩大的公共教育运动的意义，托克维尔在《美国的民主》说到：普及的学校教育，自由的新闻传媒，参加人数众多的民间团体这三者特殊的组合在维持他所谓的美国的"思维的特征中"起到了重要的作用。克雷明也说过："美国普及教育的运动从 19 世纪 30、40 年代开始发展以来，紧紧地抓住了至少两个互补的因素。首先，普及的教育是建立共和政府必不可少的条件。如果缺少这一条，自由会很快变成放纵，普选权会变成大多数人的专制权利。正如杰斐逊经常被引用的箴言所述：'如果一个国家在文明状态下渴望愚昧无知和随心所欲的生活，那么它所希望的是过去绝没有过而将来也绝不会有的幻想。'第二个因素则是更为微妙和更典型的美国化的观点——认为某些长期的社会变革最好由教育而不是由政治来实现，即教育在它改变个人和群体的传统关系方面是一种政治形式，而事实也是如此。"①

公立学校运动正值美国城市化时期，与城市化相对应的是价值教育的美国化。鉴于南北战争后新移民涌入，文化多元可能会造成混乱和分裂的根源，很多人呼吁学校应当承担用美国传统价值观同化所有具有不同宗教信仰和文化背景的新移民的责任。当时罗得岛州教育委员会的报告指出："对文明的威胁不是来自外部，而是来自内部。异类必须予以同化。那些继承了他国或敌对国家传统的人，那些在多种文化影响下成长起来并持有他国观念的人，必须予以同

---

① 【美】劳伦斯·A·克雷明著，周玉军等译：《美国教育史（3）》，北京师范大学出版社 2003 年版，第 171—172 页。

化和美国化。实现这一目标的主要机构就是公立学校和公共教育。"①

4. 保守主义和贵族精神影响下的英国"绅士"教育

与大多国家开展轰轰烈烈的教育国家化运动不同的是，在早已实现资本主义的英伦半岛，其固有的保守主义和贵族精神推动了一场以培养"绅士"为目的的价值教育。

保守主义在英国既是一种政治思潮，也是一种文化传统，它包含一系列的政治主张和文化价值观。哈耶克认为，保守主义"是一种反对急剧变革的正统态度"，它"恐惧变化，怯于相信新事物"。②保守主义传统尤其在经过柏克（Edmund Burke）体系化后，"有保留地变革"成为保守主义的一大原则。在柏克看来，传统就是文明，英国人最大的长处是尊重传统，注重社会发展的连续性，即使变化，也只局限于有必要做出改动的部分。他认为，一个国家的政治是由该国特定的自然条件、历史传统、民族性格、宗教信仰、伦理道德和社会习俗等因素决定的，是经过若干世纪、若干代人慎重选择的结果，因此是不能轻易改变和变更的，即使更改也必须保持政制的稳定性和延续性。此外，贵族精神在英国也是具有强大感召力的主流文化之一。所谓贵族精神，是指英国上流社会的精神，它是多种品质的混合体，包括勇敢尚武、正直、优越的主人意识、强烈的社会责任感、矜持待人、保守、固步自封等。由于贵族的"典雅"所具有的强烈吸引力，使绅士教育倡导下的绅士风度从上层逐渐渗透到中下层而成为英吉利民族文化传统和特有价值标准的外化形式。

将具有近代意义的"绅士教育"理论系统化的是17世纪的弥尔顿和洛克。17世纪中期，英国新兴资产阶级和新贵族与封建王室贵族的矛盾日益激化，他们随着经济力量的日益壮大而成为绅士阶层

---

① Hersh, R. H., Miller, J. P., Fielding, G. D.: Models of Moral Education, New York: Longman Inc., 1980, p. 18.

② 【英】弗里德利希·冯·哈耶克著，邓正来译：《自由秩序原理（下）》，三联书店1997年版，第191页。

的主体。在此背景下，弥尔顿在他 1644 年发表的《论教育》（On Education）一文中对教育的目的提出新看法，他认为教育的目标是将资产阶级的"高贵和文雅的青年"培养成为绅士。他说"我认为完善的、高贵的教育就是培养人在平时和战时能公正地、熟练地、高尚地履行其公私职责的那种教育"。[①] 这一思想为洛克所继承，并在他 1693 年发表的《教育漫话》一书中全面阐述了他的"绅士教育"思想，专门探讨新兴资产阶级和新贵族子弟的教育问题。

洛克的绅士教育思想是建立在对英国封建教会教育批判的基础上。他明确提出，教育的最高目的在于培养绅士，"因为一旦绅士受到教育走上正轨，其他的人自然很快就能走上正轨了。"[②] 他认为绅士应该具备"德行、智慧、礼仪和学问"四种精神品质以及健康的身体素质。在这四种品质中，洛克将"德行"放在了第一位，他认为一切德行和价值的伟大原则在于一个人能克制自己的欲望，纯粹遵从理性的指导。在洛克看来，"智慧"即为人处世的能力；"礼仪"主要指礼貌、礼节与风度。他认为美德是一个人的精神宝藏，而良好的礼仪则使之生出光彩。在德育与智育的关系上，洛克主张，智育是为培养有健全精神的绅士服务的，与德育相比，处于较次要的地位。此外，洛克还倡导技能教育，认为在技能技艺方面可以学习跳舞、音乐、击剑和商业算学等。关于健康教育，洛克认为健全的心智寓于健康的身体，才有人生幸福可言。在《教育漫话》一书中，洛克不仅明确了教育的目标，阐明了德育、智育、健康教育的重要性及相互关系，还就每一类教育的原则和方法提出了具体建议。尽管这一教育思想属于家庭教育理论，但由于它是在反封建教会教育的过程中确立起来的，它"立足于现实生活，将后期人文主义思想与英国社会需求结合起来，既摆脱了早期

---

① 转引自单中惠：《西方教育思想史》，山西人民出版社 2001 年版，第 182 页。

② 【英】洛克著，傅任敢译：《教育漫话》，人民教育出版社 1985 年版，第 1 页。

人文主义的复古倾向，又冲破了教会教育的神学束缚性"，① 因此在该书问世 3 个多世纪里，一直在世界各国流传不绝。18 世纪，它曾在英国被奉为新型学校的办学宪章，直到今天，无论是在英国学校品德教育的课程 PSHE（个人、社会与健康教育）中、家庭的餐桌礼仪教育和爱心教育中还是公学为贵族子弟有意创造的艰苦环境中，我们都能见到洛克绅士教育思想的深深烙印。

尽管这一时期的绅士教育思想表现出了强烈的现实主义精神，深究其实质，它是中世纪贵族精神和资产阶级价值观相融合的产物，仍然是一种扩大了的贵族教育：在质的方面，它表现为对人才培养规格的精英化要求——注重内在德性的修为而忽略技能培训的精英分子；在量的方面，它将受教育对象严格局限在中上阶层。而在 17 世纪的英国社会大变动时期，新兴资产阶级虽然在政治和经济方面巩固了自己的阵地，但与封建旧贵族在价值取向上的争夺却以失败告终。当贵族的"典雅"所具有的强烈吸引力，使绅士教育倡导下的绅士风度从上层逐渐渗透到中下层而成为英吉利民族文化传统和特有价值标准的外化形式时，洛克教育思想的激进性和现实性逐渐被淡化了。到了 19 世纪中期，其后继者的保守倾向更加明显，其中的代表人物便是维多利亚时代的神学家、教育家纽曼。

纽曼的一生几乎贯穿了整个 19 世纪，他的思想涉及神学、教育学、文学等广泛领域。如果说洛克的教育思想主要是为儿童教育和初等教育服务的，那么纽曼创立的高等教育思想体系则是后世高等教育理论赖以建构的重要基础。体现其教育思想的重要著作《大学的理想》的价值和影响力经久不衰。英国学者科尔曾经说道："在纽曼以后所有关于大学教育的论著都是他的演讲和论文的注脚。"作为绅士教育的倡导者，纽曼的教育思想主要体现在他的大学观、知识

---

① 王天一、方晓东编著：《西方教育思想史》，湖南教育出版社 1996 年版，第189 页。

论，以及对自由教育和职业教育关系的认识上。

纽曼认为大学是"传授普遍知识的场所"。大学作为一种制度性存在，"是所有知识、科学、事实和规则，研究与发现，实验与思索的制度性保护力量；大学描绘出智力活动的范围。每一领域的疆界都值得如宗教虔诚般加以尊重；大学犹如真理的仲裁者，通过考查真理自身的特性及其主要意义，确定各自在大学序列中的位置；大学不因某一学科的伟大或显贵而排斥和牺牲其他学科；根据各个学科范围不同的重要性，大学尊重并忠实于文学、自然科学、历史、形而上学和神学等学科的各种要求……"[1]　与此相矛盾的是，纽曼所理解的"普遍知识"在价值上是相对于"功利"、"世俗"而言的，这一点在他对知识的看法和对自由教育与职业教育的关系的看法中得到体现。纽曼认为知识的获取有两种途径：一种是机械的过程，即将知识作为获取世俗功利的手段，在此过程中获得的是"实用知识"；另一种是抽象的哲学思辨过程，即着意于知识赖以发生或构成的哲理要素及心智本原，在此过程中获取的是"自由知识"。在此基础上，纽曼进一步界定了自由教育与职业教育的关系，他认为自由教育是相对于职业教育而言的，前者与自由知识相联，后者与实用知识相关，"自由教育是智力培养的教育"，"在培养过程中，智力的培养并不趋向于特定的目标或偶然的目的，也不指向具体的职业、研究或科学，而是以对智力自身的追求为目标。"[2]　从工具与价值的角度，纽曼论证了二者在高等教育中的共存，但同时他又认为居于价值层面的自由教育应该统摄居于工具层面的职业教育。

纽曼对"绅士教育"思想的秉承不仅表现在他对自由教育的强调，更体现在他对教育目的的论述中。他认为自由教育的最高目标就

---

[1]　J. H. Newman：The Idea of a University，Chicago：Loyala University Pres，1987，p. 459.

[2]　J. H. Newman：The Idea of a University，Chicago：Loyala University Pres，1987，p. 152.

是培养良好的社会公民，即"绅士"。在他看来，"大学并不是不朽诗人或作家的摇篮，也不是学校奠基人、殖民地领袖或民族征服者的诞生地……大学教育是通过一种伟大而平凡的手段实现一个伟大而平凡的目的。它旨在提高社会的益智风气，旨在修养大众身心，旨在提炼民族品位，旨在为公众的热情提供真正原则，为公众的渴望提供固定目标……"① 他主张大学应超越对具体的专门人才的培养，而应通过"君子"的培养带动民族的进步。在《论君子》一文中，他提出君子应具备智慧、勇敢、宽容和良好的修养等素质，"我们在他身上可以发现到最高度的正直、体谅和包容……他对于人类理性的弱点与优点、范围与限度，都知道得很清楚。""他视死如归，因为那是他注定了的命运。""他有很好的修养，不容易受轻蔑言辞的冒犯。"②

洛克的绅士教育思想是 17 世纪资产阶级、新贵族与封建旧贵族处于对峙状态的产物，它因为强烈地批判封建教会教育而表现出资产阶级出世初期的勃勃生机和激进的现实主义。到了英国工业革命处于上升时期的 19 世纪，纽曼的教育思想从某种角度而言则是对工业革命影响下的科技思潮③的回应和对传统的维护。但是，由于长期以来英国的保守主义传统又导致了纽曼的教育思想体系中矛盾的一面。比如他在任爱尔兰都柏林大学校长期间，一面强调自由教育的至尊地位，一面又通过建立医学院、天文观测站和化学实验室等科研机构试图顺应科技教育的潮流；他在批判爱丁堡评论派④的极端功

---

① 【英】纽曼著，徐辉等译：《大学的理想》（节本），浙江教育出版社2001 年版，第 97—98 页。

② 【英】纽曼：《纽曼选集》，香港基督教文艺出版社 1991 年版，第467 页。

③ 这一科技思潮兴起的标志就是 19 世纪 30 年代兴起的新大学运动，新大学面向广大平民，着重为工业革命与社会进步培养各种实用型技术人才。

④ 以埃奇沃思（Richard Lovell Edgeworth）为代表的爱丁堡评论派（Edingburgh Reviewers）以《爱丁堡评论》杂志为阵地，抨击以牛津、剑桥为代表的传统大学的课程，强调功利性的知识和知识的实用性，反对为知识而知识的古典知识观。

利原则时又承认自由教育与实用教育可以共存，既然承认了二者的共存，他又通过强调大学的教学功能来反对其科学研究职能。纽曼的教育思想无处不体现一种保守的理想主义色彩，他总是在力图维护传统的同时，又努力调和理想与现实的矛盾。在今天看来，人类在科技领域的进步导致了人文精神的失落，纽曼的教育思想因其对人文精神的关怀和重构使得其价值在当代社会更加彰显，但是在科学技术刚刚长足发展的 19 世纪，其思想的保守性招致了广泛的批评。

5. 战后相对主义价值观的盛行及"无导向"的价值教育

自 20 世纪 60 年代以来，资本主义世界发生一连串事件，在美国，有黑人民权运动、反越战运动等；在英国，暴力、吸毒、犯罪及其他扰乱社会的行为快速上升，有统计数字表明，50 年代中期开始，英国犯罪率年增长率为 11%。① 尤其是席卷欧美大陆的学生风潮所表现出来的对传统价值的蔑视和对暴力的崇尚，令世人震惊不已。即使在主流文化及主流群体内部，也开始了对自身的反叛，嬉皮士运动就是典型的代表。另外，存在主义、后现代主义、女权主义等哲学和文化思潮从不同角度凸现文化认同、自我定位和价值选择，也为多元文化主义提供了直接的思想源泉。这种文化多元现象在美国表现得非常明显。众所周知，美国是一个移民国家，为达到对美利坚民族的文化认同，美国长期以来在文化上实施"熔炉"政策，其核心是强调以盎格鲁——萨克逊美国人的传统为基础的美利坚民族文化的一元性，强迫来自其他地方的新移民放弃母国文化传统。这一熔炉理论自提出之日，就不断受到挑战，青年犹太教教士居德·梅格尼斯认为美国不是一个熔炉而是一首"交响曲"，所有的民族都谱写着各自"个性化的、独特的音符"，并且将这些音符

———————

① 吴浩：《自由与传统——20 世纪英国文化》，东方出版社 1999 年版，第 212 页。

"与其他民族相和谐的方式演奏出来"。以李普曼（Lippmann, W.）为代表的激进的青年知识分子也极力反对熔炉理论，认为被同化后的文化模式既否认了非英语国家的移民对他们的背景和出生价值的判断，加重了他们的自卑感，又在同化的过程中拒斥了其他传统中潜在的可供利用的丰富的多样性资源，从而限制了文化发展的可能性。在20世纪60年代出现的新的移民潮中，来自拉美和亚洲地区的移民大量增加，改变了美国人口的构成，美国在对移民的同化过程中遭遇了前所未有的抵抗，族群冲突激烈，而美国国内的黑人民权运动最直接促成了多元文化思潮的兴起。"在美国，它是民权运动的结果，正是对这种支撑着黑人民权运动的强烈而真挚的感情的理解，自由的美国人才懂得了，允许所有的美国公民拥有空间和机会去建立一个奠基于他们自己的文化传统的基础以维护自尊，那是很重要的。"① 在持续不断的文化冲突的推动下，美国人意识到文化之间差异的存在，多元文化主义和多元文化思想开始被人们所接受。

多元文化主义的直接后果就是相对主义价值观的盛行。相对主义包括个人相对主义和文化相对主义两大派别。价值教育中的个人相对主义反对固定划一的价值观念的传授，强调个人价值的独特性和个体对道德价值的自主选择、自由意志和主观能动性，认为一切价值都是相对的、个人的、自主的。文化相对主义的观点是：不同文化信奉不同的价值，有着不同的理性规范，而理性规范是判断一种行为是否理性的主要依据；由于文化是多元的，故理性规范也是多元的，不存在一个普遍而客观的理性系统；对特定道德价值的把握须在特定的文化背景中进行。相对主义价值观反映在价值教育领域，就是价值教育的"无导向"。这种"无导向"的价值教育在价值澄清理论出现后更是被推向巅峰。确切地说，"无导向"的价值教

---

① 【英】C. W. 沃特森著，叶兴艺译：《多元文化主义》，吉林人民出版社2005年版，导言第7页。

育宣扬的是"价值中立","在我们看来，他如何获得价值观这一问题比他获得了什么价值观更为重要。"① 在"无导向的价值导向"下，教师最明智的选择是回避价值和道德问题，使善的维度在教育中被抽离。价值澄清理论的形成以 Louis E. Raths、、Merrill Harmin 和 Sydney B. Simon 三人合著的《价值与教学》一书 1966 年出版为标志。该理论以两个最基本的理论假设为前提的：其一，当代儿童生活在价值观日益多元化且相互冲突的世界，各种复杂多变的社会因素使儿童面临着众多的价值和选择，而这种可供选择的机会使他们的价值观日趋混乱；其二，当代社会根本不存在一套公认的道德原则或价值观可传递给儿童。价值澄清理论认为道德是个体经验的产物，发端于生活，而生活是一个过程，发展道德是个人的终生过程。不同的经验会导致不同的价值观，而任何个人的价值观将随其经验的积累而改变。学生要获得的不是一套固定的价值观而是学会价值判断，因此其核心思想是在价值观形成过程中，通过分析和评价的手段，帮助人们减少价值混乱，促进价值观的形成。价值澄清理论旨在帮助人们澄清其价值观，倘若能有效帮助他们，其结果将表现于他们的行为变化中，通过努力，人们会表现出更少的困惑、冷漠和矛盾。价值澄清法致力于个体怎样澄清自己的价值，对澄清后的价值的属性则不予置评。因此，价值澄清学派试图找到一条不与任何个人或团体的价值观发生冲突的价值教育方式来适应价值观念多元的现实，干脆回避价值教育的内容问题，认为价值从根本上讲不是社会而是个体的，每个人都有自己的价值观，但现代人生活在复杂多元而又充满价值冲突的社会里，各种价值互相竞争，都想对个体施加影响，这正是儿童产生价值危机的根源，价值教育的任务就是使学生认清自己的价值并强化自己的价值。

---

① Louis E Raths, Merril Harman, Sidney Simon. : Values and Teaching, Columbus, Ohio: Merril 1978, p. 8.

　　相对主义以其对人的实践主体性的认识，对价值情境复杂性的肯定，而促发了人们对道德问题的深度追问，与一元化的绝对主义价值观相比，多元化诉求的相对主义更贴近道德现象的真相。麦金太尔指出："因为相对主义就像怀疑主义一样，都是目前为止已经被推翻了好多次的理论之一。如果一个理论包含了一些不可忽视的真理，可能没有比它在哲学史上一再地被推翻更可靠的标志。真正可被推翻的理论只需要被推翻一次就足够了。"① 但是相对主义回答不了的问题是：不同的个体面临共同的认识对象，个人价值如何避免与社会价值相背离？另外，不同文化面临一个共同的世界，文化的多元性与社会境遇性如何对共同的世界做出认识与把握？在价值教育的实践中，以标榜自由选择为旨趣的道德相对主义走向其不愿看到的反面，过分追求自我及价值相对性的吹胀，事实上导致了价值的解体和学校价值教育的狭窄化和形式化。因此，经历了价值混乱、道德滑坡之后，美国从 20 世纪 80 年代开始走向传统品格教育的复归，重新讨论学校价值教育中倡导主流社会认可的价值观。

　　综上所述，由于中西历史进程、文化传统与教育思想的不同，中西方价值教育的历史也有其不同的发展轨迹，但随着现代文明与交往的扩大，特别是全球化时代的到来，中西价值教育开始了碰撞与交融，从融入全球社会的目的出发，所有的国家必须承担的价值教育的任务是，在一个具有多种生命和多种文化的星球上，发展一种相互理解、关心和宽容的意识，培植对人类、物种的敬重情感，使学生获得理解国际复杂系统的能力，形成全球观念，学会共同生活。因而，在全球化时代，对价值教育进行本体审视，是当代价值教育寻求共在、共识与共建的内在诉求。

---

　　① 转引自王巍：《相对主义：从典范、语言和理性的观点看》，清华大学出版社 2003 年版，第 12 页。

第三章
全球化时代价值教育的本体审视

价值因主体而异，价值教育因中西价值教育不同的文化传统而呈现出各自历史的发展轨迹。那么，在全球化时代，如何在融会与借鉴中西方价值教育的历史资源基础上，对价值教育进行本体审视，厘定价值教育的内涵，明晰价值教育的目标，便成为当代价值教育发展的内在诉求。

一、关于价值教育的概念

从价值教育的内涵来看，因为对"价值"有着不同的理解，使得中、西方学界到目前为止尚未没有形成价值教育的统一定义。

1. 国外学者的观点

英国 Gordon Cook 基金会（英国促进价值教育的慈善机构）总裁 Dr. William Robb 在就任之初的 1993 年，曾向包括英国著名教育专家的董事会成员请教价值教育定义，结果导致了"难堪的冷场"（awkward silence），没有人回答出来。

Dr. William Robb 经过长时间的研究，最后给价值教育作了如下定义：

"价值教育是一种活动，可能发生在任何机构中，常常是在年长者、权威或更有经验者的指导下，得以明晰他们自己的行为背后的价值观原因，评判这些价值观以及相应行为对自己及他人的长久福祉的效果，反思并获得他们自己认识到的对自己和他人长久福祉更有意义的价值观和行为"

可以看出，他的这一定义是操作性的，包含以下几点重要内容：

价值教育是一种活动，而不是抽象的理念；

教育机构不限于学校；

教育者是年长者、权威或更有经验者，受教育者反之；

价值教育是一种指导，受教育者藉此认识到对自己和他人福祉更有意义的价值观及相应的行为；

教育过程包括明晰、评判、反思、重构这些理性思维过程。

据泰勒（Taylor）编辑出版的《价值教育在欧洲：1993 年 26 国的比较调查概况》显示，所有参与调查的 26 国一致认为，价值教育这个术语没有共同的用法，也没有清晰的界定，但是，与定义困难相对照，价值教育在各国具体情景下都能得到实施，但其重点不尽相同：

道德方面的：传递特定的态度和道德价值观（澳大利亚）；道德价值的教育——道德教育或道德养成（比利时）；帮助孩子的伦理上的成长（芬兰）；道德或伦理教育和价值教育同义，并与社会的、政治的、宗教的教育联系起来（德国）；价值教育意味着道德和政治价值（俄罗斯）。

宗教方面的：价值教育在很多国家意味着与宗教的联系，挪威、爱尔兰、意大利、波兰、英格兰都重视宗教教育。

公民方面的：公民教育（捷克）；跨课程主题，如公民教育（英国）；相互理解的教育（北爱尔兰）；社区理解（威尔士）；

根据泰勒和其他国外研究者的研究资料，可以看出：

其一，虽然对于价值教育没有统一的定义，但价值教育在世界各国都受到空前的重视。各国根据自身的历史、政治、社会文化的具体情境展开，有的侧重政治与意识形态教育，有的则偏重宗教和道德教育，有的则侧重公民教育，但都能延伸到诸如生态、环境、国家交流与理解、和平、人权、合作共存、审美等价值领域。

其二，通过各种教育方式进行价值教育。世界各国价值教育以各种方式进行，主要有：直接的价值学科教学，如道德课程、宗教课程、公民课程与社会课程等；人文学科和跨学科课程的教学，如历史、语言文学、伦理课程等是进行价值教育的最合适的课程，一些国家开始环境研究、跨学科主题等课程，致力于形成学生良好的价值观；学校整体和课外活动等方面的价值渗透，如学校的价值观陈述、隐性课程、师生关系、学生的社会服务、学生参与社区活动、课外活动等都是进行价值教育的方式。

其三，丰富多样的价值教育方法。讨论、戏剧、角色扮演、活动学习策略、合作学习和小组工作，报刊和媒体故事和报道讲述，对话和讨论，观看电影和多媒体，价值澄清，社区服务，教师示范，教育剧，主题活动，团体公正，伙伴协调等等方法，

泰勒（Taylor，2000）在香港中文大学召开的"新世纪价值教育

与公民教育国际学术研讨会"上，发表论文认为，价值教育是一个相对新的词汇，包含了广泛的课程经验：精神的、道德、社会、文化教育；个人和社会教育；宗教教育；多元文化/反法西斯教育；跨课程主题，特别是公民、环境、健康；咨询辅导；学校校风；课外活动；更广泛的社会联系；集体礼拜/聚会；学校生活作为学习的社区[①]。

她还指出，在英国，价值教育，与精神的、道德的、社会的、文化的发展（SMSC），个人的和社会的教育（PSE）可以互通使用的。因为价值观是由很多因素组成的，有作为一个整体的精神的、道德的、社会的、文化的经验领域，也有专门的如精神价值观、道德价值观、社会价值观、文化价值观或其他价值观。价值观与SMSC这些术语是重叠的。这个教育领域的问题在于缺少一致的课程标志。许多学校，特别是初中，往往使用个人与社会教育（PSE），有时还明确包括道德或健康教育或公民教育。当教育标准办公室（OFST-ED）来视察时，精神的、道德的、社会的和文化的（SMSC）这些术语就成了共同用语。价值教育是一个具有包摄性的概念。

德国价值教育学者布雷钦卡（Wolfgang Brezenka，1991）认为，"价值教育"曾经是，对于很多人来说现在仍是一个笼统的教育称谓，反对片面强调"解放"、"反权威"、"社会批判"、"科学导向"、道德最低主义和道德主观主义的教育思想的统称。"教育被用作一个中立的集合名词，主要用来指称道德教育和公民教育，常常包括宗教教育、世界观教育、政治教育、社会经济教育和法律教育。"[②]

在澳大利亚，相当一部分人认为价值教育是一整套深思熟虑的

[①] Roger H M. Cheng, etc. eds. Values education for citizens in the new century, the Chinese university press, 2006.

[②] 【德】布雷钦卡：《信仰、道德和教育：规范哲学的考察》，华东师范大学出版社2008年版，第132页。

目标和活动，旨在鼓励学生更清楚地了解自己的价值观和社会的价值观，并培养客观地评价这些价值观的技能，探讨和评价选择其他价值观或行为的后果①，这一观点倾向于认为价值教育是一种有意识、有目的、有计划的教育活动；但 2003 年澳大利亚课程公司的"价值教育报告"以及 2005 年"澳大利亚学校价值教育国家框架"（National Framework for values education in Australian schools）中都特别指出，价值教育不仅是一种有明确目的、有意识地教授价值的教育，它还需要以一种含蓄的、无意识的形式去渗透，应诉诸于广义的价值教育，通过显性和隐性的学校活动来帮助学生理解价值的知识和内涵，同时形成他们实践这些价值的知识和内涵，同时形成他们实践这些价值的能力和倾向，使他们具备作为个体和公共社会中必备的价值理念②。

"澳大利亚学校价值教育国家框架"指出，所有学生通过错综复杂的、相互关联的影响包括学校经验获得价值；真正的教育是关于全人的、整体的人的；有些核心价值可以被甄别出来，这些价值奠定了民主澳大利亚的基础，是可以达成的价值共识；所有学校都是价值学习的中心；学校生活的所有方面——从课程到食堂，从教师到测试，从行为管理到学校管理，从基金设立到晋升政策，都是价值关涉的，都促进某种价值；所有教师都是价值教育的教师；价值教育不应是随机性的，它应该被特意筹划、实施以及管理。

澳大利亚著名教育学家希尔（Brian V. Hill）在《澳大利亚学校价值教育》一书中指出，澳大利亚学校价值教育的目的在于：

第一，获得有关建立价值传统的典型知识，以有助于学生形成当代文化。第二，使移情成为人们认知和情感的重要部分，使他们

---

① 王国富、王秀珍编译：《澳大利亚教育词典》，武汉大学出版社 2002 年版，第 148 页。

② Values Education Study Finally Report, curriculum corporation, 2003, p8。

坚定地奉行这些价值传统。第三，发展批判性和鉴赏性的价值评估技能。第四，发展和运用价值协商和道德决策的技能。第五，鼓励学生发展关心社区及成员的能力。①

价值教育的确存在多种不同的理解。英国学者海登（Graham Haydon，2006）认为："如果你认为价值教育是关于培养好公民的，我认为那只是价值教育目标的一个概念，是部分的；如果你认为价值教育是关于传递价值的，或者关于使得个体能自主思考价值问题的，我认为这些观点仅仅是看到了价值教育的部分方面；如果你认为价值教育是关于道德的，我认为道德，尽管很重要，但不能穷尽对我们都很重要的所有价值，所以，道德教育将是价值教育的一个方面；如果你认为价值教育应通过戒律和榜样来进行，或者通过讨论和反省，我认为这也仅是诸多策略中的部分；可能应该有叫做"价值教育"的课程，或某些类似的名称，或者价值教育不应当被看作像某一科目一样的课程部分，而是所有教育的一个方面，不仅跨越整个课程，而且跨越学校的机构和教育政策，或者可能它应被看作所有教育的一个方面，而且有致力于此的课程部分。"②

海登倾向于抛开先入之见，他认为，需要对价值的完整领域以及教育之于价值的关系作宽泛的考察，就能对如何理解价值教育有更为确切地认识。他把物理环境和价值环境相类比，认为，正如我们生活在物理环境里一样，我们还生活在伦理环境即"关于我们如何生活的观念环境"里，价值环境与物理环境一样重要，价值教育就在于维护伦理环境质量。

2008 年出版的《道德教育手册》（*Handbook of Moral Education*，

---

① National Framework for values education in Australian schools, curriculum corporation, 2004, p. 7.

② Graham Haydon: Education, philosophy, and the ethical environment, 2006.

2008）中，专门有英国价值教育专家 J. Mark Halstead 对于价值教育这一术语的词条解析。

他认为，这一术语相对比较新，在澳大利亚、远东、英国要比在美国更流行。比如，在英国，价值教育委员会（The Values Education Council）于 1995 年成立。在澳大利亚，自从 2005 年发表《澳大利亚学校价值教育国家框架》（*The National Framework for Values Education in Australian Schools*）发表以来，价值教育日益成为学术研究和发展的热点。价值教育在当今流行话语和学术著述中得到越来越多的使用。价值教育的大致涵义还是清晰的，它是学校和其他机构藉以使儿童意识到人类社会中价值的重要性的过程。他认为，一个人如果不了解他所在社会中的基本价值、不知道世界上还存在多种多样的价值、意识不到价值何以影响个人和政治的决策制定的话，那么他就不能算是一个受过教育的人。

在 Halstead 看来，近些年人们之所以意识到价值教育的重要性，主要在于两个因素：一是认识到了学校在应对西方社会中涌现的文化多元（价值多元）的作用。学校有责任维护核心的人类价值以及社会的共享价值，并鼓励儿童服膺于这些价值。同时，学校也有责任鼓励学生尊重独特的个人和社群的价值，只要这些与公众利益不冲突。二是认识到了当今时代，年轻人的价值应该受到高度关注，学校对年轻人的价值发展具有实施积极影响的独特优势。学校对于年轻人价值的影响体现在三个方面。首先，鉴于价值教育总是始于家庭，学校能够填补儿童对价值理解的缺漏，使理解更进一步。第二，学校通过公开的、民主性的讨论维护社会共享价值，可以帮助学生消解他们在别的地方形成的极端价值观。第三，可能也是最重要的，学校可以帮助学生理解他们在日常生活中遭遇到的多元的价值，这样，通过批判式反省，他们就能够开始型塑、建构以及形成自己的价值。批判式反省在这个意义上，关涉筛选、评价、综合、评定，以及判断。同时由于建构价值是个终身的过程，在学校中的价值教育对学生发展这些基本技能具有重要的启蒙意义。

Halstead 认为，尽管价值教育的核心目标是清晰的，但人们对于这一术语所包括的准确内涵却还有诸多分歧。有人认为，价值教育与道德教育同义；有人认为，价值有不同的类型（包括智力的、审美的、精神的），价值与生活中不同部门（政治、经济、健康的、环境的价值观）或者世界观（自由的、伊斯兰的、或民主的价值）相关联，价值教育中道德价值处于核心，但也与所有这些价值都有着潜在的关系；也有人认为，价值教育是包括道德教育所有主要策略的统摄性术语，包括品格教育、价值辨析、道德推理以及关心策略；也有人认为，价值教育可能是道德教育的一种独特策略，它与品格教育不同，在于它更为强调批判性反省以及公众社会的、政治的、以及经济的价值；它与价值辨析不同，在于它倾向于明确促进社会共享的价值，与道德推理不同，在于"以价值为基础的决策制定"（value－based decision making）被认为要比理性反省和讨论关涉更多内容。

在 Halstead 看来，价值教育可以是显性的，也可以是隐性的，隐性的价值教育通过很多学校实践活动而发生，诸如座位安排（seating arrangements），约束程序（disciplinary procedures）、夸奖和谴责（praise and blame）、坚持整洁与准确（insistence on neatness and accuracy）、举手（putting one's hand up）、列队（queuing）、学会轮流等候（learning to wait one's turn），儿童可以有意识无意识地从所有这些活动中学习。但是，如果价值是由学生获得而不是传授的（caught rather than taught），这种随意的过程可能会导致不确定的后果。可是，如果价值教育成为学校里的显性课程，就会引起种种质疑：学校应该鼓励儿童挑战家庭的价值吗？学校应该教谁的价值？学校能教授仅仅适应某种文化或传统的价值吗？学校既能教公共价值又能教私人价值吗？宗教能为普通学校里的价值教育提供其

何以正当的理论基础吗？价值教育不是课程的科目，很多科目对它有贡献，但是它一直与两个科目联系紧密，——宗教教育（religious education）与公民教育（citizenship education/civic education）

Halstead 认为，价值教育作为教育研究的领域正在扩大，主要的论题包括：儿童如何习得价值？学校课程对价值教育的贡献；儿童的价值以及这些价值与学校所教的价值如何和谐或者冲突的？价值教育的比较性的策略；隐性课程中的价值教育。

2. 国内学者的界定

如前所述，我国近年来也有学者对价值教育的理念做出初步探索和架构。

我国教育哲学界著名学者王逢贤（2000）认为，教育就其本真意义上说，是促进人的素质向有利于个体和社会健康方向发展的高级社会活动。教育中不存在无价值的目标和内容，即不存在无价值的教育。价值教育是促进人的价值素质，包括价值观念、价值能力、价值体验等要素发展的高级社会活动。他认为，在新世纪，价值教育面临价值的多样化和多元化选择的挑战，为此，学校教育应牢牢把握正确的有导向的价值教育。

学者吴亚林（2006）认为，价值教育是旨在发现人、寻找人的归属和提升人的生命意义与人生境界的教育。这种教育是用价值真理引导人的教育，与追求事实真理的科学知识教育相区别的是，价值教育是在追求事实真理的前提下，教人追求价值真理的教育。在教育实践中，价值教育以人类社会或一定社会所共享的价值观和价值负载的问题为教育内容，以课程教学、专题教育活动以及其他各种教育形式为手段，以提升人的生存与生活质量、促进人的价值归属和人生目的性。

学者黄藿（2007）认为，价值教育的范围很广，包括公民教育、爱国主义教育、思想政治教育等这些德育范畴内的教育，也包括审美教育。价值教育是从一个很高的层次看教育，就像价值哲学站在一个很高的层次来看价值问题一样，所以它比伦理学、美学审视教育层次更高。道德教育则包含在价值教育之内。

我国教育哲学界著名学者石中英（2009）认为，价值教育是一种完整教育活动的一个组成部分，它一方面区别于"科学教育"、"知识教育"、"职业教育"等教育形式，另一方面，又渗透在其中。价值教育所关注的不是学生有关事实性知识、程序性知识、或与职业活动直接相关的知识和技能的获得，而是学生价值观念和价值态度的形成、价值理性的提升、价值信念的建立以及基于正确价值原则的生活方式的形成。比起"科学教育"、"职业教育"、"知识教育"等专门性教育活动来说，价值教育之于学习者所关注的不是现在或未来的生存与发展能力问题，而是现在与未来的生存与发展的方式问题。价值教育就是旨在引导和促进人们反思自身生存和发展方式、原则或方向并不断加以重构的教育。

二、基于价值本性的价值教育理解

价值教育的诠释方式是如此之多，以致我们很难给出一个答案：到底什么是价值教育？从价值本性展开对价值教育的探讨，可以为我们提供一种另外的视角。但是，我们又不可避免地遭遇到另一个难以逾越的障碍，即我们无从对价值本性做出一个通约性界定。事实上，对价值本性的界定比对价值教育的界定更困难。罗素早就对我们发出过警告，不要试图对价值进行界定，"价值"问题完全是在知识范围以外，"当我们断言这个或那个有'价值'时，我们是在表达我们的感情，而不是在表达一个即使我们个人的感情各不相同但却仍然是可靠的事实。"① 维特根斯坦也认为价

---

① 【英】罗素著，徐奕春等译：《宗教与科学》，商务印书馆 1982 年版，第 123 页。

值缺少公度性，不是语言可以表达的命题，所以只能沉默。但是，对价值的沉默并不代表我们对价值教育的无能。我们承认，价值有作为关系范畴、实体范畴和属性范畴的解读差异，基于价值本性展开的价值教育讨论也尊重这种差异，我们不追求对价值本性理解的正确性，但谋求价值本性的视角定位，并由此展开对价值教育的阐释。

1. 价值教育的本质：追求价值之于生命的效用最大化

价值教育是以人为目的、以价值为教育介质、以效用实现为表征的主体性活动。追求价值之于生命的效用最大化是价值教育的内在规定，也是价值教育获得其本质并与其他教育相区别的基本标志。

（1）价值教育以生命价值为至上性追求

价值教育对生命的维护符合价值的生存本性。生命是价值存在的终极根源，离开了人的生命存在，价值就失去主体性依据，价值的存在价值就丧失了。因此，价值存在的合理性必须从生命存在的合理性中去寻找，价值的存在意义也只有在对生命的依附和敬畏之中才得以表达。正因如此，尽管对价值的理解不同，但几乎所有的价值流派都承认生命对于价值的目标意义。迈农认为"价值是能给人带来愉悦的事实"，艾伦菲尔斯认为"价值是能够给人以欲望的存在"，尼采则直言"生命迫使我们建立价值"。所以，如果生命作为价值的目的性丧失了，价值就会遭到生命的遗弃，价值教育也会遭到生命的遗弃。如果说这不是价值教育的死亡，至少也代表着价值教育的没落。

价值教育不仅以生命为追求，还以生命为至上性追求。价值教育承认生命是最高价值，在生命价值之外，不会有更高的价值。在我国，影响较大的唯主体论认为，价值可分为三种类型：一是人道价值，包括人的生命存在的意义以及人的尊严、自由、权利等，它是主体自身的内在价值；二是规范价值，包括社会的民主、公平、正义等，它是主体与主体间的结构性价值；三是效用价值，包括人的效用价值和物的效用价值，它是客体对主体的功能性价值。人道价值是规范价值、效用价值产生的根源和基础。① 对人道价值优势地位的肯定，实质上是对生命价值优先性的肯定。当然，在现实生活中，人们可能在价值教育中优先设置政治价值、伦理价值甚至宗教价值目标，但这并不必然构成对生命价值至上性的动摇，因为无论是什么样的价值目标设置，最终都会将价值利益回归人本身，只是主体侧重不同而已。比如宗教，宗教不是将生命而是将上帝奉为至高的价值所指，表面上是对上帝的虔诚，但其实，宗教是人的宗教，宗教只是服务于人的文化形式，是人借上帝的名义来肯定自己的价值，在本质上，人乃是超越上帝的终极价值存在。或许我们可以说，生命价值的至上性是作为类的人的自私性规定，而属人的价值教育必然处于人的类本性的规诫之中，认定生命价值的至上性是价值教育应然同时也是必然的选择。

（2）价值教育以价值为介质实现对生命至上性的维护

不同质态的教育可能都以对生命至上性的维护为己任，但其对生命价值维护的方式可能不同。政治教育强调通过政治理念与制度建构实现对生命价值的维护，道德教育强调通过良心和社会舆论来体现对生命神圣性的敬重，价值教育则通过价值相对生命的效用实现来体现生命的最高意义。为了更好地理解上述区别，我们可以通过下面的个案来进行说明。假定现在有一块面包，一个濒临饿死的人，一个没有吃午饭的人。请问，这块面包应该给谁吃？政治教育、道德教育与价值教育给出的答案可能完全相同，但它们的理由却完全不一样。

---

① 王玉樑：《论价值哲学研究的方法论问题》，《哲学研究》2007年第5期。

面包应该给濒临饿死的人吃，因为它符合民主社会的政治理念（政治教育）

面包应该给濒临饿死的人吃，因为它让人的良心得以安宁（道德教育）

面包应该给濒临饿死的人吃，因为面包的价值得到了最好实现（价值教育）

由此可见，价值教育的价值理念与政治教育和道德教育可以殊途同归，但价值教育是以价值本身为教育基点，以生命的神圣性为追求，以效用之于生命的最大化为表现。这刚好兑现了李凯尔特在《文化科学和自然科学》中所言："价值的实质在于它的有效性，而不在于它的实际的事实性。"①

（3）价值教育注重以量的方式寻求质的目标性追求

价值是一个可以量化的概念，价值的量化并不是说价值可以做数学般的精确计算，而是说价值可以量的方式进行解读，用量的大小来表征价值之于人的有效性。政治教育和道德教育虽然也可能借用量的关系来说明，但它只是一种辅助性的表现方式。如政治教育更多的是直接以质性方式表达其目标性追求，经常使用民主、平等和公正等质性概念；道德教育也是如此，道德虽然以利益为基础，但道德价值的衡量却可能与利益的多少无关，正如我们所见，我们并不能以对地震灾区捐款额的大小来评判一个人爱心的大小。但价值教育不同，价值教育目标的实现是以价值相对于生命的效用量为尺度的，价值之于生命的效用大小直接决定着价值的价值。如果特定的价值没有依照生命价值指向发挥其效用，甚至对生命价值产生了负面效用，其价值评判是绝然不同的。以作为暴力工具的手枪为例，我们假定杀死一个人的价值效用是1，杀死两个人的效用价值就

---

① 【德】李凯尔特：《文化科学的自然科学》，商务印书馆1996年版，第78页。

是 2。如果这把手枪被用来犯罪，并杀死了 2 个无辜公民，它的效用价值是 -2；如果这把手枪被用来御敌，并杀死了 2 个敌人，它的效用价值是 +2。从数量上我们就可以对手枪的价值效用进行计算并由此判断使用这把手枪的人的行为质态。所以，价值教育会以借量求质的方式进行：我们应该用手枪御敌，杀敌越多，手枪的价值就越大，对人民生命保护就越好。当然，有人可能会问，以扼杀生命的方式保卫生命，这是否是一种合理的价值追求。这个问题不在此回答，它是另外一个话题。

2. 价值教育的焦点：寻求价值欲望与价值资源平衡

价值欲望无限性与价值资源有限性的矛盾是人类的历史性困扰。人类的无数次战争、人世间不计其数的人伦悲剧，都以其为原始脚本。寻求价值欲望与价值资源平衡是人作为价值存在的永恒主题，包括价值教育在内的人类全部活动，可以说都是在谋求人的价值欲望与价值资源的矛盾解决，并在矛盾解决的过程中实现人的族类繁衍。因此，价值教育作为社会性的教育活动，寻求价值欲望与价值资源的平衡，就成为其责无旁贷之职。

欲望是主体现实需求的主观反映，人类的欲望总是体现为外在性的价值追求。从历史的观点看，欲望已然成为了人类历史发展的动力，它引导人类去移山填海，发明科技，缔结温馨。但是，任何一个欲望，都是血肉丰满的人的目的性追求，同时可能蕴含着对人进行自我否定的叛逆性惩罚。因为人是如此特殊的动物，虽然以理性著称，但在欲望面前却容易理性迷失。"在各种动物中，惟有人享有一种可悲的特权：在他身上自我保存的本能可以变为狂傲的利己主义，对事物的需求可以变为贪食无度，性本能可以变为野蛮的贪婪的情欲或者永无餍足的貌似雅致的淫荡，对他人痛苦的单纯的动

物性的冷漠可以变为以残忍取乐的暴虐狂。"① 与人的欲望的无限性相反，人类的价值资源却总是有限的。就事实世界而言，人类基于自然的价值资源开发空间日渐萎缩，人类的精神资源虽然在理论上具有无限开发的可能性，但在自然环境急剧恶化，核威胁警报仍然没有解除的今天，作为精神资源原生土壤的人类心灵已显疲惫。可以说，价值资源的绝对短缺已经成为严峻现实。也许，正是源于对价值欲望与价值资源矛盾的绝望，叔本华发出了经典性的人生悲叹：只要人欲望着，人就必然痛苦着。

然而，面对价值欲望无限性与价值资源有限性的矛盾，人类并不是绝对无能。价值教育可以通过两种方式寻求价值欲望与价值资源的平衡：

一是贬抑受教育者的无理欲望，降低其价值预期。价值教育的重要任务就是要抗御欲望的"恶魔原素"的野性膨胀，让受教育者对自我欲望时时克制、时时约束，让欲望温柔地牵上理性的手。按照弗洛伊德的人格理论，欲望是本我的人格化显示，本我以追求本能满足和快乐感受为惟一目的。自我介于本我与超我之间，根据外界的信息保护本我，在本质上隶属于本我。超我是人格中高级的道德层次，它代表"道德良心"，控制和压抑着人的本能欲望，监督并引导自我的实际行动。价值教育的目的就是要让人恢复真实的自我，避免本我对自我的无条件强制，让欲望在现实意义上取得合法性与合理性。价值教育主张欲望的合理性，即任何欲望都必须与个人的实际能力相当，与社会环境的承载能力相适应，与族类的长远发展相协调。当然，价值教育强调理性对欲望的强制，不是提倡理性对欲望的强暴。理性对欲望的制控是主体内在的精神性行为，以主体对社会化道德的内在认同为前提。德

---

① 【俄】弗兰克著，李昭时译：《实在与人》，浙江人民出版社 2000 年版，第 217—218 页。

谟克利特说："我们应该不仅把那对敌人取得胜利的人看成是勇敢的人，而且也把那对自己欲望取得胜利的人看作是勇敢的人。"价值教育就是要以道德赞美的方式引导受教育者在欲望面前成为自己的主人。

二是激励受教育者拓展价值资源。资源的拓展是人类不懈的价值追求，今天，我们的社会以可持续发展的名义开发着有限的价值资源。在价值资源绝对量不可能无限放大的前提下，价值教育应该致力于从两方面拓展价值资源。一方面，价值教育应该倡导价值资源的内涵性开拓，即在不增加价值资源消耗量的前提下，寻求价值资源总量的增加。典型的如对自然资源的重复和循环利用，对生产资料的新功能开发等。另一方面，价值教育应该倡导将价值资源的开拓更多地转向精神层面。因为人在本质上是超验的精神动物，在基本物质需求得到满足之后，精神性的价值享受必然成为人的优先选择。按照柏格森的说法，深层的超验自我是纯粹的意识绵延，是人的本真存在，不受空间和物质的限制。所以，精神性价值资源的丰富，必将使处于物质性价值约束中的经验自我得到解放。价值教育可以通过受教育者的心灵净化，为受教育者拓展精神享受的心灵空间，催生其人性化情感和人道化举动，使其作为母体制造人间友爱和真情，让这份珍贵的精神性价值资源，在社会化交往中被复制和放大，最终提高全社会的幸福指数。

当然，价值教育作为价值欲望与价值资源的平衡方式，其作用的发生是有条件的。因为，价值教育对人可能有效，但对人的欲望却可能无效。尼采曾经说，生物所追求的首先是释放自己的力量——人在意志的冲动与超越中获得快感，个人无须达到身外的目标，对外在的价值理性的服从就是对个人内在价值的否定。虽然尼采的思想遭到众多人的否定，但我们不得不承认生活中有相当一部分人自觉或不自觉地信奉和践行着尼采哲学，他们反对将道德的超

验目标强加于自己，拒绝给生命戴上绝对命令的枷锁。而且，对欲望的放纵除了涉及现实的个体之外，也涉及群体性的社会。我们的社会正在展示一个悲剧性的趋势，即人类已经没有能力控制自己作为类的欲望，"发展，发展，发展"，几乎是一种世界性的口号，其实躲在无限发展背后的却是人类的无止境的欲望。所以我们认为，价值教育有必要告诉世人，如果无节制地追求发展，人类很有可能在价值实现的快感中走向死亡。

三、价值教育的价值取向

价值教育的价值取向是价值教育面临的基本问题，价值取向的性质直接决定着价值教育的性质。综观人类的价值教育，可以说每一种教育都有自己的价值取向，为了对价值教育的价值取向进行科学分类，我们选择以"人"为基点展开讨论，因为价值教育说到底是人对人以人为目标的教育，基于"人"本身对价值教育的价值取向进行分类考察，可以为价值教育提供价值导向上的合理依据。

1. 非人的价值取向

价值教育的非人价值取向，是指价值教育将人之外的存在作为价值教育的价值追求。非人的价值取向以忽略或贬抑人的价值存在为前提，使价值教育与人的价值相背离，是一种违背价值教育人本特征的教育形式。其表现形式多种多样。

"神灵"价值取向。价值教育将教育目标指向神灵，将神的价值置于人的价值之上，它是一切宗教教育的共同价值特征。中世纪的托马斯—阿奎那将人的道德分为尘世的德性和神学的德性，认为尘世的德性来自天性，完成于后天的道德实践，达不到那种与上帝接近的超自然的幸福。神学的德性以上帝为对象，惟有他们能够让人无误地接近上帝。所以，他认为教育的基本目的在于通过培养人性，进而在人心中培养对上帝的虔诚、敬畏和信仰，最终实现来世的幸

福生活。在他看来，现世生活虽然可以使人获得幸福，但这种幸福
是暂时的、虚幻的，真正的、永恒的幸福只存在于天国，只有在上
帝的国度中，人才能最终获得拯救，得到永世的幸福。教育的最高
目的就是把人从虚幻的现世生活中引导到永恒的来世生活，从而真
正皈依上帝，实现神性。所以，对于终日劳作的中世纪人民来说，
参加定期举行的各种宗教活动既是缓解紧张疲乏身心的最有效的润
滑剂，也是最好的宗教教育。很显然，托马斯—阿奎那的教育虽然
给教民承诺幸福，但本质上是来世的虚无幸福，其教育的直接价值
目标所指则是看不见的上帝。在宗教教育这里，"道德之路的神圣性
表现为宗教信仰对道德生活准则自上而下的核准和道德生活对信仰
对象自下而上的道德追求。所谓宗教信仰对道德生活准则的核准，
实为道德生活寻找绝对或终极价值的支持，只不过在宗教中，这种
绝对价值的支持表现为神对人的规定而已。"① 所以，基于对宗教教
育欺骗性的不满，马克思对神的价值取向提出了尖锐批判，在马克
思看来，作为一种意识形态，宗教是人们对客观世界的虚幻和歪曲
的反映，是"颠倒了的世界观""宗教里的苦难既是现实的苦难的
表现，又是对这种现实的苦难的抗议。宗教是被压迫生灵的叹息，
是无情世界的感情，正像它是没有精神制度的精神一样。宗教是人
民的鸦片。"②

"自然"价值取向。以"自然"为价值取向是价值教育的另一
种非人化表现。其实，长期以来，人类的价值教育一直将"人"
摆在"自然"之上，推行的是人类中心主义主张。人类中心主义
认为，人是大自然中唯一具有内在价值的存在物，人是所有价值
的源泉，没有人的在场，大自然就只是一片"价值空场"，人以外

---

① 檀传宝：《宗教信仰与宗教道德——兼论学校德育的相关问题》，《北京
师范大学学报》（社会科学版）1999 年第 4 期。
② 《马克思恩格斯选集》第 1 卷 ［M］，人民出版社 1995 年版，第 1—
2 页。

的自然存在物只具有工具价值。但是，人类中心主义带来的生态灾难直到最近才让人类开始警醒，在哲学上出现了对人类中心主义的非难，与此同时，在教育领域则出现了非人类中心主义的价值倾向。非人类中心主义思想在美国哲学家泰勒于 1986 年出版的《尊重自然界：一种生态伦理的理论》一书中得到清晰的表达，他提出了"尊重自然界的伦理学"，认为自然界每一个有机体都是一个生命的目的中心，人只不过是地球生物共同体中的一个成员，人的生命并不比其他生命优越。人类有尊重自然生命的义务，要尊重自然界所有的生命有机体。一个生物，不管它属于哪个物种，因为拥有同等的天赋价值，它都有权得到人类的平等关心和尊重。非人类中心主义的本质，是将"自然"上升到人的位置，将自然与人放在相同的价值平台，本质上构成了对人的价值地位的挑战。但是，当价值教育顺应非人类中心主义确立"自然"的价值取向时，价值教育就面临了现实的价值困扰，因为价值从来就是相对于人的范畴，如果赋予了自然与人的平等价值，人的生存依据就会动摇，人将不能从自然取得足够的生活资源，人将会由于对自然的价值尊重而使自己的存在价值得以丧失。所以，价值教育对"自然"价值取向的修正也许是，将自然纳入人的价值范畴，"自然是人类生存和发展的应然基础，人类中心主义赋予自然的价值以新的涵义；自然不再是处在人类活动之外的物质运动形式，它还是人类生存于其中且永远不能离开的客观环境；自然物不再只是人类物质活动的材料对象，它还是人类周围有机环境的组成部分。"[①] 这样，"自然"就成为了依附于人的价值存在，价值教育的"自然"价值取向也将回归人的价值取向。

　　"物质"价值取向。价值教育中的"物质"价值取向，就是将

---

　　①　袁祖社：《对非人类中心主义"自然界内在价值"观的质疑与辨析》，《环境教育》2002 年第 3 期。

物质作为超越人的价值之外的价值追求，是价值教育非人特征的典型写照。物质价值取向来源于原始的拜物教，在古代，由于生产实践的局限性和科学知识的缺乏，人类无法了解自然界中的风雨雷电的起因、后果和运动规律，往往从宗教世界的幻想中去寻求解释，便将自然物看作是支配人类命运的神加以崇拜。人类进入商品社会后，在以私有制为基础的商品经济中，人与人的社会关系被物与物的关系所掩盖，从而使商品具有一种神秘的属性，似乎它具有决定商品生产者命运的神秘力量。商品拜物教由此产生。后来，由于由于货币成为商品的等价物，商品的神秘性进而发展成了货币的神秘性，人们感觉到好像金银本身天然地具有支配人们命运的神秘力量，商品拜物教就发展为货币拜物教。马克思在指出商品拜物教和货币拜物教之间的关系时说："在论述商品和货币时，我们已经指出了一种神秘性质，它把在生产中以财富的各种物质要素作为承担者的社会关系，变成这些物本身的属性（商品），并且更直截了当地把生产关系本身变成物（货币）。"①货币拜物教在生活中的典型表现形式是拜金主义。拜金主义盲目崇拜金钱，把金钱价值看作最高价值，要求一切价值服从于金钱价值。对金钱购买力无节制地贪恋，使得拜金主义者不仅认为金钱万能，而且将金钱理解为衡量一切行为的标准。拜金主义者将作为手段的金钱当成目的，将作为目的人看成是服务于金钱的手段，这就从根本上颠倒了人与物的关系。当价值教育以"物质"为价值取向时，拜金主义价值观就会被推崇，价值教育的非人属性就体现出来。比如，当教育者在课堂上宣扬"人为财死，鸟为食亡"，"人不为己，天诛地灭"，"有钱能使鬼推磨"等主张时，价值教育的价值取向就扭曲了。"物质"价值取向的危害在于，它剥夺了人的本质的丰富性，把人降低为金钱的奴隶，而且无节制

---

① 《马克思恩格斯全集》第25卷，人民出版社，第934页。

的物质追求还制造着社会的人情冷漠和尔虞我诈。

"道德"价值取向。将纯粹的"道德"作为价值教育的价值追求，忽略道德的服务主体，是"道德"价值取向的基本特征。本来，道德是人的道德，道德是服务于人的存在。但是，当道德成为超越人的价值存在时，道德就成为人的异己力量。价值教育超越人的生命意义而以单纯的道德高尚为价值追求时，价值教育的非人特征便表现出来。我们以中国传统教育中的德性至上主义为例进行说明。在先秦时期，"杀身成仁"和"舍生取义"被认为是最高的道德境界，但它在教育意义上却存在明显的价值误区，它将道德置于生命之上，实质上构成了对人的价值贬抑。"杀身成仁"话出《论语》，意思是说，有志向和有仁德的人，没有为了自己能够活下去而损害仁义道德的，但有为了成就仁义道德则可以牺牲自己的生命；"舍生取义"话出《孟子》，意思是说，生命，是我想保存的；道义，也是我想保存的。在二者不可得兼的情况下，就舍弃生命保全道义。因为生命虽然宝贵，是我所愿意保存的东西，但是我不能不顾及原则，仅仅为了保存自己的生命；死亡，是我所讨厌的，但是还有比死亡更让我讨厌的东西，这时候，我宁可选择死亡。朱熹将孔孟的伦理思想和教育思想加以理学化，提出教育的目的在于"明天理，灭人欲"。"天理""即"天地之性"或"道心"，"人欲"则为气质的"攻取之性"，是人的动物性欲望。同孔孟一样，朱熹在自己的教育思想中明显地将道义置于生命之上，以对道德的价值尊重否定人的价值地位，本质上是"德性人格对权利人格的僭越"。这种僭越将道德与人的关系颠倒，它不是从"道德为人存在"的唯物史观立场而是从"人为道德存在"的唯心史观立场展开其教育理论，剥掉了人的丰富的对象性关系，使人仅仅作为道德的附属物，从人格内涵中排除人的社会参与的权利。

"虚幻集体"价值取向。虚幻集体的价值指向，表面上将价值取向于集体的人，但是，由于"集体的人"是一个虚无的所指，因此在本质上还是一个"非人"。所以，价值教育如果以"集体"为取向，而"集体"又不能有所指的时候，价值教育就成为了非人的价值教育。"虚幻集体"是与"真实的集体"相对应的概念。马克思曾经对"真实的集体"进行了憧憬式的描述，他认为，在真实的集体中，共同体是每个人在自由联合中形成的自由共同体，以每个人的自由而全面的发展作为共同体发展的前提和基础，是建立在每个人自愿联合的基础之上的。而"从前各个个人所结成的那种虚构的集体，总是作为某种独立的东西而使自己与各个个人对立起来；由于这种集体是一个阶级反对另一个阶级的联合，因此对于被支配的阶级说来，它不仅是完全虚幻的集体，而且是新的桎梏。在真实的集体的条件下，各个个人在自己的联合中并通过这种联合获得自由。"① 在控制了自己的生存条件和社会全体成员的生存条件的革命无产者的集体中，"个人都是作为个人参加的。它是个人的这样一种联合（自然是以发达的生产力为前提的），这种联合把个人的自由发展和运动的条件置于他们的控制之下。而这些条件在从前是受偶然性支配的，并且是作为某种独立的东西同各个个人对立的"②，同时，"它排除一切不依赖于个人而存在的东西"。但是，在虚无的集体里，独立的个体之间通过商品和货币仍然处在普遍的依赖关系之中，社会的发展不是以个人之间的自由联合为基础的，而是以普遍的物的依赖为基础的。共同体的发展以牺牲个体为代价，个体的牺牲成为类发展的一种必然手段，而这种牺牲显然是以个体的非自觉自愿为基础的。因此，在虚幻的集体里，个人是不可能获得自由而全面发展的。所以，价值教育倡导集体主义本来没有异议，但是，当价值教育以"虚

---

① 《马克思恩格斯选集》第 1 卷，人民出版社 1995 年版，第 119 页。
② 《马克思恩格斯选集》第 1 卷，人民出版社 1995 年版，第 119 页。

幻集体"为价值取向时，就意味着价值教育与人的背离，是对受教育者的价值欺骗，将构成对受教育者的现实伤害。

2. 属人的价值取向

价值教育属人的价值取向，是指价值教育以人为价值目标，以实现人的价值为追求。但是，人作为价值教育目标并不具有单一性，因为不同的教育家可能对人做出不同的价值解读。

"自然人"价值取向。价值教育以自然人为价值取向，是价值教育属人的表现形式之一，其典型的代表人物是卢梭。在卢梭这里，"自然人"即完全自由成长、身心调和发达、能自食其力、不受传统束缚、能够适应社会生活的一代新人。"自然人"具有以下特征：不受传统（等级、阶段、职业）的束缚，按本性发展；不依附于他人，能够自食其力，具有独立性；具有社会适应性，能够承担社会责任；体脑发达，身心健康，具有独立思考能力。在本质上，"自然人"是生活在社会中的自然人，是能够尽到社会职责的社会成员，而不是回到原始社会的没有文化的人，也不是脱离现实的野蛮人。卢梭认为，教育应该是以自然人为价值导向的教育，教育必须遵循自然，顺应人的自然本性。他在《爱弥儿》开卷即写道，"出自造物主的东西都是好的，而一到了人的手里，就全变坏了。"① "如果你想永远按照正确的方向前进，你就要始终遵循大自然的指引。"卢梭认为顺应自然的教育必然也是自由的教育，因为人最重要的自然权利就是自由。卢梭声称："真正自由的人只想他能够得到的东西，只做他喜欢做的事情，这就是我的第一基本原理。只要把这个原理应用于儿童，就可源源得出各种教育原理。"因此，他要求要尊重儿童的自由，让儿童享有充分自由活动的可能和条件，并在教学过程中采取自然的、自由的教学方

---

① 【法】卢梭著，李平沤译：《爱弥儿》上册，商务印书馆 1996 年版，第 1 页。

法以适应儿童的身心发育水平和个别差异。卢梭将自然人作为价值教育的目的性追求，源于卢梭的社会历史观。卢梭认为，自然状态的实际情况和自然人的实质就是神意的真正体现，自然状态是一种假设，自然状态"现在已不复存在，过去也许从来没有存在过，将来也许永远不会存在的一种状态"，但是，自然状态是善的，自然状态为人自足而消极的生存提供了充足资源，自然人不需要劳动即可悠然地生活下去，自然人没有什么日后文明人才有的复杂的欲望，他唯一关心的事情就是自我保存，他的需要也只限于本能，他拥有足够的力量和能力满足自己的需要。但人类社会将人导向了罪恶，他哀叹："文明人在奴隶状态中生，在奴隶状态中活，在奴隶状态中死；他一生下来就被人捆在被裸里；他一死就被人钉在棺材里；只要他还保持着人的样子，他就要受到我们制度的束缚。"① 卢梭的自然人的价值教育取向，在人类教育史上独具特色，但也遭到了众多质疑，伏尔泰在 1755 年对卢梭的《论人类不平等的起源》进行评价时写道："从来没有人用这么多的才智来让我们变得愚蠢；读您的大作让人想爬在地上四足行走。"②

"人格人"价值取向。价值教育中的"人格人"价值取向，追求的是人之为人的位格，是对人的精神性本质的推崇。具体而言，人格人可以从人作为道德人、政治人和经济人的多重社会角色体现出来，价值教育中的人格人取向，就是要求受教育者在道德上成为德性之人，在政治上成为现代公民，在经济上成为社会财富创造者。可以说，人格人本质上就是马克思所指的社会人的精神性表征。当然，在不同的文化背景下，价值教育追求的人格人会

---

① 【法】卢梭著，李平沤译：《爱弥儿》上册，商务印书馆 1996 年版，第 15 页。

② 黄正平：《伏尔泰和卢梭：一个关于怨与恨的故事》，中国历史学网，http：//hist. cersp. com/kczy/xwss/200711/8374. html

有不同的文化特征。在中国，有的学者认为，价值教育对人格的追求应该包括做人的道理、做人的要求、做人的方法和做人的乐趣，表现出对人的精神境界的推崇。"人们不仅要有选择的意识和敏锐的道德直觉，而且更具备选择的能力，包括清晰的道德判断、良好的道德意志和承受道德选择所带来的一切后果的能力。"① 叶南客和唐仲勋提出现代人格发展取向有三重选择标准：（1）符合现时代文化主流——理性精神，这是传统人格趋向文明和现代化的必由之路；（2）适应商品经济和改革开放的国情发展方向；（3）有利于人类个性、才智和潜能的充分实现。在国际上，《德洛尔宣言》（1996）提出了"学会学习、学会做人、学会合作、学会生存"的终身教育理念，倡导遵守人类所共同拥有、共同恪守、共同追求的基本价值观。但是，它也并不否定价值的特殊性，因为"作为文化载体的个体人格也应是立足本民族文化并汲取世界各国文化营养的，他的价值取向应具有作为个体及类的价值的统一性，并表现为对他人、他民族和自然的态度及行为模式的一致与整合性。"②

"全面人"价值取向。"全面人"价值取向是价值教育属人取向的最高境界，马克思将人的发展的全面性看成是人的自我实现的最高形式。在马克思那里，人的全面发展主要是指个人的全面发展，它包括个人类特性的发展、社会特性的发展和个性的发展三大内容。其中，个人个性的充分自由发展是人的发展状况的历史体现者，是衡量人的发展状况的一把历史性的价值尺度。这一发展的最高成果就是自由个性的形成。因此，如果说，个人全面发展是个人自由发展的基础，那么，个人自由发展则是个人全面发展的本质内容。没

---

① 蒋红斌：《论自主选择性道德人格的培养》，《教育评论》2000 年第2 期。

② 宋晔：《现时代人类的价值取向与国民理想人格重塑》，《现代教育论丛》2001 年第2 期。

有个人的全面发展，个人的自由发展就失去了基础条件；没有个人的自由发展，个人的全面发展就失去了本来目标。在马克思这里，自由个性"是描述人或个人历史发展之最高成果的概念，是与他律相对应的自律性，即能自己制约、支配自己；与强制性相对应的自由性；与盲目自发性相对应的自觉性，即能意识自身和外部活动条件；与依附从属性相对应的独立自主性，即自己支配自己的生存条件；与重复性相对应的独创性。"① 西方马克思主义者认为，马克思主义的人的全面发展理论是一种抓住了人的根本的理论，这种理论的生长点就在于人的存在状态。它不仅关心人的物质生活状态，而且关心人的精神生活状态；不仅关心人的现实状态，而且关心人的潜在状态、发展状态。在他们看来，人的存在状态全面合理化就意味着人的全面发展，也就意味着社会的真正进步。很显然，西方马克思主义者试图将马克思的全面发展的人从理想状态恢复到现实状态。

在教育领域，台湾人提出的全人教育理念虽然不能说是马克思人的全面发展理论的现实教育版，但不可以否认的是，台湾全人教育之"全面人"的价值取向是毋庸置疑的。台湾社会学家叶启政则认为，由于受到民主自由、生产形式、科学和科技的结合三股历史力量的影响，而形成科技专业化、实用功利化的基本特征，致使整个教育过程中，人不再是主体，而是以市场导向、满足消费者需求为单一的考量因素，人不再是"完整的人"。② 因此，台湾教育界提出了"全人教育"理念。全人教育包括人与自己、人与自然、人与人、人与宇宙四大维度。"人与自己"这一向度，代表着生物我、生理我与心理我的需求与实现，强调人内在发展的平衡与和谐，是全

---

① 韩庆祥：《马克思人学思想研究》，河南人民出版社 1996 年版，第216—217 页。

② 叶启政：《大学教授的角色与使命》，《当代教育》1992 （73）：第16—35 页。

人塑造的基础与首要前提，它强调"身心如一"、"规划自我生涯的能力"、"生活信念与生活习惯"以及"高尚的情操"等价值诉求。"人与自然"这一向度，探讨的是人与物的互动关系，强调的是"真"，体现着人对自然规律的探求，目的是追求自然科学的进步，实现自然资源的合理化利用。"人与人"这一向度探讨的是"与人合作"、"尊重他人"、"社会的责任"、"维系和谐的人际关系"等内容，代表着个体社会我与道德我的需求与实现，认为个人的社会生活状况与人际关系交往直接关系到整个社会的伦理秩序和道德规范，是实现人与社会协调发展的必要条件。"人与宇宙"这一向度关系到人的价值与终极意义问题，比如"了解生命无与伦比的意义"、"宇宙的眼光"、"自我超越、提升的自由自主之精神"等，代表着人的哲学我与精神我的提升。[①] 价值教育中的"全面人"价值取向，符合人的社会本性，是教育人本的最高价值体现。

四、价值教育的价值权重

价值概念的复杂性决定了价值教育的复杂性。价值教育不可能是价值一统性的教育，这会走向教育上的绝对主义；价值教育也不可能是价值无方向的教育，这会走向教育上的相对主义。真实的价值教育应该是价值归序教育，是在教育过程中对价值属性、价值追求、价值体验、价值认识等每一个方面进行要素上的权重分析，并在分析的过程中对教育对象进行倾向性的价值引导。下面将从四个方面对价值教育的价值权重作尝试性探讨。

1. 物性价值向人性价值的归位

物性价值是以物为本位、以效用为表征方式的价值；人性价值

---

① 谭敏：《台湾地区全人教育理念评析》，《复旦教育论坛》2005 年第 6 卷 4 期。

是以人为本位、以精神为表征方式的价值。物性价值与人性价值是"二位一体"的关系，它们不是两种价值，而是同一价值的两个方面。价值教育的理念之一应该是将人性价值渗透进物性价值，对物性价值进行人性化解读，让受教育者在物性价值与人性价值之间建立逻辑关联，最终实现价值目的向人的终极性回归。

物性价值向人性价值的归位体现着价值教育的核心理念。价值教育是服务生活的教育，受到联合国教育科学文化组织（简称UNESCO）支持并由全世界教育工作者之间合作的"生活价值教育计划"（简称 LVE），其基本理念就是让每一个人在成长的过程中都能够学会新的生存技能，都有潜力成为具有爱心、热爱和平的人，并能够在自己的行动中体现这些价值。为此，它提供了包括爱心、尊重、和平、合作、责任等十二种个人和社会核心价值。[①]很显然，生活价值教育计划的本质是人本教育，是以精神价值为核心的人性化教育。我们倡导的价值教育也体现着人是目的这一公理性的价值正义，恰如康德所言："你的行动，要把你自己人身中的人性，和其他人身中的人性，在任何时候都同样看作是目的，永远不能只看作是手段。"[②] 在康德这里，"人是目的"乃是人的理性所设立的法则，既然人的理性能够设立这个法则，人的理性也就能够践行这个法则。价值教育向人性价值的归位，正是人的实践理性的充分表达。

物性价值向人性价值的归位亦是当代中国社会向价值教育提出的紧迫性的价值诉求。马尔库塞曾经有一种担心，即生活在物化世界的人成为由商品逻辑所控制的、失去了超越性和乌托邦精神的"单向度的人"。在当代中国，"单向度的人"正在成为教育界的一

---

① 《生活价值教育计划》，http：//www. livingvalues. net/chinese/re-sources. htm。

② 【德】康德著，苗力田译：《道德形而上学原理》，上海人民出版社1986 年版，第81 页。

种担忧。市场化催生出的强大物质利益驱动力对主体的精神性追求构成了巨大威胁。在物性价值面前，主体的人正在失去精神上的对抗能力。"金钱越来越成为所有价值的绝对充分的表现形式和等价物，它超越客观事物的多样性达到一个完全抽象的高度"。① 马克思曾通过对资本主义商品拜物教、货币拜物教与资本拜物教的深刻批判，揭露了资本主义社会中人被物化的弊端，从而说明资本主义是一个物役的社会，是物对人统治的社会，因而是需要被超越的社会。以马克思的理论观照当代中国人的发展，我们必须深刻认识到单纯物性价值追求对生活主体尤其是青少年可能造成本质性的价值损伤，物性价值的无限丰富性和可变性使价值主体的有限性暴露无遗，无论是金钱的有限性还是精力的有限性，或者是心情的有限性，都使主体成为物性价值面前的失败者，人们耗尽所有却始终找不到价值追求的终点，不可避免地处于价值失落带来的痛苦之中。这正如叔本华所言，人的欲望总是处在不满足状态，因为一个欲望满足之后，马上会生出一个更难满足的欲望出来。而且，由于物性价值迎合着人的感官性需求，可以最直接地对人产生吸引力，容易构成对人性价值的排挤或抑制，动摇主体对人性价值的感受能力。但是，人在本质上是精神的存在物，人的类本质决定人必然将人性价值置于生活价值的核心，物性价值的过分张扬必然让人失却终极意义上的价值成就感。所以，让人性价值尽可能地回归生活主体，乃是时代赋予价值教育的教育使命，虽然价值教育也许不能全然实现这一使命，但担当这一使命却是一种当然。

价值教育何以实现物性价值向人性价值的归位？

首先，价值教育要保持应有的价值独立性，价值教育本身不应受社会物性文化的干扰，价值教育实践应该优先践行价值教育的核心价值理念，始终将对受教育者的精神性关怀和人格引导置于优先

---

① 晏辉：《当代生活世界的价值哲学批判》，《江海学刊》2004 年第 1 期。

位置，追求教育性与道德性的统一。尤其不能用现在流行的技术性量化评价标准对价值教育的成败进行功利性评价。价值教育如果自己被物性价值所俘虏，自然也就失去了对受教育者进行精神拯救的能力，甚至也失去了精神拯救的资格。

其次，价值教育内容应该坚定遵守价值人性化原则。具体地说，就是在价值教育中淡化价值存在的物性意义，更多地张扬价值的精神内涵。目前，理论界有一种说法值得商榷。这种说法认为，价值工程学提出了一个基本理念"以最少的代价获取最大的收益"，把这个基本理念拓展延伸到人的教育领域就形成了价值教育的基本理念：追求可持续的价值率最大化（或追求可持续的利益最大化）。① 很显然，将"利益最大化"这一经济法则机械地移植到价值教育领域具有极大的道德风险。它可能强化受教育者对价值本身的效用性关注，忽略价值的精神性内涵；强化受教育者对价值的量的关注，忽略对价值的质的审视。这不是价值教育的应有之义。真正的价值教育应该将受教育者的注意力引导到价值的精神层面上，探求物性价值背后的人性意义。比如，在教育过程中对比尔－盖茨作为世界首富的价值性解读，可能有三个不同角度的切入：

"比尔－盖茨是世界上最富有的人"

"比尔－盖茨怎样成为世界上最富有的人"

"比尔－盖茨为什么会成为世界上最富有的人"

"比尔－盖茨是世界上最富有的人"，受教育者会被引导到对"富裕"的关注；"比尔－盖茨怎样成为世界上最富有的人"，受教育者会被引导到对致富方式的关注；"比尔－盖茨为什么会成为世界上最富有的人"，则会将受教育者引导到对富裕背后的精神世界的关注。很显然，第三种解读方式最符合价值教育的本性，因为它最好

---

① 仇德辉：《价值教育———一种全新的素质教育理论》，源自中国公共监督网 http：//www. cpss. cn/ztjj/ShowArticle. asp？ ArticleID = 1586。

地体现了物性价值向人性价值的归位。

再次，价值教育工作者应该率先垂范，将人性价值在教育的职业成就感中张显出来。教师不应该从符号化的荣誉和应试教育成绩中寻找自己的职业快感，而应该从教育对象的心灵生长中感受自己的价值。今天，一个教育工作者要想摆脱世俗的功利性纷扰，要从物性文化的包围中解脱出来，已经成为一种奢侈。但对价值教育工作者而言，它却是一种责任，是一种道德考验。

2. 价值追求的合理性优位于高尚性

价值追求的合理性与高尚性，是价值教育不可回避的重大问题。

价值追求的合理性是基于生活的合理，至少包含两层含义：一是在功利意义上，价值追求必须体现个人利益与社会利益的一致。既肯定人作为高级生命和社会存在物的生存性需求，又肯定人作为类的存在物对生活共同体的奉献义务。它倡导社会利益对个人利益的优先性，但同时强调特殊境遇下个人利益的优先权。二是在德性意义上，价值追求必须符合社会公序，体现社会的道德正义。具体地说，就是价值追求必须以尊重社会既有的法律和伦理规则为前提，接受社会价值戒律的适度规诫。

高尚是一个伦理学概念。价值追求的高尚性是基于道德本身的高尚，是基于社会伦理需求的表达。高尚既可以体现为一个人在利益面前的让渡，更体现为一个人对他人或社会的利益付出。价值追求的高尚性是社会对行为主体的"应当"性要求。"'应当'是对行为主体而言的，但它的指向却是行为活动的客体，即与主体的行为活动相互联系、相互依赖的他人或社会群体。"[①] 价值追求的高尚性体现着主导性的社会价值导向。"人们常常赞美那种甘为人梯的献身精神，先人后己的高尚品格，无非是赞美一种以他人为目的、以自

---

① 唐凯麟：《试论道德价值的生成》，《伦理学研究》2004 年第 5 期。

身为工具的道德风尚，这种风尚所昭示的是一种对和谐社会理想的追求。"①

价值追求的合理性与高尚性具有一致性。就一般意义而言，价值追求的合目的性与合道德性已经蕴含着合理性与高尚性的一致。在人们的常识中，缺乏道德高尚性的价值追求往往包含着不合理，同样，缺乏合理性的价值追求也难以称为高尚。

但是，价值追求的合理性与高尚性也存在矛盾，这种矛盾由价值追求的道德性以及人的主体二重性派生。

一方面，合理性与高尚性的矛盾源于道德的内在规定。道德之于高尚的逻辑设置是，一个人为他人和社会牺牲自己的利益是高尚，牺牲的利益越多高尚度越大，牺牲自己生命是最大的高尚。然而，道德作为文化的存在又包含着另外一种与之相对的逻辑，即道德是为人而存在的，道德的存在价值就在于让人获得更大的利益，这是道德对其合理性的自证。在这里，道德要求人们以牺牲自己利益的方式来实现自己的利益，这本身就是一种自构性矛盾。通常，道德可以通过主体道德行为的时空置换使这一矛盾得以辩证性化解，如一个人在 A 时空所做的利益牺牲可以在 B 时空从社会得到激励性的利益回报。但是，在同一时空中，道德的自构性矛盾没有化解和转移的机制性条件，以利益牺牲为标志的道德高尚性和以利益取得为标志的合理性就产生了相互对抗。

另一方面，人的二重性决定了价值追求的合理性与高尚性的矛盾。严格来说，最合理与最高尚的价值行为并不是个人利益牺牲最大的行为，而是个体利益与社会利益同时得到最大化的行为，因为它们带来了社会利益总量的增加。但是，生活中的众多价值选择总是存在个人利益与社会利益的矛盾。以社会利益为先，成就了价值

---

① 刘晓新：《当代人类价值理念的几点思考》，《北京联合大学学报：人文社科版》2003 年第 3 期。

追求的高尚性，但失去了对个人利益的直接合理性；以个人利益为先，对个人的存在具有合理性，但失去了价值追求的高尚性。而人并不能够在个人利益与社会利益之中作出简单的排他性选择，因为人就如马克思所言，既是"个人的存在"，"同时又是社会的存在物"①，是"只有在社会中才能独立的动物"。人作为个人存在要追求个人利益，人作为社会存在要追求社会利益，于是，人的二重性矛盾就外化为价值追求的合理性与高尚性的矛盾。

价值教育为什么要强调价值追求的合理性优位于高尚性？因为它可以为价值教育赢得最大化的主体性支持。价值教育的目标指向是有道德的人，而不是人的道德。换句话说，是道德的人而不是人的道德成为了价值教育的追求目标。价值教育的高尚性追求虽然在理论上可以引导受教育者做更大的道德奉献，有利于社会本位的价值观建立。但是，在当代中国社会背景下，社会主体有着鲜明的道德境界分层，尽管有少数人处于道德上的高阶位置，但大多数人没有也不可能有在道德境界上对社会本位的优先设置。因此，价值教育如果洋溢着乐观主义和理想主义色彩，过分侧重远大高尚的价值目标，必然忽视价值主体的现实性需求，制造价值教育传授主体与接受主体的的心理阻隔，使价值教育丧失主流性社会群体的支持。相反，如果道德教育将价值追求的合理性置于优先位置，在道德教育中对受教育者的个人利益进行目的性预制，这虽然有价值追求高尚性的成本付出，但它却为价值教育的生命力注入了主体性依据。如果用发展的眼光看，价值追求的合理性并不否定高尚性，它只是一种有节制的高尚，是对僵化的高尚性的一种矫正。

价值教育何以保证价值追求合理性对高尚性的优位？我们以为在价值教育中应该强调三个原则：

一是避免以道德名义对价值主体的利益进行无原则损害。一般

---

①　《马克思恩格斯全集》第 42 卷 ，人民出版社 1979 年版，第 119 页。

来说，主体利益只有在一种情况下的牺牲才具有合理性，即主体的利益牺牲可以带来更大化的社会利益实现。在终极意义上，除非价值主体的生命牺牲可以或可能带来其他生命的拯救，以其他任何崇高名义为理由的生命牺牲都不具有合理性。向受教育者告知这一原则并不会给价值教育带来利己主义的嫌疑，它只是帮助受教育者提供道德上的自我保护。

二是避免以伦理对价值主体的心理构成伤害。价值上的高尚性追求必须以受教育者的心理承受能力为限度，突破心理限度的高尚性对受教育者可能成为一种道德上的好看罪恶。比如，为了鼓励学生奋发上进，有的中学教师喜欢套用拿破仑的一句名言来激励学生：

不想当将军的士兵不是好士兵

不想考第一名的学生不是好学生

但是，如果班上的每个学生都将老师的话铭记在心，并付出全部努力来践行其意志，我们将会看到一个悲剧性结局：如果全班有一百名学生，有九十九位学生将会失望甚至绝望，因为第一名只有一人。这样，老师的高尚性道德激励有可能将学生逼向了心理的死胡同。

三是避免以道德的名义制造受教育者无必要的内疚情感。社会生活中的不同主体有着不同的义务担当，价值教育应该要求受教育者承担与其心智和能力相适应的道德义务。如果价值教育导致受教育者的义务感过度，表面上看受教育者似乎有了基于良心的高尚，但过度的义务感会形成与义务能力之间的巨大反差，受教育者会产生极大的道德负担，并最终形成不堪的负疚情感，降低实际的生活质量。

3. 价值注意之于价值判断的逻辑优先性

价值教育已经经历了一个进步过程，即由给现存的结论转变为给思辨的武器，或者说，由给价值的知识转变为给价值的判断能力。

但我们发现，有的人懂得了价值的知识，也拥有价值判断的能力，最终还是没有做出有价值的行为。何故？因为其丧失了价值注意的敏感性。没有了价值注意，就没有了价值判断，自然也没有了价值行为。所以，价值注意——也许是一个不可低估的价值教育范畴。

价值注意是主体对客观事实产生的价值性关注，价值注意的过程是客观事实转化为价值事实的过程，也是主体向价值对象进行情感投射的过程。价值判断是主体基于既有的价值知识对价值事实所作的有利或有害、有价或无价等评判。价值判断的性质直接决定着主体的价值选择，并最终决定主体的行为价值取向。从价值注意到价值判断是一个由情感走向理性的过程，价值判断的合理性取决于价值注意过程中情感的善良性质。

让我们一起分析这个案例。

一个衣衫褴褛的乞丐在街道边行乞。四个年轻人从其身边经过，我们问这些年轻人看见了什么，年轻人可能给出四种回答：

A. 我什么也没有看见

B. 我看见一个乞丐在乞讨

C. 我看见一个可恶的乞丐在乞讨

D. 我看见一个可怜的乞丐在乞讨

乞丐向他人乞讨，是一个现实存在着的客观事实。A说"我什么也没有看见"，是说其没有注意到这一客观事实；B说"我看见一个乞丐在乞讨"，是说年轻人注意到了这一客观事实，但由于没有对这一客观事实产生主观性的情感反映，因此这一客观事实也仅仅是事实而已。在AB面前，乞丐行乞对他们没有价值意义，因为他们都没有产生对乞丐的价值关注。但乞丐向他人乞讨这一客观事实在CD身上就不仅仅是客观事实，由于C对乞丐表示厌恶，D对乞丐表示同情，他们都对乞丐的乞讨行为产生了情感性反应，虽然反应绝然不同，但有一点却共通：乞丐行乞在CD这里不仅仅是作为客观事实存在，同时也作为价值事实存在。正是在客观事实转化为价值事实的过程中，CD 的价值注意得以形成。与 AB 相比，CD 值得我们称道，因为他们对自己的同类产生了价值性感情，即使它可能是一种厌恶的感情，但总比没有感情要好。D 更值得我们期待，由于对乞丐的价值注意中渗透着同情，他可能在理性层面形成自己的价值判断，进而产生帮助乞丐的价值行为。

价值教育中价值注意优先于价值判断的依据是什么？从理论上看，价值注意之于价值判断既具有时间的优先性也具有逻辑的优先性。在时间上，先有价值注意然后才有价值判断，价值注意在前，价值判断在后。在逻辑上，价值注意是价值判断发生的前提，没有价值注意，就意味着价值事实对主体是虚无的存在，价值判断就无从谈起。当然，不能将价值注意对于价值判断的逻辑优先简单理解为地位优先，只是在前提的意义上，我们确认价值教育的优先性。从实际生活的角度看，在价值教育中强调价值注意具有现实紧迫性。现在的受教育者并不缺乏价值知识，也不缺少价值判断能力，但他们却缺少正向度的价值行为。究其原因，主要是缺少应有的价值注意。以遵守交通规则为例，我们的社会存在一个令人尴尬的现象，据说成年人闯红灯的比例比小学生多。大凡闯红灯的成年人，差不多都有基本的价值知识，即闯红灯是缺乏社会公德的行为；也有基本的价值判断能力，即闯红灯可能对自己和他人带来交通事故。其之所以继续闯红灯，很多时候是由于其价值知识和价值判断能力处于窒息状态，没有关于"公德"、"生命"等概念的价值性关注。所以，从小在学校的价值教育中培养学生的价值注意之意识，对未来社会的合格公民的塑造显然具有积极意义。

通过价值教育提请受教育者的价值注意，是一项技术性很强的教育策略，我们提供两点思考。

首先，价值教育应该将价值注意作为一种道德义务对学生作出要求。注意作为义务已经存在于法学领域，法律规定的注意义务是指行为人作为时应当注意有无侵害某种合法利益，不作为时应当注

意有无违反某种特定的法律义务的责任。我们可以借用法律中的注意义务来界定道德意义上的价值注意义务，即主体作为时应当注意有无侵害他人和社会利益，不作为时应当注意有无逃避社会义务的责任。依此说法，一个人在行为时没有考虑自身行为对他人与社会的利益后果，或者应该对他人和社会利益给予关注却没有关注，都是没有履行价值注意义务。像一个人没有履行其他道德义务一样，他应该受到来自良心和社会舆论的责问。若履行了价值注意义务，则应该获得道德上的安慰或褒奖。

其次，价值教育应该鼓励受教育者在交往中提高价值注意的敏感性。一般来说，客观事实能够引起人的价值注意，通常是因为其作为对象化存在，包含着与人相关联的价值关系。所以，价值注意本质上是对人的注意。受教育者对他人的关注度越大，其价值注意的敏感性越高；与他人越熟悉，对他人产生价值注意的可能性越大。相反，受教育者与他人越陌生，对他人的价值注意就越少。现代社会正在由熟人社会向陌生人社会转化，这种转化存在淡化主体价值敏感性的可能。因此，价值教育应该积极鼓励受教育者与人尤其是陌生人进行社会性的交往，交往的过程本身是价值关系的发生过程，也是培养受教育者价值注意的过程。

4. 价值的感官体验向价值的心灵体验升华

价值体验是主体对特定价值的主观性理解，表现为愉快与否的身心感受。价值体验有感官体验和心灵体验的区别。价值的感官体验是主体依凭感官对特定价值的效用性解读，体现着人与物的价值关系，具有直观、浅表的形而下特征，可以让人作为生命有机体获得自然欲望的满足，是对人的自然本性的价值性认同。价值的心灵体验是主体在内心世界对特定价值的精神性解读，体现着人与人之间的价值关系，具有内隐、深刻的形而上特征，可以让人作为社会存在物获得基于人性的心灵默契，感受到类群体的温暖，是对人的社会本性的价值性认同。

价值的感官体验与价值的心灵体验是两种不同质态的人生感受，二者的平衡与协调体现着人生的愉悦与美好。但在当代中国，感官体验之于生活的重要性明显地被放大了。其集中体现是，基于感官享受的消费已经陷入非理性状态，以个人主义和享乐主义为基础的消费主义开始流行，消费在很多人那里正"成为一种标准的社会理想。"① "无限度地改善人的物质生活条件的欲望被看成是人的内在本性。"② 消费成为了现代社会的垄断性权力体系，它不仅垄断了人的日常生活，而且垄断了日常性生存活动的意义呈现方式和本质，垄断了人的快感。③ 然而，人的感觉器官的感受能力是有限的，当一个人仅仅局限于器物性价值的感官体验时，感官的刺激感应性必然降低，依赖感官获得快乐的能力由此变弱，取而代之的将是精神上的空虚与无聊。可见，感官体验过度将从根本上消解人的主体意识，以物化的方式对人的精神生态构成威胁。而且，过度的感官追求还会抑制人的心灵感应能力，使人丧失精神的快乐之源。所以，在价值教育中凸显心灵体验的重要性，实现价值的感官体验向心灵体验的升华，体现着一种教育和道德上的明智。在生活中，强化价值的心灵体验可以拉近人与人之间的心理距离，让人产生心灵上的互动，避免人陷入内心的孤寂，实现生活质量的整体跃迁。

价值教育应该怎样引导受教育者实现价值的感官体验向价值的心灵体验的升华？

首先，价值教育应该注重引导受教育者对价值实体进行意义挖掘。价值的感官体验向价值的心灵体验的升华过程，本质上是价值

---

① 【美】马泰·卡林内斯库著，顾爱彬、李瑞华译：《现代性的五副面孔》，商务印书馆 2002 年版，第 264 页。

② 【美】大卫·雷·格里芬著，王成兵译：《后现代精神》，中央编译出版社，第 19 页。

③ 万俊人：《道德之维》，广东人民出版社，第 302 页。

意义的提升过程。"意义"总是人类对实物层面的物化意义的重新"读解",是对人类活动层面的创生意义的进一步"释义",进而在精神层面上构建起超越实物层面的对象,超越于活动层面创生意义的新的"意义"。[①] 事实上,超越价值实体的意义发现并不需要超人的智慧,一份凡人的真挚感情已经足够了。例如,一位母亲自己买的香蕉仅仅是香蕉而已,母亲得到的体验仅仅是香蕉的美味,是一种纯粹的感官性价值体验。但女儿给她买的香蕉却不只是香蕉,而是物化的良心,母亲不仅能品尝香蕉的美味,还能品出女儿的一份孝心。母亲之所以能够获得实物之外的心灵体验,正是因为她发现了香蕉作为物性价值所具有的精神意义,之所以能有这种发现,只是因为她将女儿放在内心世界的核心位置。相反,一位女儿品尝母亲买的香蕉,是否一定能够从中品出慈爱?不一定。有些在娇宠环境中长大的孩子,可能只会品出香蕉的味道来,原因是他们失却了从香蕉这一价值实体中发现意义的能力。价值教育的功能就是,提升受教育者的价值意义的发现能力,避免肉体欲望对心灵的遮蔽,避免感官体验对心灵体验的消解。

其次,价值教育应该引导受教育者通过"生存"共同体的营造来强化心灵体验。

设想在下雨天,一位等着过红灯的老人,忽然感觉雨停了。他抬头一望,是一把雨伞遮在自己的头顶上,而为他打伞的却是一位素不相识的年轻人。老人会在惊愕中感谢这年轻人,年轻人回以会心的一笑。老人与年轻人此时所获得的心灵体验应该是价值体验的最高境界……一种最原始但也是最圣洁的幸福境界。它正在我们的社会流失,但人的本性却召唤着它的回归。老人与年轻人为什么能够实现心灵的相通,因为他们处于同一个"生存"共同体之中。按

---

① 刘晓新:《当代人类价值理念的几点思考》,《北京联合大学学报:人文社科版》2003年第1期。

照雅斯贝尔斯的理论，"生存"共同体不以某种超越个人的外在原则（即使是符合每个人的普遍原则）作为纽带，而以每个成员主体内在的本源情感为纽带，它通过成员之间心灵的超验沟通即"爱的斗争"构成。在这种共同体中，成员之间的关系是无条件的爱的关系，每个人都可作为主体和目的得到发展。价值教育就是要向受教育者强调"生存"共同体的必要性与可能性，并告之以科学的建构方法，让受教育者懂得，自己的真正幸福依赖他人的"共在"，只有用心去给予，才能获得至高的心灵体验。

第四章
全球化时代价值教育的理论焦点

　　全球化是一个多元文化冲突和融合的时代，多元文化的共存，催生了价值多元主义、价值相对主义、道德相对主义、道德虚无主义。缺乏核心价值引领的现代社会表面上看起来丰富多彩，形式多样，实际上蕴藏着种种迷失的危机：人作为人的价值尊严和道德力量隐而不彰。在一定意义上，当前社会所更需要的，与其说是知识和科学，不如说是价值问题。由此，"Values"一词成为当今新时代的关键词，中西方教育理论界皆展开了对价值教育理论的深入探讨。

一、西方价值教育争论的主要问题

面对着西方社会对道德、精神、公民素养等价值的呼求，围绕着重塑新时代的价值观这一主题，西方价值教育理论自上世纪 90 年代以来，走向一个新的阶段，呈现出方兴未艾的态势，加强价值教育成为社会各界的共识，但在价值教育若干理论问题上，理论家们各抒己见，展开了理论的争锋。

1. 形式教育还是实质教育

全球化时代西方价值教育是实质教育还是形式教育？教育史上，长期以来存在"实质教育"与"形式教育"之争，即教育关键是传授知识还是培养能力。这个问题现在用我们的辩证法来看，本不成为问题，但西方几百年对二者的热烈争论使知识和能力的本质及功能为人们所认识，并直接影响教育的趋向。

在价值教育领域，西方也存在形式和内容之争，在理论上形成"形式派"和"内容派"，并在实践上各有建树。西方传统价值教育是"内容派"的，现代价值教育则是主张"形式派"的，如"认知发展"、"价值观辨析"等理论认为价值教育关键在于培养人的价值观判断能力和思维能力，而不主张内容的授受，甚至主张价值中立，学校不应传授价值观。20 世纪 60、70 年代，如果有人认为学校应教授价值观，就会有人反问：谁的价值观？在那个多元的时代，人们普遍认为，学校应该在价值上保持中立，教师可以组织讨论，发展学生的思维，但不可以肯定一些而否定另一些价值观，而应由学生自己自由地选择。然而，80 年代以后，这种忽略内容的价值教育使得学生没有基本的价值观念，不分是非善恶，结果导致社会道德问题增加、青少年吸毒、自杀等现象层出不穷的严重后果。风行欧美的这种形式派受到了批评。于是，"全国上下，从单个的公民到公众组织，从自由主义者到传统人士，都向学校发出吁请，学校应该承

担教授道德的责任"，① "钟摆从那种认为所有的社会价值观都是压制人性的浪漫的观点中又摆回来了。"② 西方价值教育界又重新从传统中寻找救治良方，开始改变价值观中立的观念，重新主张价值观内容的传授。

全球化时代以来大力倡导价值教育的德国学者布雷钦卡把价值教育观分为两种，即"形式的价值教育观"与"实质的价值教育观"③：

"形式的价值教育"明确强调，反对"传播一套'正确'的价值观"，认为没有教师能够拥有一套可以传授给孩子的"'正确'的价值观"。谁要是试图传授实质的价值观，谁就是涉嫌在进行价值观灌输，而价值观灌输在他们看来是不好的。相反，他们认为，"每一个个体都必须寻求并形成他自己的价值观"，因此，价值教育对受教育者来说仅是帮助其获得必要的形式的"评价能力"，以便他们"能够寻求一套可以依恃的价值观，而且这种寻求应该是终生的过程"。教育的根本目的就是形成一种"价值观评价的能力"。

布雷钦卡认为，这种"形式的价值教育"，主要源于这样一种世界观，即不受非个人选择的信仰束缚的自由和自我决定能力具有最高的价值。形式的价值教育论者认为，每一个个体都不应该在儿童时代被灌输预先给定的规范，每一个个体能够且应该独立地去认识和决定什么对自己有益。这种判断的唯一标准是个体自己的理性。"我们文化中的世界观多元主义和道德多元主义被解释为价值观和价

---

① Thomas Lickona：Educating for character – how our schools can teach respect and responsibility, Bantam Books, 1992. p. 4.

② Thomas Lickona：Educating for character – how our schools can teach respect and responsibility, Bantam Books, 1992. p. 3.

③ 参见【德】布雷钦卡著，彭正梅、张坤译：《信仰、道德和教育：规范哲学的考察》，华东师范大学 2008 年版。

值观秩序是主观的、相对的和任意的。因此，除了人权外，是否还存在着应该教育孩子较早内化以作为基本的道德态度的具有无限约束力的实质的规范取向财富，仍然争论不断。"[1] 他们把不具有纯粹理性根据的信仰、把对规范的传统和权威的认同，视为前现代的、不开放的和教条的表现。于是，怀疑优于信仰，科学取代了价值，自由选择代替了责任。

实质的价值教育则是指"传递特定价值观态度、信仰、基本道德态度和美德"的教育。实质的价值教育的目的是使受教育者形成"与公认的理想相一致的价值观态度"。

实质的价值教育经常被称之为"价值观传授"。"其根本的一点是，每个意图自我保存的群体，决不会放弃向其年轻的成员传授与其规范一致的特定的价值观态度。只有不再关心其未来命运、濒临瓦解的群体，才会听任其新的成员在没有价值观态度教育的条件下成长，任凭其人格的偶然发展"。[2]

布雷钦卡强调具有实质内容的价值教育，反对仅仅把培养学生的批判意识和批判能力作为学校价值教育教学的主要目标，反对单纯的形式教育。

布雷钦卡认为，评价能力和决策能力的形式理想被主观主义（个人主义）地加以解释：试图摆脱自己所属社会的规范的文化，不相信任何既定的超越个体的规范，拒绝制度控制和社会控制。同时，这种形式的理想也被理性主义地加以解释，但是这种解释没有认识到带有特定规范的既定文化的不可避免性，没有认识到受教育者通过自身努力发展其人格的能力有限；最后，也没有考虑到早期内化（习惯化）与文化的规范相适应的体验方式和行为

---

① 【德】布雷钦卡著，彭正梅、张坤译：《信仰、道德和教育：规范哲学的考察》，华东师范大学 2008 年版，第 141 页。

② 【德】布雷钦卡著，彭正梅、张坤译：《信仰、道德和教育：规范哲学的考察》，华东师范大学 2008 年版，第 143 页。

方式的必要性。这种人格理想把所有的社会的、文化的要求视为威胁自我的"压迫和强制",因此必须加以怀疑和拒绝。这是一种乌托邦式的自我的理想,自我是绝对自主的。这种形式的价值教育的理想是不现实,也是危险的,与受教育者的福祉和社会的福祉并不相符。

他认为,用形式理想代替有实质内容的理想是一种幻象;不存在只拥有形式特征的、有生活能力的人。人也不大可能只获得形式的特征而不拥有、至少是短暂拥有实质的特征。"不存在没有思想内容的思维,而且,每一次的特定思考也都放弃了许多其他可能的思想内容。不存在没有意志内容的意志,而且,每一种特定的意志也都放弃了许多其他可能的意志内容。不存在没有情感内容的情感,而且,每一种特定的情感也都放弃了许多其他可能的情感内容。每一种心理活动都是有内容的、有对象的或有意向的,并且每一种相关的内容都排除其他可能的内容。人格就是通过人对特定的经历的加工、对特定目的的追求从而对特定内容的掌握而形成的。他的知识是关乎特定内容的知识;他的能力是拥有特定内容的能力;他的态度、观念、价值观和信念都不是形式的,而是拥有特定内容的倾向。这些倾向都是与外在世界的对象进行有内容的交往和探讨的结果。同时,这些对象也由内容决定的。"①

20世纪60年代以来,美国道德教育理论和实践由于建立在对传统品格教育机械灌输的反动的基础之上,且受形式主义、相对主义的控制,总体上是重形式、轻内容的。如价值观辨析学派明确宣称,价值教育的目的在于使儿童掌握评价过程,而不是向他们传授特定的价值观内容,学生如何获得价值观比获得什么价值观更重要。认知发展理论主张道德教育重在认知的发展而非内容

---

① 【德】布雷钦卡著,彭正梅、张坤译:《信仰、道德和教育:规范哲学的考察》,华东师范大学2008年版,第5—6页。

的灌输，认为道德判断的阶段性发展和道德原则的掌握较特定的文化规则具有重大的适切性和普遍性。例如美国品格教育运动的倡导者里克纳（T. Lickona）针对60—80年代道德相对主义盛行的现实，对上述形式主义道德教育观做了深刻的反思，转而特别强调内容的授受。里克纳郑重提出：学校应明确地对学生进行是非正误、基本道德观念的传授；教师应从原来的"促进者"重新回到"教育者"的权威地位；摈弃价值观中立政策，提倡泾渭分明。当然，里克纳没有完全照搬传统的价值教育模式，他吸收了传统但又超越传统，不仅重视内容的授受，而且重视形式的重要作用。他说："现在的品格教育运动是对几十年来非指导性和过于强调认知的反动，但它并不主张重新回到 Mcguffey Reader 时代①中去。——品格教育把现代的技术——比如合作学习、班会讨论、解决冲突训练、社会服务学习、道德反省——糅合成一种'综合的方法'。"② 实际上，里克纳在制定品格教育策略及原则时充分表现了他对形式和内容辩证关系的认识。

全球化时代新复兴的价值教育借鉴历史的教训，实现了对单纯的形式教育的超越，普遍开始重视价值内容的授受和引导。宗教教育、公民教育自不用说，道德教育也从单纯认知发展转向了美德的养成。当代西方的价值教育实现了对既往"形式价值教育"与"实质价值教育"的合理继承与超越，可以说是一种具有一定形式的新"实质价值教育"。

2. 灌输还是引导

"灌输也许是当代道德教育哲学家最为关心、最感兴趣的一个问题"，③ 传统教育向现代教育的转型就是从对"灌输"的批判开始

---

① 指西方传统价值教育时代，当时靠阅读美德故事书来引导价值观。
② T. Lickona, Educatiing for character, Bantam books, 1992, p. 231.
③ 戚万学：《冲突与整合》，山东教育出版社1995年版，第71页。

的。杜威将"灌输"视为传统教育的本质特征，并将其置于现代教育的被告席上加以批判，他说："在传统学校里那么普遍的一种外部的灌输，不仅不能促进反而限制了儿童的智慧和道德的发展。"① 他认为，灌输无视儿童的理智能力和自由意志而不能有效地促进儿童的道德成长；健康的教育一定是反对灌输、尊重儿童个性和自由的教育。反对灌输自杜威提出以后，一直得到教育哲学家和德育理论家的支持和拥护并成为当代西方德育理论的一种共同倾向。许多现代德育理论流派都把"灌输"看作共同的敌人，如柯尔伯格的"认知—发展"理论、拉思斯的"价值观辨析"理论等无不以对"灌输"的批判为理论起点。正是基于对灌输的这些基本认识，人们普遍把灌输看作一种"错误的教育方式"。

不同德育思想家从不同角度对德育"灌输"进行批判，甚至在批判中形成了"目的论"、"内容论"、"方法论"等不同的理论与学说。在"目的论"看来，当教师的目的是试图用某种学说去封闭学生的思想时，或者，当教师是要阻止儿童独立的道德思维能力发展时，他就是在进行"灌输"。"内容论"认为，"灌输"的内容是没有合理依据的，是经不过批判检验的，在道德上是无法得到证实的。"方法论"则认为，"所谓灌输就是指使用一些欺骗性的专制型的、强迫性的和非理性的甚至是反理性的方法来传授一定的道德内容，达到一定的道德目标，这种灌输的实质不是在内容的不合理上，而在方法的不合理上，即不允许学生怀疑，提问、思考与比较，不考虑学生是否有能力接受与是否愿意接受。"②

"20世纪西方道德教育理论总的来说也是对传统教育进行批评的结果，是从批判传统的道德说教和道德灌输开始其理论建设

---

① 杜威著，赵祥麟、王承绪译：《杜威教育论著选》，华东师范大学出版社1981年版，第341页。

② 魏贤超：《现代德育原理》，浙江大学出版社1993年版，第53页。

的。"① 与传统德育相对而生的现代德育把建立一种"无灌输的道德教育"（Moral Education without Indoctrination）作为首要任务。20 世纪西方道德教育理论界反对灌输成为主流，在理论上，更由于单纯反对灌输而在西方德育理论中出现形式主义学派。

那么到了 21 世纪，又是如何看待灌输的？复兴的价值教育能否做到把内容的教授与尊重学生的理性能力和自主意识等形式的发展结合起来？思想家们展开热烈地讨论。

教育家布雷钦卡认为②，价值教育必然是传递某些特定的价值观而忽略其他的可能选择的教育，必然是教育个体与特定的理想产生内在联系，同时忽略其他的可能的理想。对于作为教育承担者的群体而言，这些价值观是好的，这些理想是好的理想，要求其成员认同并据此行动。每个群体在传递其规范的价值取向时，并不仅限于理性主义的传授和辨证，而是从其年轻成员诞生的第一天起，就不遗余力地通过一切途径有意、无意地对其所有的精神领域实施影响。不过，批判理性主义者把这种价值教育视为贬义性的"灌输"，视为"教义和信仰原则的传递"。布雷钦卡认为，从实在人类学和历史的角度来看，对"灌输"的总体拒斥是站不住脚的，因为要成功地传播积极的道德价值观唯有通过"教化"的方式，也就是说，通过对其价值观的深信不疑，通过灌输，从孩提时代就开始对个体的整体人格施加影响。当然，道德成熟的理想要求个体超越对群体道德和规范的依赖，超越群体认同的压力，要求他们根据普遍的标准来判断，并在行动中加以体现。尽管这总体上是可以实现的，但只有个体在其生活的过程中通过其群体的灌输式的教育途径，才能达到目标。

布雷钦卡认为，在当代，灌输被当作一种战斗武器，用来诋毁

① 戚万学：《冲突与整合》，山东教育出版社 1995 年版，第 21 页。
② 参见【德】布雷钦卡著，彭正梅、张坤译：《信仰、道德和教育：规范哲学的考察》，华东师范大学 2008 年版。

对手的观点和阻止其对有效的教育方法的不同思考。实际上，那些诉诸此类语言武器的人在他们自己的环境中也是在"教条"地行动，进行着"灌输"，因为那些坚信自己的理想和教育成效的人，是不可能有其他想法的。只有乌托邦主义者或者无政府主义者会否认有效的基本道德价值观的不可或缺性以及价值教育的必要性。

在布雷钦卡看来，从生活能力产生的现实条件来看，把所有实质的价值教育一概描述成"保守的"、"消除成熟性的"或者"灌输式的"，是愚蠢的、不明智的做法。

在灌输问题上，美国品格教育运动的领导者里克纳对个人主义的、非指导性价值观辨析派的观点进行了批评。价值观辨析派认为，社会的多元化、世界的变动不居决定了不存在确定的道德，所以教育者试图传递统一价值观努力的理论前提就是错误的，其结果必然导致以教育者为中心、忽视学生个性发展的、消极的、自外往内的强制性的灌输，必然阻止学生的独立思考和自由选择。里克纳则认为[1]，尽管社会日益多元化，道德价值观多元化成为时代内容，但是，"不传授美德对任何社会都是最大道德失误。"里克纳认为，以传授美德为目标的品格教育就不会导致机械的权威灌输。他根据是否注重学生的反省性思维的发展，把灌输分为广义的和狭义的两种。广义的灌输尊重学生主体性地位，注意培养学生的反省式思维。狭义的则相反。品格教育特别强调尊重学生道德思维的培养，所以品格教育是广义上的灌输。在里克纳看来，价值观辨析派由反对狭义的灌输而反对任何道德内容的传授是极端片面的观点。广义上的灌输也是一种道德教育的手段。里克纳在吸收了现代道德理论家对传统品格教育中的确存在的机械灌输方法的批评的基础上，主张一方面把美德传输给学生，另一方面，又注意学生个体认知心理的发展。

---

① 参见杨超：《里克纳品格教育思想述评》，2001 年山东师范大学硕士论文，戚万学指导。

避免以教育者的身份来压抑、强制学生不假思索地接受与服从。里克纳品格教育方法论特别强调讨论、争辩的方法、冲突解决能力的培养的重要性，强调儿童道德发展的阶段性、漫长性，鼓励学生理性的选择和思考。可见，里克纳对灌输与理性选择的观点是辩证的。

美国价值教育家柯什堡姆（Kirchbaum，1995）在其著作《在学校和青少年机构中促进价值观和道德的 100 种方法》中，把教诲法作为价值教育的首要方法。他在书中专门区分了教诲和灌输的区别：

教　诲	灌　输
表达你所相信的及其理由	仅凭权威表达你所相信的
公正地对待其他的观点	不公正地对待其他观点
对其他的观点给予尊重	诬蔑、诋毁不同观点者
用理性和尊重回答疑问	对疑问极度厌烦并挖苦讥讽
部分地构建环境，提高所期望的价值观的呈现机会，减少非期望价值观的呈现机会。	完全控制环境，以提高所期望的价值观的呈现机会并减少非期望价值观的呈现机会。
为所期望的价值观创设正向的、社会的、情绪的学习经验——有限度	为所期望的价值观创设正向的、社会的、情绪的学习经验——走向极端
提供规则、奖赏以及后果——理性范围内	提供规则、奖赏以及后果——走向极端
如有人不同意，敞开沟通	如有人不同意，中断沟通
允许一定程度的不同行为，如果超越可接受的水平，给与改正的机会。	不允许不同行为；如果超出可接受水平，将全部或永久地被排斥

柯什堡姆认为，教诲和灌输在质和量两个方面都有区别。比如，对待持怀疑态度的人，是尊重还是讥讽，这是完全不同的态度。而规则体系、奖惩则是程度的问题。比如，学生表现出好的公民素养，给予他学校公民奖，是教诲的恰当方式。但如果奖惩强大到几乎使人没有机会选择（接受否则死亡），那么这就是灌输了。当教诲的强度直接减少了人自己选择信念或者行为模式的意愿，就像洗脑那样，或者当教诲变得如此彻底，以至于演变成为了"极权主义"，那么，教诲就会变为灌输。

在柯什堡姆看来，上世纪60、70年代，很多教育家对"价值观需要教诲给青年一代"这一观点感到尴尬和不舒服。但80年代以来，在现实面前，教育家们变得成熟了，作为教师、校长和青年领袖，他们深深体悟到向青年人传达价值观是必要而且迫切的。学校倘若不进行价值观的教诲与引导，那么学校的教职对很多人来说就失去了吸引力。教书育人是教师的应然之责，价值观的教诲与引导没有什么可以感到尴尬不安的。既然教授价值观和道德的重要性毋庸置疑，我们就不能仅仅将其诉诸随意的机会或者隐性课程，而应该认真考虑如何有效而直接地进行价值观教学。

综上可见，西方价值教育理论界通过理论争锋，对于灌输问题有了不同以往的更为辩证地认识，开始注重价值观的引导。这些理论上的对话和争锋，都对价值教育实践产生了重要的指导作用。

3．理智还是行为

在道德教育理论与实践中，对理智和行为的不同认识导致不同体系的建构。"如果道德归根结底是一种行为操作或实践，那么，学生在学校里获得的知识以及在此基础上发展起来的理智能力包括判断和推理是否有助于这种行为的操作？"[1] 知识、思维能力的增加，是否有助于人们道德行为的改善？任何道德教育理论都不

---

① 戚万学：《冲突与整合》，山东教育出版社1995年版，第70页。

可避免对道德知行关系的讨论。历史上主知主义、理性主义都曾
风行一时。

20 世纪之初盛行的传统品格教育被哈桑和梅的品格教育实验证
实："美德袋"式的教育并不必然能导致道德行为，知行存在割裂现
象，品格教育遂退出教育的中心。"20 世纪 60、70 年代的价值观辨
析，教育者放弃了传统上一直以来的、自信的价值传授者的角色，
并把这种新角色视为一种进步：他们把教学限于传授事实，忽视事
物和观念的价值层面，放弃价值判断以利于保持'科学中立'，允许
学生自己作价值判断"。① 努力摈弃一切外在的道德规范和价值指
导，仅仅是帮助学生自主辨析和选择，进而形成自己的价值观，被
称为只重形式而不管内容的非指导性的价值教育，"这种教学实践要
对数百万的年轻人在'过多选择'的时代背景下（生活）目的的不
确定和不能作出正确决定负部分责任"②，随后科尔伯格的认知发展
理论指导下的道德教育，强调学生的道德认知发展，强调学生的思
维发展，最终其效果也是引起质疑。

上述三种价值教育的模式，分别强调知识、选择、思维，但都
没有有效促进道德行为的提升。面对价值危机的现实，价值教育开
始兴起应对。"如同美国和其他国家一样，德国'价值教育'计划
的动力在与文化危机对于成长中的一代和负责他们教育的成年人的
负面影响。在学生方面，这些负面影响包括少年骚乱、学生抗议运
动，冷漠的精神状态，退入另类的文化群体，吸毒，孤立离群、无
意义的体验，对学校不满、蔑视规范、制度、传统和权威。在许多
父母和教师方面，这些负面影响包括自我怀疑、意义危机、信仰缺

---

① 【德】布雷钦卡著，彭正梅、张坤译：《信仰、道德和教育：规范哲学
的考察》，华东师范大学出版社 2008 年版，第 128 页。
② 【德】布雷钦卡著，彭正梅、张坤译：《信仰、道德和教育：规范哲学
的考察》，华东师范大学出版社 2008 年版，第 128 页。

失、道德薄弱、快乐至上、满足现状、逃避冲突和退隐顺从。"①

西方国家的政治家和教育家等有识之士开始重新考虑学校和教师向年轻公民传递社会规范的基本原则的责任，强调学校的"价值教育任务"，主张"教育必须传递信仰"、"信仰不应该避免最高的价值观"、"科学取向——不是教育、教学的唯一标准，伦理的标准同样重要"，开始重新强调价值观的传递。

美国当代价值教育，强调道德价值观的传递，形成品格教育模式，其代表人物里克纳在理智和行为关系问题上②，承袭亚里士多德的观点。在亚里士多德看来，美德分思想之美德及品格之美德这两类：思想之美德需要教导养成，品格之美德由习惯养成。而习惯是通过行为实践形成的：一方面，美德通过行为表现，另一方面，行为训练成为习惯才能积淀为品格。而"道德行为的一个前提条件，就是主体知道自己应该如何选择。第一，他必须有所知，其次，他必须有所选择，并因自身而选择。第三，在行动中，他必须勉力地坚持到底。"③ 亚里士多德把理智和行为看成是相辅相成的关系。里克纳对此是赞同的。他进一步批驳了柯尔伯格的只重道德推理（理智）而忽视道德行为的观点。柯尔伯格认为，一个人认知或理智发展的程度决定了他在道德上可能达到的程度；故而，道德教育主要是认知的教育，道德教育的目的是促进道德判断或认知能力的发展。里克纳把这种观点称为"过于认知的观点（over-cognitive）"。他说："柯尔伯格强调道德推理，这是必要的。然而对于好品格的养成是不够的。""思考和讨论固然重要，但最基本的还是行为。——行

---

① 【德】布雷钦卡著，彭正梅、张坤译：《信仰、道德和教育：规范哲学的考察》，华东师范大学出版社2008年版，第128页。

② 参见杨超：《里克纳品格教育思想述评》，2001年山东师范大学硕士论文，戚万学指导。

③ T. Lickona, Educatiing for character, Bantam books, 1992, p. 25.

为是品格的最终裁判。"① 的确，柯尔伯格的这种"过于认知"的观点在实践中并没有取得实际效用。"良好的思维和成熟的道德判断并没有导致更多更好的行为，具有更高智慧的人们和社会似乎并不必然有更好的道德。"② 柯尔伯格忽视行为的观点使美国道德实践中存在偏重道德讨论的"坐而清谈"的现实。鉴于此，里克纳特别强调行为的重要性，强调社会服务学习，强调学校应为学生创造道德实践的机会。同时，里克纳还强调理智向行为转化的中介——道德情感的作用。他认为，理智、情感、行为的统一才构成完整的品格。

可见，当代价值教育综合了以前知识德育、选择德育、思维德育的合理有益因素，在理智和行为问题上有了超越性的理解：

首先，当前的价值教育主张从人的发展和社会发展相结合的角度，注重组织价值教育的内容体系。哪些价值观对增进人的幸福，促进人的发展，使人走向完善和自由有帮助，同时也有益于社会的发展，就选择哪些价值观。以人的发展为判断道德价值观优劣的标准，这样选择出来的价值观是以人为本的价值观，自然就会得到人的认同、信服，进而"趋向之，向往之，践履之"，价值观和行为就此统一于人。价值教育认为那些经过历史证明的、人类在长期生活实践中总结出来的美德如"尊重"、"责任"等价值观应构成道德价值观的核心，因为它即体现了人的发展的需要，也体现了社会发展的需要。比如，德国价值教育的倡导者巴特（Bath，1980）特别重视包含在基本法中的基本价值和基本人权，认为它们是国家的基本伦理共识，而传递这些基本价值和基本人权是教育和教养的义务和责任。他赞成把"美德"、"尊重"、敬畏和信任、服务精神和履行义务、热爱家乡、热爱祖国作为重要的整合因素。他强调指出，"教育者必须拥有不倦地向成长中的一代展示什么是人生的意义的勇气

---

① T. Lickona, Educatiing for character, Bantam books, 1992, p. 36
② T. Lickona, Educatiing for character, Bantam books, 1992, p. 37

和力量"①。总之,建立"价值共识体系"的呼声在西方价值教育领域中此起彼伏,人们认为这是引导人们行为,稳定社会秩序的最基本的也是最重要的一步。没有价值的引领,正是道德颓废、社会动荡的根源所在。

其次,当代价值教育还重视思维的重要作用。价值观的运行只有通过价值行为来实现,而人们如何形成自己的价值意识,激发自己的价值需求,启动自己的价值动力系统,实施自己的价值行为,都是在思维的指导下完成的。思维的水平直接影响人的价值行为。科尔伯格的研究证明,人的价值判断和思维能力是分阶段性的。人处于哪种阶段和水平只能表现出相应阶段和水平的价值行为。价值教育的根本目的就在于运用各种方法提升受教育者的思维能力。"儿童价值观成熟的标志,是他做出价值观判断和提出自己的价值观原则的能力"。② 柯氏的认知发展理论是对传统品格教育仅仅关注道德价值观传授的反动,具有跨时代的影响和重大意义。

最后,当代价值教育还认为,一种价值行为只有经过自己的思维和判断之后再进行选择而做出的行为才真正是有价值的。价值思维和判断能力是一个人主体性的标志。如果他只是遵从周围其他人的压力而做出来的行为,并不能表明他的品格。人之为人在于他有独立的思考和判断能力并做出自己选择。被迫或者盲从而做出的价值行为并不能说明什么。价值教育反对无反省的价值观的记诵和价值行为的表演秀,积极主张研究人的价值思维发展的阶段和水平并促进人的价值思维能力的发展。价值教育培养的是价值观的主体,如果价值观主体不能在自主思维和判断的基础上做出价值观行为,那么价值教育就是在培养价值观上的奴隶了。

---

① 【德】布雷钦卡著,彭正梅、张坤译:《信仰、道德和教育:规范哲学的考察》,华东师范大学出版社 2008 年版,第 214 页。

② 瞿葆奎:《教育学文集——教育目的卷》,人民教育出版社 1993 年版,第 721 页。

如上所述，虽然当代价值教育重视价值观和思维，但它并不赞成单纯的知识教育或思维教育，这两种价值教育都是属于理性主义价值教育模式，其背后的人学理念是"人是理性的人"，却忽视了人的非理性的那一面，故而是对人的割裂。价值教育视野里的人应是完整的人：理性和非理性相统一，知情意行相统一。价值教育推崇亚里士多德的"以人为中心"的价值教育理念：一种行为之所以是"公正"的，因为那是"公正的人"做出的。价值教育目的是培养价值之知、情、意、行完整的人。可见，当代价值教育理论上关于理智与行为关系的争锋，促进了人们对于该问题的深入认识，从而逐步达至更为全面的理解。

4. 个人还是社会

价值观从根本上是个人取向的还是社会取向的？关于价值观的个人还是社会性质的争论与价值教育的实践密切相关。如果价值观是一种社会现象，是社会的规则和标准，来源于社会权威的规则系统的话，价值教育的责任就是传递社会或集体的价值观，受教育者就应当接受、吸纳和内化这种社会价值观，使之引导自己的行为；如果价值观是个人的体验，是一种主观的个体现象，与个人的反省和选择有关，是个体主体的建构和自主选择的话，那么，价值教育就要去发展个体反省和选择所必需的品质。

在西方国家，自由主义的激进的知识分子一度"借助大众媒体和高等教育所进行的宣传，使得这种自主之我、解放之我和个体意志优于社会义务的推崇扩展到西方世界几乎所有的社会阶层，从而有利于许多个体认可并形成了一种个体主义和享乐主义的、反对社会规范和约束、批判传统和权威的精神气质"[①]。20世纪60、70年代，西方国家经历了一场造成深远影响的剧烈的"价值

---

① 【德】布雷钦卡著，彭正梅、张坤译：《信仰、道德和教育：规范哲学的考察》，华东师范大学出版社2008年版，第16页。

观变迁"："在大多数民众的价值等级中，那些曾经处于主导地位的、被认可的价值观和职责如纪律、顺从、服务意识和个体利益服从集体利益等逐渐丧失其地盘，并被所谓的自我实现和自我发展的价值观所僭越。这些自我实现的价值观多是对他人提出道德要求，因而与要求约束自己和控制自己的价值观相反。属于这种自我实现和自我发展的价值观，有社会批判的价值观，如崇尚挣脱权威的羁绊、平等、个体参与和自主；有享乐主义的价值观，诸如追逐享受、冒险、刺激、变换、快乐、放纵欲望和崇尚情感冲动；还有个体主义的价值观，如崇尚自我实现、独立、不受限制、自发性和创造性"。①

的确如此，自由主义坚持个人主义的立场，严防群体对个人选择自由的伤害，把决定权交给个人自己；自由主义坚持公共领域要维护基本规则共识，但对人生理想和价值等"私领域"的问题以"尊重个人选择"为由，采取中立的态度，不闻不问，放任发展，只要不违反底线，你能飞多高就飞多高；自由主义假定每个人都可以利用自由去实现其人生理想，在这一层次上，自由主义是信任人的学说，这与它着眼于制度建设等对人性的不信任恰成对比。西方国家教育是以自由主义为基础的，自由主义、个人主义的现代思潮使人们不愿接受价值教育中价值的社会取向，认为源于社会的价值观必然造成对个人的压制和强迫，必然影响个人的自由和权利。

但是，由于当代自由主义对个人的过度信任，对个人选择权利的过度放纵，导致只讲权利、不讲责任的权利自由主义以及只关注个人利益最大化而忽视他人公共利益的功利自由主义甚嚣尘上。"私领域"价值标准普遍下降。"因为并不是每个人都会以负责的态度看

---

① 【德】布雷钦卡著，彭正梅、张坤译：《信仰、道德和教育：规范哲学的考察》，华东师范大学出版社 2008 年版，第 17 页。

待自己的人生，也不是每个人都会好好利用自由。善用自由的人，可以让人生过得富有意义，反之，则往往精神空虚，陷入到物质享乐之中不可自拔。自由主义放弃鼓励人们探索生命意义的责任，以为这是国家中立所应有的作为，其结果只会看到越来越多（私领域）自我操守退化的现象。精神空虚的人、找不到生存意义的人，不仅自己感觉不到幸福，而且让这个社会变得不安定"①。

"自 20 世纪 70 年代中期，越来越多的人士开始寻求重新平衡个体取向和社会取向的价值观，把权利和美德、欲望与义务统一起来。不过，这很困难，自我发展的价值观一如既往地、片面地受到公众和公众舆论的偏爱，而社会机构、社会规范和美德仍遭受着贬低。价值的激烈变迁在各阶层中广泛地引起了相对持久的精神状态的变化，也就是从规范取向转向自我取向，从规范中心转向自我中心来理解自我和世界。"② 直到 20 世纪 80、90 年代，社会取向的价值观才逐渐得到重视。

大体说来，西方历史上价值教育理论中关于价值的个人和社会的关系，有三种看法：

第一，涂尔干等人的"社会本位论"。强调价值首先是一种社会现象，价值教育就是个体所进行的社会性学习，认为社会、集体或权威创造价值观，并通过教育把这些价值观传授给年轻一代。个人服从、从属于社会，个体的发展更多地取决于社会的强制和纪律等价值要求，取决于个体对社会价值规则的社会化程度。因此，价值教育中便强调价值观的传授，倡导以社会发展为定向的价值教育。这一观点历来为统治者推崇，它的传统性特征很明显。

第二，价值辨析学派的"个人本位论"。价值辨析学派反对强迫儿童服从团体的价值观，在他们看来，价值观从根本上是个人的而

---

① 江宜桦：《自由主义的处境与未来》，2006 年版，第 8 页。
② 【德】布雷钦卡著，彭正梅、张坤译：《信仰、道德和教育：规范哲学的考察》，华东师范大学出版社 2008 年版，第 17 页。

不是社会的。"在这一问题上，价值辨析的创始人尽管不像卢梭、弗洛伊德等人把社会力量作为压制、败坏个人价值或道德的根源而加以挞伐，但却显然接受了他们把个人作为影响价值的重要力量并视个人经验为价值之正确根源的看法。它反对通过宗教、社会机构、传统等外在力量强迫儿童接受某种价值。"①

第三，杜威的个人和社会有机关联论。杜威认为个人和社会不是对立的、互不关联的，二者是一而二，二而一的问题。价值既不是个体的，也不是单纯社会的，它是有机体与环境相互作用的结果。"杜威还是有所侧重的，从最终意义上讲，社会只是工具性的，它的确立和服务目的只是为了个人的发展，但杜威又和一般个人本位论者不同……杜威的高明处就在于他重视社会之于人的意义"，② 杜威更提出不排除社会需要的"新个人主义"和与之适应的"民主主义社会"，倡导资产阶级民主主义教育对人的发展的影响。

在个人和社会关系问题上，20 世纪 90 年代以来兴起的美国品格教育运动的代表人物里克纳既反对价值辨析派的"个体本位论"，又反对社会化理论视域下的"社会本位论"，采取了辩证的态度：认为价值辨析学派过分强调个人的价值观，而社会化理论认为道德价值观是一种社会现象，道德价值观教育是个体进行的社会化学习，社会创造道德价值观并将其传授给儿童，这样的观点又是走向了社会的极端。里克纳认为，这二者或过分强调个人的自由，或过分强调社会的权威，都是片面的。

里克纳主张普遍道德价值观即美德的传授，认为美德是人类自身幸福的需要，也是社会和谐发展的需要，更是儿童必须具有的基本道德价值观。同时，在道德价值观教育过程中，应强调学生个体品格的独立性和完整性，发展他们的个体道德价值观。品格教育应

---

① 戚万学：《冲突与整合》，山东教育出版社 1995 年版，第 286 页。

② 王啸：《从杜威的价值论看：人 教育 社会》，《南京师范大学学报》1999 年第 3 期。

是社会规范影响和个人自主选择的统一，是社会的共同意志和个人自由意志、社会道德和个体内在道德要求的统一。个人和社会是相互影响、相互促进的互动关系。看来，里克纳认同杜威关于个人和社会关系的观点。

可以看出，全球化时代，从西方发达国家的宗教教育、公民教育的兴起，从西方发达国家价值教育纷纷推举价值观共识，要求学校明确宣扬并传授这些价值观的做法来看，西方国家当前的价值教育，作为对自由主义和个人主义的反动，目前是倾向于价值观的社会取向，开始强调社会价值对个人的引导。但同时，也努力实现价值观的个人取向和社会取向的融通。

5．具体还是抽象

价值原则不是具体的行为规范，而是抽象化的、对人的行为具有普遍指导意义的价值理念。价值原则及其在教育中的地位也是价值教育理论争锋中的热点之一。在这一问题上，至少有两种观点各持己见：第一种观点不承认有所谓普遍的、抽象的道德价值原则，只承认是用于特殊情境规定特殊行为的特定的行为准则；价值教育的实践关键是要传授具体的行为规范，匡正不良行为，以使受教育者养成优良的行为习惯，而不需要教授某种抽象化的原则。这种观点认为，道德教育应是学生遵循某一特定规范，循规守矩就达到目的了，不需要有某种理性原则的指导。法国教育家涂尔干（Durkheim）是这一观点的代表。

另一种观点则认为，价值原则是价值领域中最基本的方面，任何称之为道德的行为都应该是一个原则化的行动，有道德的人是能以一种原则化的方式去思考和选择的人，而不是机械遵循某种行为规范的人。价值教育实践中，应引领青少年理解这些价值原则，以此指导自己的价值选择，并做出与之基本精神相符的价值行为。英国教育家威尔逊（Wilson）、美国教育家杜威（Dewey）、科尔伯格（Kohlberg）就是这一观点的代表。如威尔逊认为，需要寻找一些一

般的原则，一旦明确了这些原则，就有了借以判断的标准，就能够对各种行为规范和准则进行评价，并在他们之间进行选择。在他看来，抽象化的价值原则，可以填补传统价值崩溃后的价值缺失。威尔逊把"关心他人"、"同情"、"公平感"、"尊敬他人"作为道德价值原则，美国的杜威把"民主"视为最重要的价值原则，科尔伯格则把"公正"作为首要的价值原则。

两种观点的论争一直持续，当20世纪90年代以来，第二种观点逐渐为人们认同并在实践中得到贯彻。西方各国的价值教育实践中都纷纷提出具有普遍性的价值原则，以此作为价值判断和行为的基础理念。下面我们以英国、美国、澳大利亚、新西兰为例，介绍他们所提出的价值原则内容：

英国英国学校课程评量局（SCAA）1996年专门召开全国价值观论坛会议，主题是"教育与社区中的价值观"，召集对教育与青少年问题感兴趣的多个机构、主要的宗教机构以及其他有代表性的机构共同组成全国论坛会议的代表，共有150人，分成约10—15组，每组讨论三次，每次讨论都有记录并在下次会晤的时候发送到其他组讨论。会议发现，所谓多元社会没有共同价值观的观点是错误的。会议在充分讨论的基础上集结共识，研订出四项主轴，包括对个人本身、人际关系、社会与环境，达成价值观宣言如下：

第一，个人。真实个人为独一无二的个体，在心灵、道德、心智与生理方面具有成长与发展之能力，这些基本的价值观包括：

（1）发展认识自我的特质并了解自己的优缺点。

（2）发展自尊与自律。

（3）厘清生活中的意义和目的，并据此决定我们自己的生活方式。

（4）对于个人的才能、权利与机会，能够负责任地运用。

（5）终生致力于追求知识、智慧并加以理解。

（6）对于个人的能力与自身生活能够担负起责任。

第二，人际关系。珍视他人存在的价值观，在于充分重视人际之间的关系，作为促进个人与他人发展的基础，并达成社区生活中的至善。其相关价值观包括：

（1）尊重他人，包括儿童。

（2）关怀他人，以善良意志待人接物。

（3）让他人知道他们受到重视。

（4）赢得忠诚、信赖与信心。

（5）分工合作。

（6）尊重他人之隐私权与其所有物。

（7）和平地解决争议。

第三，社会。珍视真理、价值观、正义、人权、法则以及对共同之善的集体努力。特别以关爱与支持家庭成员的家庭价值观作为社会中成员关心他人的基础。相关的价值观分述如下：

（1）理解作为公民应尽的责任为何，并加以实行。

（2）拒绝支持可能伤害个人或社群的价值观或行为。

（3）支持家庭养育孩童或关怀受抚养者。

（4）拥护婚姻制度。

（5）认同即使在各种不同家庭背景中，爱与认同感对于安全与快乐的童年仍然是需要的。

（6）帮助百姓认识法律与了解合法的程序。

（7）尊重法律与规则并鼓励他人守法。

（8）尊重宗教与文化差异。

（9）促进机会均等。

（10）协助生活有困难的人。

（11）通过社群中各个部门的分工，促进民主历程中的参与感。

（12）对于经济与文化的资源有所贡献并从中受惠。

（13）无论在公或私领域的生活中，以真理、正直、诚实与善良为优先。

第四，环境。重视自然与人为环境，其主要价值观包括：

（1）体认到为下一代维持永善生存的环境是责无旁贷的。

（2）了解人类与自然之间的身份关系。

（3）了解人类对于其他物种的职责。

（4）确保其他物种的生存与发展。

（5）尽可能维持自然界的平衡与多样性。

（6）为后代子孙维持美丽而有内涵的环境。

（7）尽可能修复因为人类发展或经由其他手段所破坏的栖息地。

总起来看，英国推举个人、群己、社会与环境四个层面的价值观共识。就个人而言，强调自我了解、自尊、了解个人之生活目的、在充分理解的情景下做出负责的决定；就群己关系而言，尊重与关爱他人，相互信赖与分工合作；就社会层面而言，以家庭层面为优先，注重法律，尊重多元文化与协助弱势群体；就环境层面而言，注重人与自然之间的平衡，强调环境的可持续发展的观念。会议认为，这些价值观不是穷尽的，它们不包括比如宗教信念、规则或者教条，尽管这些常常是公认的价值观的源泉。宣言既不暗示也不认为仅有这些价值观才可以在学校里教授，学校也不必局限于这些价值观。学校和教师应有自信：社会上对于这些价值观有普遍的认同。如果他们把教学和学校的校风建立在这些价值观基础之上，他们将获得社会的支持和鼓励。

美国教育部继布什政府 2001 年发布《不让一个孩子掉队》（*No Child Left Behind*）教育法案后，2003 年发布《培养你的孩子成就责任公民》（*Raise Your Children to Be Responsible Citizens*）的家庭价值教育指导文件单行本。这本价值教育指导手册中罗列出了学龄儿童和青少年所应具备的公认的品格特质，认为它们是"许多宗教和文化的人们所普遍认同的"、"可以为来自不同背景和不同信仰的家长使用"。这些品格特质或者价值观包括如下：

第一，同情或移情。意指对别人的情感和需要感同身受。它为关怀他人提供了情绪的基础，使我们理解和容忍不同的观点和信仰，使我们觉察到别人的痛苦，如同自己遭遇痛苦一样。它还可以使我们对于他人的成功和成就感到高兴和激动，而不是愤怒和绝望。

第二，诚实和公正。诚实意味着对自己和别人要真诚，意味着真诚地关心他人，不以一己之私而误导别人，意味着有错误就要承认，即使承认错误对我们很不利。公正意味着我们行为要正当，做决定要依据事实而不是偏见，意味着按照规则办事，保证每个人都得到平等和真诚地对待。

第三，自律。自律是指树立目标或者做计划并坚持到底的能力。这种能力能够控制伤害自己和他人的行为。它关涉信守承诺，是其他品格素质的基础。学会自律有助于儿童约束自己的行为，使他们有意愿做出好的决定和选择。相反，如果不能自我约束，将导致破坏性行为。

第四，好的判断力。养成好品格，需要学会对正误善恶作出恰切的判断。比如勇敢和莽撞之间的区别就需要很好的判断力才能把握。做出好的判断需要管理冲动的技巧，运用理性梳理情感和事实，并考虑行为的后果。

第五，尊重他人。尊重他人建立在自尊的基础之上。源于金规则"像你希望别人如何对待你那样对待别人"。这一价值观可使世界成为文明之地。尊重他人表现在诸多方面：言语举止文明，善解人意，关切别人的权利、信仰和福祉，公正待人，无论其种族、性别、年龄、民族。容忍异己——只要那些人不伤害别人。

第六，自尊。有自尊的人也尊重别人。他们不需要贬低别人或者抬高自己，也不需要金钱或者权力才能使自我感觉良好。自尊的人视自私、失控、鲁莽、怯懦以及不诚实为错误和人格的贬低。他们有内在的力量，不愿被别人控制。他们知道耐心和宽容并不意味着允许别人可以虐待他们。

第七，勇敢。勇敢是为了做正确的事，即使很困难甚至危险也

能战胜恐惧的能力。意味着面对责任和义务的时候，既不莽撞也不怯懦。

第八，责任。具有责任意味着可靠、信守承诺、接受自己言行的后果，也意味着发展我们自己的潜能。有责任心的人面对失败不为自己的行为找借口，也不会迁怒他人。他们在行动之前就周详考虑一切，并做出恰切的判断。

第九，公民素养以及爱国主义。公民素养意指为我们的社群和国家尽我们分内之力。做一个好公民意味着关心社会之善，积极参与以使事物更美好。研究表明，参加社区服务，懂得服务他人的重要性，对品格的发展很重要。爱国主义是好的公民素养的一个重要部分。爱国主义是对国家的爱和忠诚，它涉及对国家赖以建立的民主理想充满崇敬之情，尊敬和遵守法律，崇敬国旗以及其他标志物，还包括关心国家大事，参与选举，以及在战时支援参军服务国家。

另外，在学校价值教育方面，美国品格教育实践中的一些学校都根据各自学校的特点，自主设计了一些核心价值观，并且对核心价值观进行了解释。其中，对学校品格教育影响比较大的是品格教育运动的领导者里克纳（Thomas Lickona）提出的以尊重和责任为核心的普遍道德价值观。

里克纳认为[①]，美国道德危机主要是由于家庭、社区、学校等教育机构在现代发生巨大变革导致的，但从其思想根源上看则是由于整个现代社会丢弃了普遍性价值观体系，丢弃了传统美德，而走向了相对主义极端的结果。人们过度追求权利而忽视责任，过度追求自由而否定任何约束。在里克纳看来，要扭转学校道德危机，必须进行品格教育，宣扬与时代一致的美德，建立以尊重、责任为核心的普遍道德价值观体系。

---

① 参见杨超：《里克纳品格教育思想述评》，2001 年山东师范大学硕士论文，戚万学指导。

里克纳在《品格教育》一书中，详细地论述了以"尊重"和"责任"为核心的普遍价值观体系的内涵。他首先把价值观划分为两种："道德价值观"和"非道德价值观"。"道德价值观"告诉人们应该怎样做，是必须遵守的。例如，"诚实"、"负责"、"公平"等。"非道德价值观"，不是义务的问题，只是"我们想要去做或愿意做的事"，不要求人人遵守，如对音乐和文学的偏好即属此类。"道德价值观"又可分为"普遍道德价值观"和"非普遍道德价值观"。"普遍道德价值观"，如公正待人，尊重他们的生命、自由、和平等，肯定了人类的价值观和尊严，是将人们联系在一起的纽带。人们有权利甚至有责任要求所有人依据"普遍的道德价值观"行动。"非普遍的道德价值观"则不包括这种普适性。而"普遍道德价值观"具有"普适性"和"可逆性"，体现了人性的要求，所以具有客观性，是可以世代相传的美德。里克纳在道德危机的现实的基础上，结合时代对道德提出的新要求，提出了以"尊重"和"责任"为核心的普遍道德价值观体系。他在纽约州立大学建立了第4R和第5R中心，旨在宣扬"尊敬"（Respect）和"责任"（Responsibility）是除了"读"（Reading）"写"（Writing）"算"（Arithmetic）以外，人还必须具备的基本素质。

"尊重"是指对人、物的内在价值观的尊敬，包括：尊重他人、尊重自己、尊重所有的生命及维持生命的环境。对自我的尊重是要求人们珍视自己的生命和生活，而吸毒、酗酒、性乱等摧残自己身心健康的行为则是对自己的不尊重。尊重别人要求对所有的人包括与我们异趣的人都视之为和我们一样具有同等的尊严和权利的人来看待。尊重所有的生命及环境使我们避免残忍对待动物及过度掠夺大自然。里克纳认为，"培养学生对自己、对他人及环境的尊重是学校的首要使命。"

"责任"，是"尊重"的延伸。对别人的尊重可使我们珍视他们，进而就会感到有责任去促进他们的福祉。从字意上讲，"责任"

（Responsibility）指"反映的能力"（Ability to Respond）即指关注别人，对别人的需要做出积极的行动，明确规定了我们的义务。责任伦理给我们指明了正确的方向。有责任品格的人遵守承诺，勤奋工作，在学校、家里、工作场所总能尽职尽责，尽其所能并能正确地平衡自己的权利和责任关系。

里克纳认为，从"尊重"和"责任"这两个基本的美德可引申出其他相关和更为具体的美德形式，如"诚实"、"忍让"、"谨慎"、"助人"、"同情"、"合作"、"勇敢"、"民主"。"诚实"、"谦让"是尊重他人的表现；"谨慎"、"自律"有助于尊重别人。"助人"、"同情"、"合作"有助于我们实践责任伦理；而"勇敢"对于"尊重"、"责任"均有益；"民主"的价值观则有助于建设以"尊重"、"责任"为基础的社会。

由于美国教育管理的州权制特点，美国各州所强调的核心教育观不尽相同。比如加利福尼亚宣布在 K—12 年级的学校实施有效的伦理和公民价值教育计划，其基本的和共享的价值观包括（但不限于）以下内容：人的个体性尊严和价值观、公平和平等、诚实、勇敢、自由和自律、个人的社会责任感、社群和共同的利益、正义、机会平等。新泽西州则强调同情、谦恭、诚实、正直、负责、自律、自尊和宽容等价值观。得克萨斯州确定的核心价值观是礼貌、勇敢、自律、诚实、自尊、正义、爱国、个人的公共义务、尊重自己和他人、尊重权威、负责和坚毅。俄亥俄州某一学区则邀请了整个学区的所有教育领导、校长、教师、家长和学生代表举行讨论，最后确立了诚实和正直、坦诚、礼貌、端正与同情、忠诚、智慧、自由、正义、多元与宽容、负责、一致、自制与勇敢这样的价值观。

尽管美国的核心价值观名目繁多，但可以归纳为以下八种核心价值观：慎思、勇敢、自律、公正、关心、尊重、负责、诚信。前四个属于西方传统的四主德，后四个则是针对当今社会的现状提出来的，也反映了传统社群里的道德价值观。这八个以外的可视为上述价值观的变式。

目前澳大利亚中小学推举的价值观是 2003 年价值教育研究报告所提出的。这些价值观被认为是超越各民族文化、宗教信仰的局限，被社会各个层面广泛接受的价值观共识：

第一，关心和同情。有兴趣关心自己和他人，在学校里表现为通过精神方面的关心活动确保每个学生心系学校并参与到学校各个方面。

第二，竭力。尽自己最大的努力去做好有价值的事情，在学校里每个学习领域都有明确的教学标准和相关的评估手段，对学生的学习表现定期提供具体指导，及时向学生反馈并提供建议。

第三，平等。追求和保护所有人应有的公平待遇，学校里所有学生都能享有高质量的教育。

第四，自由。享受所有澳大利亚公民的权利和自由，不受任何干扰和控制，支持他人权利，确保权利与义务平衡。

第五，诚实。表现为真实和诚挚，发现并表达真理，要求彼此之间互相忠诚，确保言行一致。

第六，正直。依照道德和伦理行事，言行一致。

第七，尊重。尊重他人的观点，礼貌待人，在学校里表现为推行文明语言，提倡团队精神。

第八，责任。对自己的行为负责任，以非暴力、和平的方式解决冲突，并乐意为社会和市民生活奉献，关心环境。

第九，理解、宽容。理解他国的文化，理解民主社会中的多样性，包容他人也让他们包容，接受他人的意见，关注他人的存在。

在 2005 年国家价值教育论坛上，维多利亚天主教教育委员会主任 Ms. Susan Pascoe 在会上的主题发言中强调，"我们不能仅仅满足于我们自己为学校创设的这些价值观——尽管这些价值观很好。我们还要根据地区的、全球的现实以及我们所生活其中的社会的、地

理政治的、科技的环境来思考这些价值观"。①

新西兰教育部发布的全国课程框架，对于价值观部分涉及得最明确的应该是从 1988 年版开始的，之后又有 1993 年版，它们对新西兰教育起到了非常好的引导和规范作用，为学校实施价值教育提供了很好的政策参考。但是随着社会的变化，新西兰教育部门认识到必须与时俱进地修改 1993 年课程框架。从 2000 开始，教育部开始召集有关专家，征求多方意见，着手修改。按照工作需要，专家们分成多种顾问小组，进行了广泛的调研，一次又一次地开会讨论，提交初步报告，然后征求专家、社区、家长等多方意见，最后再进行修改。考虑到新西兰社会的多元性，他们在列举价值观时，尽量列举抽象性的高度概括性的价值观，目的是为应对复杂变换的社会和文化现实预留空间，不要让课程框架显得排外。

2006 年新的课程框架草案出台，旨在为基础教育的发展提供更好的规范模式。草案公布以后收到来自全国的意见一万多条，教育部组织专家成员再斟酌，最终形成 2007 年全国课程框架。新框架较之以往，是建立在"以学生为中心、平等、包容、多元、社区、团结、致力未来"等原则之上的，尤其重视价值教育，强调价值观示范，强调对有关价值观问题进行进一步探讨，提出必须将基础价值教育融入到学校各门课程的教学当中，目的是让学生形成个体的品格和发展学生对基础价值观的理解与运用基础价值观的能力。

课程框架实际上突破了"道德相对主义"的限制，认定这个世界确实存在一些公认的共同价值观，这些价值观对于个人和社会的健康与和谐十分有帮助。新西兰教育部发布的课程框架将这些被广泛认同的价值观一一列出，并希望在教育过程中鼓励学生拥有这些价值观，它们包括：②

---

① Michael Watts：Citizenship education revisited：policy, participation and problems, Pedagogy, Culture & Society, Vol. 14, No. 1, March 2006, p. 12.

② 参见：The New Zealand Curriculun, Learning Media Limited, 2007, p. 10.

第一，追求卓越，追求高远，在困难面前坚持不懈。

第二，善于创新、设问并保持好奇心，能严谨、有创造性地思考。

第三，建立在不同文化、语言和历史遗产基础上的多元化。

第四，通过公平和社会正义获得的平等。

第五，热心社区与公益。

第六，关心生态可持续和环保。

第七，诚信正直。

第八，尊重自己、他人和人权。

课程框架认为学生们需通过学习，了解到自己的价值观和其他人的价值观、各种各样的道德、社会、文化、审美、经济的价值观、作为新西兰文化和社会机构传统基础的价值观以及其他团体的文化与价值观。通过价值教育，学生们能具备一些相关的价值观判断和解决问题的能力，如，认识自身的价值观、探求并领会其他人的价值观、对因价值观不同而产生的分歧展开讨论并协商解决的办法、作出符合伦理的决策并按照该决策为人处事。

新西兰的课程框架不是一个具体的、面面俱到的计划，教育部门只要求学校根据框架的原则教学，鼓励学生确立某种价值观，发展各方面的能力。这就意味着，虽然每所学校的课程必须明确地与这个文件的内容相关联，但是，学校在进行具体教学时，可以在具体细节上有自己的灵活性。正如教育框架所指出的："这些价值观在学校实施的方式还要依靠学校与所在社区进行协商对话，它们应明确体现在学校的哲学理念、结构、课程、教室和师生员工的关系中，应体现于学校的日常活动和学校与社区的互动中。"① 因此，为达到框架所体现的精神，学校可以拟定更为广泛的理念、资源和范例。学校和教师在具体实施时，可以根据自己学校的情况、地区的情况

---

① The New Zealand Curriculun, Learning Media Limited, 2007, p. 10.

还有学生的情况，将学校的哲学理念与教育部价值观结合起来，进行灵活的教学设计。另外，课程框架所规定的价值观实质上是一些价值原则，目的也是为学校展开教育时，有更多的空间。比方说热心社区与公益，就可以涉及到和平、公民等等，有很多相关价值观可以铺展延伸。

总之，全球化时代的西方价值教育面对价值多元的时代背景，面对价值相对主义所造成的人的价值迷失和混乱的现状，力求以主张核心价值教育为应对策略。它旗帜鲜明地反对价值相对主义，主张多元背景下人们仍可凭借理性和对话达成价值共识，认为当今时代的确存在具有普遍意义上的、对人的发展和社会发展都有益的价值原则；价值教育强调核心价值原则的引导和教诲，避免权威的灌输和压制，在民主的社会背景下，主张理智与行为的统一，而不是培养"道德的绵羊"（Moral Sheep）；不仅主张个人价值观的引导，也强调社会价值观的认同；核心价值的选取体现了时代的要求，也体现了传统的智慧和精髓。全球化时代的价值教育从理念上、方法上、内容上都对既往价值教育有所借鉴的基础上有所突破，形成了独具特色的当代价值教育理论。

二、中国价值教育探索的重要视域

与西方相比，我国内地对于价值教育直接的、系统的研究相对较少、较晚，所以也相对缺乏对价值教育理论的深入探究，而我国香港地区，则由于受西方教育理论界的影响以及自身多元价值地区特色的客观诉求，较早地探讨价值教育的问题，形成了一定的理论成果。但是，"在改革开放三十年的下半期，价值观的'混乱'或者'混战'是我国人文社科界关注的一个焦点"[①]。我国内地思想

---

　① 潘维、玛雅主编：《聚焦当代中国价值观》，三联书店2008年版，第2页。

界、哲学界、教育界对价值教育的理论基础，如关于价值论、教育价值、教育目的、教育功能等领域的研究多有关注以及理论建树。正是这些相关基础理论上的关注，使价值教育理论正成为当今我国内地教育理论界聚焦的热点。

1. 价值教育的哲学基础思考

（1）价值哲学

20世纪90年代，我国价值哲学兴起。价值哲学之所以引起人们的关注，一方面是由于我国社会经济制度从计划经济转变到市场经济，而市场经济的兴起和鼓励消费的机制，给年轻人和整个社会都带来功利主义价值观。我国传统价值体系遭遇挑战，面临瓦解的危机。而适应时代要求的新的价值体系还没有建立起来。尽快建立新的价值体系，摆脱价值真空的状态，这是价值哲学的开拓者们考虑的问题。另外，我国实行"科教兴国战略"，科技被空前重视起来，而人文社会科学等价值范畴被忽视，也导致价值的虚空，这也引起了有识之士的担忧。近年来，人们关于价值哲学的探索取得了很大的成果。比如，北京师范大学成立了价值与文化研究中心，以袁贵仁教授为带头人的学术团体对于价值哲学的研究做出了很大贡献。北京大学中国与世界研究中心，也一直关注当代中国的价值观流变，倡导构建新的社会核心价值观体系。价值哲学的理论探讨，是我国价值教育理论得以催生的哲学前提。

（2）人学思潮

20世纪80年代以来，我国形成了关注人、尊重人、塑造人的人学思潮，由最初把人看作是认识主体、社会历史主体和实践主体，到强调哲学主体性原则和实践唯物主义，再到提出建立人学学科，确立了人学在马克思主义哲学中的地位并从论坛走向讲坛，再到招收人学研究生，人学在我国哲学界引起极大关注。马克思主义关于人的本质、人的存在、人的全面发展学说也再度引起人们的兴趣。

人学的兴起实际上正体现了思想界对现实世界中人的价值内涵缺失而导致异化现象的反思和重构的努力。人的价值纬度的发展，正是价值教育的核心论题之一。

教育哲学早在 20 世纪 80 年代末，90 年代初，人们就对教育价值、教育目的、教育功能作了深刻的时代反思，对教育中的科学主义、功利主义、工具主义等偏离价值的教育倾向作了深刻的批判。鲁洁、朱小蔓、檀传宝、于伟、杜时忠、王啸、叶澜、扈中平、涂艳国、王坤庆等专家教授都有杰出的理论贡献：

鲁洁教授一贯以她犀利的哲学高度对当下教育提出批判和反省。比如她在《道德教育的当代论域》一书中指出，当代教育在"何以为生"的教育上取得了巨大的成就，而放弃了"为何而生"的教育，这实质上就提出了价值教育的呼唤。

鲁洁教授还提出了教育的超越目的观[①]。鲁洁教授认为，教育的存在，它的使命就在于提升人的自觉，把人从自在的生活中引领出来，使人的超越本性得到释放。真正意义上的教育是以形成人的超越性生活理念为旨趣的教育。教育不仅要把握现实的生活是什么，更为重要的是：要使人去探寻理想的生活可能是什么，帮助人树立起生活是可以更加美好的信念，形成人改变生活、改造世界的实践指向。教育的引导使人有可能超越"现在"的狭隘眼光，不断突破自我封闭的生命循环链条，去思索和探寻另一种生活的可能，作为人内在价值取向的超越意识和超越的生活态度得以现实地生成。教育的超越性引导要使人既能把握现存，利用现存，又能引导现存去达到追寻更加美好生活的目的。教育所期待的不仅是在实践活动中力图去超越现存的生存境遇，努力创造更好生活的人，同样也是在思想和意识中不断去探寻人的存在价值、意义、理想和目的，寻求

---

① 鲁洁：《超越性的存在——兼析病态适应的教育》，《华东师范大学学报》2007 年第 4 期。

精神和思想超越的人。显然，在鲁洁教授看来，真正的教育，应该是价值教育。

朱小蔓教授在《教育的问题与挑战——思想的回应》一书[1]中指出，改革开放近 20 年来，人们对教育的重要性的认识有了很大的提高，特别对教育在发展生产力、加速经济和财富的增长中的作用有了深切的体验，但是也存在急功近利地发展教育的倾向，就是更多关注教育的功利价值而忽视教育的人文精神，特别是忽视教育对人的素质、人的价值、人的潜能、人的尊严、人的创新能力及其创新精神的培育。所以，朱教授强调：在处理教育发展和改革中遇到的种种复杂问题的时候，要努力处理好教育的事功性与教育的人文性的关系，既要追求看得见摸得着的增长数字、物质存在，更要努力谋求人的综合素质的提升，重视人的身心幸福、和谐发展。前者可以看作是过程性追求目标，而后者则是我们应当追求的终极性目标。她认为，教育作为一种文化现象，同时也是一种精神现象，更是一种生命现象。因此，当代教育便不止于知识传授，从而陶冶人格和灵魂，达致灵与肉的"全面唤醒"。从这个意义上，教育正在逐渐回归于为着人、人的生命、人的生命扩展、丰富和提升而存在的本真意蕴。朱教授对当今教育一定程度上存在的本体目标的迷失表示担忧，呼唤回到教育的本真。显然，这种本真的教育，也就是价值教育。

檀传宝教授认为[2]，如果我们认为人具有所谓的价值本性，人的生存是价值生存，人类的发展是价值生命的延续，在这一特定意义上我们就可以说：教育活动的本质就是一种人类价值生命的中介环节。而作为运动着的价值生命的中介，教育所要教给下一代的最重要的价值生活能力也就只能是价值理想及其学习创造和追求的能

---

[1]　朱小蔓：《教育的问题和挑战——思想的回应》，南京师范大学出版社 2000 年版。

[2]　檀传宝：《教育是人类价值生命的中介》，《教育研究》2000 年第 3 期。

力——而这些都可以称之为"价值取向"能力。

叶澜教授认为①，近十多年基础教育改革的主要不足：无论是对时代的认识，还是对学生的认识、学校教育的认识，都只侧重于认知，在一定意义上依然是乐观的理性主义和科学主义。所以，这在认识上放大了理性、智能、科学、技术在人和社会发展中的作用，在实践上则缺乏对人的精神力量等价值维度的培养的重视。

于伟教授在《终极关怀性教育与现代人"单向度"性精神危机的拯救》一文②中，积极倡导终极关怀性的教育理念。他认为，终极关怀性教育意味着对人的未来、对人类的未来的关切、关注和关心。终极关怀性教育是一种超越功利、培养健全人格的教育，是一种对人生中最高的价值目标和人生最高意义的关注与关怀，也就是一种不仅使人知道"人何能生"，还使人知道"人为何生"的教育，是充满人文精神的活的教育。人在意义中生活，意义追求是人生之根本，不断启发人的生活意义，把人生引向意义追求，则理当成为教育的根本关怀。教育对人的关注，核心应是生活意义的关注，我们不能片面强调教育为社会的政治、经济服务。因为人是教育的出发点，促进人的全面、和谐、自由的合乎目的的发展是教育的根本所在。教育里面要有一个大写的人字。要关心人、关注人的生存和发展；要关注人的完整性、独立性和个体性；要把人作为一个有情感、有个性的完整的人，而不是当成机器。在教育培养过程中，要将培养人的健全完整的人格放在重要位置，要强调人的自由、人的尊严和个性的彻底解放。我们教育所培养的人，不是一个技术动物、经济动物，而是一个懂得"为何而生"的真正的人，一个有丰富情感和健全人格的人，一个有个性、有文化底蕴、有开放眼光的人，一个会艺术化生存的人。

---

① 叶澜：《时代精神与新教育理想的构建》，《教育研究》1994年第10期。
② 于伟：《终极关怀性教育与现代人单向度性精神危机的拯救》，《东北师大学报》2001年第1期。

黄克剑教授一直推举"明日教育"、"生命化教育"的理念，主张教育的超功利的价值向度。他在《必要的乌托邦：教育理想的历史考察与建构》一书的序言中写道："教育的职分在于诱导人的价值自觉，把握好多维度的价值间的张力以陶冶人的生命。我们期待中的明日的教育是意识到自身职分的教育，凭着这职分，它不必屈从于任何外在的威压，只是一味致力于如何在人生价值的恰当分际上成全一个又一个健全而富有个性的人。"[①]

此外，杜时忠教授倡导的"人文教育"、扈中平教授研究的教育目的问题、涂艳国教授推举的"自由发展"的教育、王坤庆教授提出的"精神教育"，以及一些青年才俊提出的"幸福教育"、"教育人学"、"生命教育"、"全人教育"、"通识教育"、"人本教育"等等教育的哲学理念都凸显了教育的价值之维。价值教育的理念呼之欲出。

2. 价值教育的独立性研究

如上所述，虽然我国由于现实生活的相似性，国内学者也推举出大量与价值教育相契合的理念和实践，但是，价值教育作为一个术语却很少有人提出并作系统的理论研究。虽然对西方道德教育、宗教教育、品格教育等价值教育的具体形态也有不少探索，但较少有从整体性意义上对价值教育本身的探索。

石中英教授在 2010 年发表《价值教育的时代使命》一文指出：不少读者会对价值教育这个术语感到困惑不解，这说明，价值教育还没有得到理论界的关注和重视，或者价值教育思想的重要性尚未被人们广为了解。仅就笔者检索所及，期刊网上论述价值教育的只有寥寥几篇文章。王逢贤教授、王坤庆教授、石中英教授等学者发表过价值教育的论文，虽然没有引起很大的理论回应，但说明价值

---

① 尹艳秋：《必要的乌托邦：教育理想的历史考察与建构》，福建教育出版社 2004 年版，总序。

教育在当今中国已初现端倪，对其作独立性研究以及在理论上的深入探讨，将指日可待。

诚然，当前讨论价值观教育尤其核心价值观教育的研究论文还是相对可观的，但是价值观教育在我国的语境中属于思想教育的一部分，尤其我国当前风靡的对于社会主义核心价值观及其教育的研究的兴盛，多是在胡锦涛总书记发表相关讲话和报告之后的研究，常常满足于阐释和宣传，相对缺少学理上的分析和论证，缺少理论上的争锋。实际上，"价值观教育"在我国背景下长期以来就是作为意识形态宣传的一个术语。世界观、人生观、价值观教育，俗称"三观教育"，而"'科学的世界观、人生观'，显然指的是马克思主义的辩证唯物主义世界观和共产主义人生观，即渗透到我国现代社会主流的社会意识形态中的人生观、世界观"[1] 带有意识形态的色彩，且常常侧重于价值观的呈现、阐释和宣传，推举价值观教育，往往引起许多人的惯性思维，以为是我们以前就宣传很久、耳熟能详但又暧昧不清的"三观教育"。显然其内涵与西方的价值教育的理念有较大的差距，价值教育体现了价值哲学与教育哲学的深层交叉，其内涵要比价值观教育广泛、深刻得多，价值观教育的研究和实践不能代替价值教育的研究与实践。

可喜的是，新形势下，我国已有青年学者开始突破价值观教育的社会控制的意识形态束缚，开始从人的全面而自由的发展、社会的和谐发展的层面上论述价值观教育，如刘济良的《青少年价值观教育研究》（2003）、《价值观教育》（2007）等，吴亚林的《价值与教育》（2009）、王葎的《价值观教育的合法性》（2009）等。从研究趋向上看，价值观的问题讨论和价值教育将会得到越来越多人的关注和讨论，必将促进价值教育理论的深入和发展。

总之，目前我国不少地方，尤其沿海发达地区的城市，早已与

---

① 陈桂生：《中国德育问题》，福建教育出版社 2007 年版，第 87 页。

西方发达国家的经济、科技发展水平不相上下，甚至还略胜一筹。物质文明空前繁荣。进入新世纪，我国应更加重视精神文明的发展。在精神文明的范畴里，价值的发展至关重要。尤其在物质主义、价值多元化的背景下，更需要用价值教育引领人们的价值取向，使人们重构新的价值体系，期望用价值使人们内心和谐统整，用价值扩展人们的生命存在，用价值提升人们的精神和道德境界；同时也需要用价值教育引领社会思潮，使社会富有凝聚力，使社会走向和谐和秩序。价值教育的理念有必要积极倡导和深入推进。

第五章
全球化时代西方价值教育的实践探索

　　全球化时代，西方价值教育在理论视域展开交锋与探讨的同时，在价值教育的实践层面也经历了 20 年的历练和实践。通过对西方价值教育的课程、原则、策略、模式、教师等层面特点的推介和概括，才能勾勒和把握全球化时代西方价值教育的实践风貌。

一、价值教育的课程

理论界对课程的界定可分为两类，一类是狭义的，特指在学校范围内有目的、有计划、有组织的实施各种教育影响，其中还有"学科说"、"进程说"和"教学内容说"之分；另一类则从更广泛的意义上认为课程是指一切对学生身心发展产生影响的因素或一切有教育意义和作用的影响因素的总和。据此，课程有正规课程和非正规课程，或者显性课程和隐性课程之分。前者指专门从事的课程或有意识、有目的、有计划地影响学生品德发展的课程，后者指除正规或显著课程之外的一切课程。全球化时代西方价值教育的课程是广义的，即它不仅重视正规的、显性的课程，而且重视非正规的、隐性的课程。

1. 显性课程

（1）公民教育（Citizenship Education）

随着全球化的进程与随之而来的移民的浪潮，西方发达国家均不断呈现出价值多元和多样化的特点。价值多元与多样化的趋势，对国家整体感和凝聚力造成了一定的冲击。西方学者、政府官员等认识到，需要加强学校的民主公民价值教育，以协调整体与多元的冲突。他们认为，教育不仅要教会学生相关工作技能，而且还需培养其民主与社会和谐意识。"教育的问题是如何培养出即掌握良好工作技能又具备民主意识的公民，以维护社会统一。如何界定民主社会公民素质是一个政治问题，视具体情况而定，它包括诸如公平、宽容、合作意识、对社会价值规范的认识及公共精神等。"①

还有研究者（Callan，1997；Kymlicka，1999）认为，公民教育

---

① Organization for Economic Co – operation and Development（OECD）(2004) Issues for Discussion at meeting of OECD Ministers of Education 18—19 March 2004 Dublin（Paris，OECD）.

的基本内容，还包括希望、勇气、自尊、自重、诚实、信任、友谊和庄重等基本素质。随着时代的发展，公民教育的内涵也在发展，现在已经扩展到学生个体力量的增强、责任感、对自我进行合理的评价以及政治、全球意识等多个方面。公民教育被认为是价值教育的主要途径和渠道。据 David Kerr 等人的总结，西方各国公民教育课程情况如下：

英语国家中小学（5—16 岁）公民教育课程简况：

国　家	名　称	课程性质	课程形式	时间分配
英国	公民教育	指令性	跨学科	学校自定
美国	社会科	指令性基础课程	分科和综合	各州不同
澳大利亚	人类社会和环境	非指令性	综合	没具体说明
加拿大	社会科或历史、法律、政治学和经济学	非指令性	综合	没具体说明
新西兰	社会科	指令性基础课程	综合	没具体说明

（资料来源：Denis Lawton, Jo Cairns & Roy Gardner.（Eds.）：Education for citizenship, Continuum, 2000, P. 213)

由上表可知，英美等国对公民教育非常重视，都已将公民教育纳入到课程改革之中。下面，我们以英、美为例，简要介绍其公民教育的情况。

英国：早在上世纪的 90 年代之初，英国政府出台了两个关于公民素质的报告，一是《鼓励公民素质》（Encouraging Citizenship, 1990)，另一个是《公民教育：国家课程报告》（Education for Citizenship: the Report of the National Curriculum, 1990)。这两个报告都强调了公民素养是学校课程的核心。1998 年,《公民教育与校内民主教学》(Education for Citizenship and the teaching of Democracy in Schools),也称《科瑞克报告》(Crick Report, 1998)出版,将公民教育定于 2002 年作为必修科目纳入英国中学课程体系,同时小学也要求进行公民预备教育。该报告指出,英国年青一代"对公共生活冷漠、无知和玩世不恭"达到了令人担忧的地步,少数族裔群体相对于多数族裔群体更迫切需要进行民主公民教育。如果不给予重视,势必危及英国社会民主的安全。

该报告明确指出了民主公民教育的内涵,认为民主公民教育包括三个方面:政治素质,社会的、道德的责任及社区参与。这三个部分互相依赖,并行不悖。其内涵包括:让学生学会自信,无论校内外,无论是面对权威人士还是其他人,都要为自己的行为负担起社会和道德责任;通过参与社区活动和服务社区,学会关注社区并在社区生活中做出贡献;让学生掌握公共生活中必要的知识、技能和价值观,并知道如何有效运用这些知识和技能。

该报告还指出民主公民教育的目标:确保并增进学生有关民主的性质和实践的知识、技能和价值观,提高成为积极公民所需要的权利意识和责任感;藉此确立参与本地或更广泛社区活动对个人、学校和社会的价值;必须让学生理解地方和国家民主的机构、实践和目的,包括议会、审议会、政党、志愿者团体的工作;让学生知道英国和欧洲正式的政治活动与公民社会是如何联系的,并培养他们对世界事务和全球议题的意识和关注;必须让学生对包括税收与公共支出如何平衡在内的经济生活有一定的理解。①

美国:与英国相似,早在 20 世纪 90 年代初,美国公民教育中

---

① Advisory Group on Citizenship: Education for Citizenship and the teaching of Democracy in School (the Crick Report), London: Qualification and Curriculum Authority, P. 40.

心（Centre of Civic Education）发表两份重要的文件：一是《公民：公民教育的框架》（Civitas：A Framework for Civic Education，1991），二是《公民和政府的国家标准》（The National Standards for Civics and Government，1994）。1996 年，国家评价管理委员会（The National Assessment of Governing Board）发表了《1998 国家教育发展评价的公民框架》（the Civics Framework for the 1998 National Assessment of Educational progress，1996）。如文件标题所示，他们尝试通过制定框架，树立国家标准，甚至通过发展评价工具等手段来界定或重新界定公民素质。而且，这些文件特别强调为保存和发展美国民主，开明的公民需要知识、技能、价值观和美德。

美国的公民教育主要通过社会科课程来进行的。1994 年，全美社会科协会制定《美国社会科课程标准》，强调围绕"十个线索"来培养 21 世纪勇于面对挑战、积极实践的公民。全美社会科协会认为，社会科是人文和社会科学的整合性学习，旨在增进公民竞争力；学校的社会科课程，取材于人类学、考古学、经济、历史、地理、法律、哲学、政治科学、心理学、宗教、社会学以及数学和自然科学中适当的内容，进行全面而系统的学习；社会科的基本目的就是培养民主社会的合格公民，帮助学生在相互依赖、文化多元和民主的社会中生活，发展其合理决策能力，增进公共福祉。

作为综合课程的社会科课程对公民整体资质给予全方位的关注，其所培养的意识养成包括全球意识、国际意识、多元意识、社会问题意识、环境保护意识、整体意识、责任意识等；其所培养的能力包括质疑的能力、信息能力、批判反思能力、做决定的能力等；其所强调的知识包括政治、经济、法律、文化、道德、社会等方面的知识。总之，公民教育蕴涵着丰富的价值观的引导与教育，是价值教育的重要形式。

（2）精神、道德、社会和文化教育（Spiritual, Moral, Social, and Cultural Education, SMSC）

在英国，这属于跨学科课程，早在 1988 年教育改革法案（ERA）就强调学生的精神、道德、文化、智力和身体的发展。1992 年的教育法案中设立学校督察系统，进一步加强对这些维度的督促和检查贯彻情况。督导员负责对学校是否提供这门课程及其实施效果做出评价。1993 年 4 月，国家课程委员会（National Curriculum Council, NCC）出版《精神与道德发展：讨论文件》对这门课程的内涵作了界定：

文件认为，任何人都有精神发展的潜能，精神是人之为人的根本要素，涉及到超越肉体和物质限制的能力，并不限于宗教信念的发展或者皈依某一特定信仰（如果作此限制，将使大部分没有宗教背景的学生排除在外）。精神发展有多个方面，包括：个人信仰（包括宗教信仰）的发展——认同人们可以有个人的信仰，也有共有的信仰，理解信仰有利于人的个性形成；敬畏感——为大自然、尚未揭示的神秘事物（mystery）、人类的辉煌成就而鼓舞和激动；体验超越——超越日常经验；寻求意义和目的——反省生命的本原和目标；自我认知——在思想、感情、情绪、责任和体验方面自我觉知，不断理解和接纳个体自我，发展自尊；关系——认可和珍视每个个体的价值，发展对群体的感觉，与他人建立关系的能力；创造性——表达内心深处的思想和情感，通过诸如艺术、音乐、文学和手工艺品，训练想象力、灵感、直觉和洞察力；感情与情绪——被美或善感动的感觉，能觉察到并能适时控制情绪和感情。

文件认为，精神发展是儿童教育中的重要成分，其对于学习其他领域都是基础性的。没有好奇、质疑的意向，没有想象、洞察力和直觉的训练，青少年就没有学习的动机，他们的智力发展就会受到损害；被剥夺了理解自我以及他人的能力，他们就很难与他人和谐共生，这将损害他们的社会性发展；如果他们对置身其中的世界

之美没有敬畏感、憧憬感，或者他们不为艺术家、音乐家、作家们运用空间、声音、语言的能力而感动，他们将生存于内在精神和文化的沙漠之中。精神与人们寻求意义、生命的目的、赖以生存的价值观相关。精神教育隶属于价值教育。

道德教育被认为是价值教育的一个亚领域，"道德价值观是价值系统的一部分，它的目的就是促进人的幸福"①。受过道德教育的毕业生应该能够：区别正确与错误；表达个人的态度和价值观；对自己的行为负责；能认识到情境的道德之维；理解个人的行为对自己和他人具有长期或短期的后果；为自己发展一套社会允许的价值观和规则，并树立标准，以指导他们自己的行为。总之，英国通过SMSC 课程，向学生进行价值教育，促进他们精神的、道德的以及社会文化层面的发展。

（3）宗教教育（Religion Education，RE）

宗教教育是在英国国家课程体系下的学校基本课程的重要组成部分。英国人主要信仰基督教，学校制定教学大纲时，不仅参照基督教的原则，也兼顾其他宗教和非宗教的信仰系统。

宗教教育被英国国家课程委员会认为是一种"再明显不过的"价值教育途径。在 Halstead & Taylor 看来，宗教教育对发展学生价值观和态度的贡献主要与以下内容有关：可以提供一个讨论和反省生活的意义和目的、价值观和信念的本质、承担义务和责任、个体的生活经历等问题的机会。宗教教育之所以成为促进价值观的形成的重要手段，在于宗教是一种对"对心灵的关注"、"宽容"、"对他人的尊重"、"爱"。

2004 年，英国颁布全国性质的中小学宗教教育法定大纲，以支持在学校进行高质量的宗教教育。学历与课程管理局和教育技能部

---

① 【加】克里夫·贝克著，戚万学等译：《优化学校教育——一种价值的观点》，华东师范大学出版社 2003 年版，第 143 页。

结成伙伴关系共同发展此大纲。2007 年 9 月 10 日，基督教、印度教、伊斯兰教等信仰学校共同发表了关于 21 世纪英格兰学校的共同理想和宗教性质的联合声明。声明指出，要进一步确认政府、宗教群体和学校之间的承诺，继续携手合作，以更大的相互信任和相互理解为建立更加公正和有凝聚力的社会做出贡献。随着社会的发展，宗教已经很务实地从单纯传播宗教教义转向发展人们的精神生活，这也是宗教在英国以及英国学校中受到重视的原因之一。

（4）个人、社会、健康教育（Personal，Social，Health Education，
　　　PSHE）

PSHE 是英国的一门课程，有专门的课时、教学目标、教学内容和教学方法。其前身是 PSE（Personal，Social Education）。"PSE 主要是指通过整个课程和学校的活动来有意识地推动学生个人和社会性的发展。很明显，它不仅仅是指一个标有'PSE'（或其他任何相关名字的）的课程表上的课程"①。个人的教育主要关注学生个人对自身的了解、个体对自身的调节以及个体自信心的培养，对自身的了解主要包括对自己成长过程的了解、对自己身体变化的了解、对自己情绪状态的了解、对自己特长喜好的了解。社会教育主要帮助学生在社会化过程中成长为能更好适应社会的人。个人和社会教育内容包括：个人和家庭的关系、性责任、毒品和酒精教育、家庭养育与儿童发展、暴力，破坏性行为，冲突管理等。个人和社会教育（PSE）有助于提高人际交往技能，包括控制情感、理解他人并学会对行为负责。

健康教育包含身体健康和心理健康教育两个部分。近年来，西方国家尤其关注性健康教育和人际关系教育。2000 年 3 月 16 日，英

---

① Chris Watkins（1995）. personal – social education and the whole curriculum. Pastoral care and personal – social education. Biddles Ltd，Guildford and King's Lynn，p. 118.

国教育与就业司司长戴维·布伦基特发布了关于性教育和人际关系教育的指南，目的在于促进学生了解稳定的爱的关系、婚姻，家庭生活和抚育子女的重要性；确保学生学习尊重自己和他人；确保学生获得准确的信息，使他们能够理解差异，防止或消除偏见等。

美国非常重视性教育，以品格为基础的性教育（character-based sex education）模式伴随着品格教育运动方兴未艾。该模式认为，那种认为性属于个人自由、个人生活方式、个人价值观，与品格无关的流行观点是错误的。实际上，性是一个道德问题，造成性健康危机的一个明显的原因，就是道德的沦丧，不辨是非，缺乏"自制"的美德，没有"自尊"、"相互尊重"及"责任"等道德价值观。美国品格教育领导人里克纳和柯什堡姆都积极倡导以道德价值观为基础的性教育模式在学校的推广和实施。

（5）学科教学中的价值教育

西方当代价值教育重视把各门学科课程作为价值教育的工具和途径。这些科目包括自然科学、技术科学、人文社会科学等不同门类。例如，历史课可以帮助学生养成宽容、民主等价值观念、语文课可以帮助学生树立自觉性、对他人的尊重、对待不同民族和不同性别的合适态度；数学课要帮助学生发展对社会的责任感和对文化多样性的尊重；地理课要发展学生对环境的正确态度；体育课要发展学生竞争与合作等其他性格品质。通过专业课程来进行价值教育并不仅仅局限于道德价值观的教育，而是要宽泛得多。

比如，有研究表明，科学（Science）课程对公民素养有帮助。公民应该有足够的科学素养对关于克隆、基因食品、基因治疗、胎儿性别鉴定、基因工程等发表意见。无知对个人、对社会都会有危险。英国学校课程与评量局（SCAA）指出，在科学和科学工作中充满了讨论伦理价值问题的机会，在人们研究环境、自然资源的利用、健康和安全等问题时，都会出现价值问题，年轻人需要科学知识、科学精神与道德意识、价值观念的合理平衡的滋养，才能为未来做好准备。当然，让科学教师进行价值教育是有挑战性的，据研究，他们缺乏控制社会问题讨论的必要技能和自信，而且他们多数倾向于科学是客观的、价值无涉的这样的观点。

再比如，在英语课上，学生可以辩论诸如堕胎、安乐死、死刑、恐怖主义、基因工程等公民性问题。在语言学习方面，教会学生熟练地表达自我，可以增强学生的理解、移情、自尊和信心等素养。在文学课上，阅读和分析文学作品，其中的价值观往往会感染学生。艺术（Art）课程也被认为可以对公民教育起到推动作用。艺术课程有改变人们行为的潜质。艺术具有震撼和激发的能力，能够改变人们的价值观念、思想和情感，正是这一点使它与价值教育具有关联性。

2. 隐性课程

课程以外的学校生活也影响学生价值观的发展，这些因素主要包括校风、集体礼拜、课外活动、学校的政策、学校的纪律等。

（1）校风（Ethos）

《科瑞克报告》（Crick Report，2002）指出，"校风、学校组织、学校结构以及学校的日常活动，包括全校性活动，都对公民教育的效果有很大影响，这是广为人知的"，许多家长也认为校风等学校中的隐性因素对孩子成长为一个好公民至关重要。

在不少西方学者看来，校风是一个内容广泛却难以精确界定的词汇。英国著名学者 Halstead 以及 Taylor 认为，校风蕴含在学校中的各种人际交往、教育者的态度和期待、学习风气、解决冲突的方式方法、物理环境、信息沟通的模式、纪律制定程序、管理风格、学校的理念等。美国教育家里克纳也认为，一个学校中所传播的价值观念一定与这所学校的风气密切相关。"学校蕴含道德的气氛，表现在规章制度、奖惩条例、着装规定、学生管理、人际关系、教学

方式等之中。"①

西方学者认为，价值总是或显或隐地存在着，所以必须明确学校教育不可能做到价值无涉（value-free），学校教育也不应价值中立，消极无为，而是应该统一认识，尽可能使学校里充满积极正向的伦理价值氛围，即形成良好的校风，这对于学生的健康价值观的形成至关重要。

（2）集体礼拜（Collective Worship）

1996年，英国学校课程与评量局（SCAA）发布的文件中认为，在很多学校集体礼拜被边缘化，这导致学生丧失了发展精神和道德的重要机会。集体礼拜能提供安静反省的机会，激发信念，其他学校活动很难取得此种珍贵体验，所以，学校必须以法定的形式为所有学生提供集体礼拜的活动。从后，宗教教育在英国兴盛起来，影响着学生的价值取向。

在英国有些学校，不仅进行具有宗教教育性质的集体礼拜活动，而且还盛行借用宗教仪式中的一些形式，如祈祷（Prayer）和打坐（Meditation）等，进而发展成世俗化的自我教育形式，如自我反省时间（Reflection time）或者"静坐"（Sitting quietly）和静思（Stilling）的日常活动，在安静的情境（Silent setting）中引导学生去关注、省视与理解个人内心深处的自我，鼓励学生改变内在节奏（Inwardly pace），对某一理念凝神聚思，或者仅仅去体验"静思"（Stillness），让学生通过反省、审慎的思考，产生并理解兼具理智与心灵层面的智慧（Spiritual intelligence）。这种活动对学生的价值观形成具有潜移默化的影响。与英国浓厚的宗教性不同，美国公立学校中少有明显的集体礼拜活动，但无处不在的宗教文化、鳞次栉比的教堂都表明，宗教价值观仍是影响美国青少年的重要潜在因素。

----

① Elisabeth Arweck：Education as a moral practice, Journal of Moral Education, 2003.

（3）课外活动（Extra – curricular activities）

丰富多样的课外活动，是英国学校价值教育的主要隐性途径之一，它是正规课堂教学的有益补充。课外活动主要包括学校活动和社区服务。通过有目的、有意识、有组织地开展实践活动，并将一定的价值观念渗透其中，在学生参与实践活动中引导他们的健康的价值观念、人生态度、社会责任感及参与能力。"参与课外活动，对于大部分学生来说，是饶有趣味和富有挑战性的。他们借此机会探索、尝试新的角色，在一个团队中与他人配合工作，发展自己的领导才能及协作精神"[①]。特别是"在参加社会服务的过程中，亲身体验并解决真实生活中的道德难题和价值冲突，对于学生的道德发展具有重要意义"[②]。学生们通过参与各种实践活动，可以增进对公平合理、团队协作及尊重理解等价值要求的认识与理解。同样，在美国学校价值教育中，课外活动也得到格外重视。据一项全国性的调查（Kielsmeier，Scales，Roehlkepartain，Neal，2004），美国百分之六十九的 k – 12 公立学校经常组织社会服务的课外活动，1500 万青少年学生积极参与其中，百分之三十的 k – 12 公立学校开展服务性学习活动，即将社区服务与课业学习结合起来，涉及 450 万青少年学生。据美国教育家里克纳等的研究，服务性学习的课外活动提供了助人、合作的情境，并将公民素养、伦理以及社会责任融入学校文化以及课程中去，促使学生对文化与社会正义问题的敏感等，从而有助于品格教育的伦理目标的达成。"服务性学习的优势在于它与本地社区的价值观联系密切，通过服务性学习，关心的价值观就被

[①] Halstead & Taylor, Learning and Teaching about values: a review of recent research, Cambridge Journal of Education, 2000, Vol. 30 (2).

[②] Halstead & Taylor, Learning and Teaching about values: a review of recent research, Cambridge Journal of Education, 2000, Vol. 30 (2)

引入校园文化之中，这对学生的行为有积极的影响。"①

　　除了上述几种主要的隐性途径，西方学校还通过心理咨询（Psychological Counseling）、生涯指导（Careers Guidance）、政策声明（School Policy Statements）和校规校纪（Rules and Discipline）等对学生实施价值渗透。比如，通过提供心理咨询对学生进行适当的价值干预，依照社会要求规范学生的价值观念和行为模式，具有鲜明的价值导向；通过生涯指导，使其正确认识自我与社会发展，帮助其树立远大的人生目标和明智的择业观、个人发展观，促进其理解公平竞争、机会均等的重要性，以及不同社群在价值观念、人生抉择上的差异和多样性，增进其对自我发展和社会现实的了解，培养其社会适应性和责任感；在学校政策声明方面，各类学校在政策与制度安排的声明中，蕴含着潜在的价值观念，例如在城市学校的政策声明中，普遍包含了机会均等、反对歧视与种族主义的价值观念；在校纪校规方面，当代西方学校也开始反思过去自由主义至上的弊端，开始用校纪校规规范学生的言行，对他们的价值取向进行正面的引导，甚至采用一定程度的强制性惩罚以应对校园暴力等现象，当然，为了减少强制性惩罚与纪律干预，西方学校大力倡导诸如冲突解决计划、结对指导计划、同伴调节、学生咨询等及其他教育策略。

二、价值教育的原则

1. 美国品格教育的原则②

美国的品格教育实际上是核心道德价值观教育或者美德教育，

----

① Felicia and Susan：a practical guide to service learning，Springer，2007，p. 9.
② 参见戚万学、赵文静：《CEP 有效品格教育的十一条原则》，载于《外国教育研究》2001 年第 5 期。

至今在理论上和实践上多有建树。2008 年，"品格教育伙伴"（Character Education Partnership，CEP）发布"品格教育质量标准"（Character Education Quality Standards），作为学校和地区品格教育实践自我评测的工具。这一标准是在 CEP 的"有效品格教育的十一条原则"（Eleven Principles of Effective Character Education）以及里克纳以及马修·大卫森（Matthew Davidson）编制的"十一条原则调查问卷"（Eleven Principles survey）的基础上，经过 2003 年和 2006 年两次修订而成。以下对这一标准作简单推介，从中领悟有效道德价值观教育的原则。

（1）品格教育应该积极促进核心道德价值观教学，以此奠定良好品格的基础。

品格教育所奉行的首要的哲学原则是：存在一些广泛共享的、至关重要的核心道德价值观，例如关心、诚实、公正、责任以及自尊和尊重他人，这一切构成了良好品格的基础。负责品格教育的学校，要详尽列举并公开支持这些价值观；向学校中的所有成员传播这些价值观念；使它们成为学校生活中处处可见的行为；在这些价值观方面树立典范；学习并讨论这些价值观；以这些价值观为根据，在校内进行人际交往；表彰学校和社会中出现的符合价值观的行为表现；敦促所有学校成员恪守与核心价值观一致的行为规范，以此支持核心道德价值观。学校教授这些核心道德价值观乃是一种义务，因为这些价值观是正确的，它肯定了人类的尊严；它们有益于个人和社会的发展；它们能经受可逆性测验（你愿意受到这种对待吗？）和普遍性测验（在类似情况下，你希望大家都这么做吗？）这样两个典型的道德测验；而且它们规定了在民主社会中人们的权利和责任。学校的任务在于使人们明了，这些基本的人类价值为所有文明的人们所认同，他们超越了宗教与文化的差异。

（2）"品格"必须是一个包含思维、情感和行为在内的综合性
　　概念

在一个有效的品格教育方案中，对品格的理解应该是广泛的，它至少应包括道德生活中的认知、情感和行为三个方面。好的品格包括对核心价值观的认识、关心，并依此行事。因此，品格教育的任务，就是帮助学生及所有其他成员知"善"、爱"善"、行"善"。随着人们品格的养成，他们对核心价值观的认识也越来越精微，信奉这些价值观并依此生活的信念越来越坚定，恪守价值观行事的意向也就会越来越强烈。

（3）有效的品格教育要求采取一种有意的、积极的和综合的方
　　法，在学校的各个方面推进核心价值观

如果从道德的视角审视自身，学校就会发现校园中所发生的一切是怎样对学生的价值观和品格发生实质性影响的。在学校内部，至少包括有意的、单一的和无意的、综合的两种教育方法。前者指学校要有意识地设计一些方法来培养学生的品格，而不是一味地等待机会。后者则是指利用学校各方面的因素，比如教师的示范作用、纪律约束、各种课程、教学过程、学习评价、学校环境管理、与家长的关系等来培养学生的品格。有意的品格教育计划可以作为长期努力的有益开端或有利因素，但绝对不能认为，它可以替代那种把品格培养与学校生活紧密结合的整体方法。

（4）学校必须是一个关心的团体

学校本身必须体现良好的品格。它必须成为一个文明的、关心的团体。为此，学校就要在教会学生关心他人、相互关心的同时，营造一种关心的氛围。这种互相关心的人际交往，不但能激发学生的学习意愿，而且能激发他们做一个好人的美好意愿。所有的儿童和成人都有归属的需要，而且他们更有可能内化那些能满足这种需要的团体准则与期望。关心与尊重他人、责任、助人为乐、公正等

核心价值观，必须渗透到课堂生活以及学校的其他生活领域中去。

（5）要形成良好的品格，学生就要有实践道德行为的机会

无论在道德上还是在智慧上，学生都是建构性学习者。只有通过做，他们才能学得最好。要培养他们的良好品格，就应给予他们各种各样的机会，让他们把责任、公正之类的价值观念运用到日常交往与讨论中去。学生通过解决各种现实的问题，例如怎样在合作学习小组中分配任务，怎样在班会上达成共识，怎样实施一项帮助学习计划，怎样减少操场上的打架事件，如何使同伴共同参与维护学校道德环境质量等，真正理解公正、合作和尊重之类要求的含义。通过反复的道德体验，还能使学生发展和实践各种道德技能，养成道德习惯。

（6）有效的品格教育应该包括一种富有意义和挑战性的学术课程，这种课程体现了对所有学习者的尊重并有助于他们的学业成功

品格教育与学术的学习不是分离的，相反，两者之间是一种强有力的、相互支持的关系。在一个充满关怀的班级和学校中，学生会感到来自老师与同学的关爱与尊重，这样的学生更有可能努力工作，有所建树。相应地，学生在学业上有所成就时，他们才更能体验到作为一个人受到的重视与关心。由于学生在技能、兴趣和需要方面存在个别差异，所以一种课程要帮助学生取得成功，就必须做到内容精妙，教授有道，足以吸引全体学习者。这就意味着要抛弃那种固守技能训练的笔录式课程，转而追求一种对学生来说饶有趣味、富有意义的课程。学校应有效地利用各种积极的教法与学法，如合作学习、解决问题法、以经验为基础的设计活动等。尊重学生的最可靠的方法，是尊重他们的学习方法。

（7）品格教育应该尽力激发学生的内部动机

学生在养成良好品格的过程中，会逐渐萌生一种日益坚定的内

部信念，按照何为正确的道德判断去行动。学校应努力培养这样一种对核心价值观的内部信念，特别是在解决纪律问题时。他们应该把对外部奖励和惩罚的依赖性降到最低限度，这些因素往往使学生看不到责任行为的真正原因。在处理违纪问题的过程中，应该给学生改过的机会，加深学生对规则的理解，使他们以后自觉自愿地遵守纪律。同样，在学术课程的学习中，也应利用一切可能的方式，激发学生的内部动机。激发动机的途径很多，如帮助学生体验教材中的困难与乐趣所在，调动他们与同学合作学习的兴趣，尝试完成那些能对他人生活、学校或社会产生积极影响的事情等。

（8）教职员工必须成为一个学习的、道德的集体，所有成员都承担着品格教育的责任，并努力遵守学生教育中倡导的核心价值观

在这里，有三点是重要的：

首先，所有的教职员工，包括教师、管理者、顾问、教练、秘书、餐厅工作人员、操场打杂工及校车司机等，都必须参加品格教育的学习、讨论，在品格教育中发挥作用。所有这些人都必须以自己的行为在核心价值方面做出表率，而且还要利用其他的一切有利时机，积极影响他们接触到的学生的品格养成。

其次，用以指导学生生活的价值观对于学校中成年人的集体生活同样具有指导作用。如果把学生看成是建构性学习者，那么成人也是如此。他们必须不断促进自身的发展而且要创造各种机会，利用和实验各种方法，把品格教育实践与针对学生的工作结合起来。如果学生有机会合作参与决策制定，来完善课堂与学校生活，那么对成人也必须一视同仁。如果学校中的教职员工在彼此交往中，压根儿没有体验到相互之间的尊重、公正与合作，那么他们就决不会向学生教授那些价值观。

再者，学校必须安排并保证教职员工有反思道德事件的时机。教职员工通过各种教员会议和小型集会，定期总结：学校已为学生

提供了哪些积极的品格建构体验？目前还有哪些消极的道德体验如同伴间的残暴行为、学生作弊、成人不尊重学生、在操场上乱扔垃圾等学校没有想办法解决？当前学校忽略了哪些重要的道德体验，如合作学习，学校及社会服务活动，创造与不同种族、文化和社会经济背景的人们学习和交流的机会等？学校的哪些活动与学校支持的核心价值观和培养关心的学校集体的愿望相违背？这些反思是优化学校道德生活必不可少的条件。

（9）品格教育要求有来自员工和学生的道德领袖

品格教育要达到上述标准，就必须有一个领导者（校长、其他管理者或骨干教师）来支持这些工作，有一个品格教育委员会（或者几个类似的专门组织，分工负责品格教育的具体事务）负责长期规划与方案的实施。随着时间的推移，这个委员会的职能逐渐转移到学校的常规管理机构中。学生也应以多种形式扮演好道德领导者的角色，如鼓励学生自主管理，担任同伴冲突的调解者，跨年级指导等等。

（10）学校必须号召家长和社会成员，全员参与品格建构工作

学校的品格教育工作报告，应该公开声明这样一项实质性内容：家长是儿童的首任且最重要的道德教育者。此外，学校应想方设法采取措施，与家长就学校的品格教育目标和活动以及家庭在这一方面怎样协助开展工作交流意见。为了增进相互间的信任，品格教育指导委员会中应设置适当的家长席位，让家长代表参与制定计划。学校还应积极深入到各种家长组成的"分散的"亚组织中开展工作，使所有的家长了解并支持学校提倡的核心价值观以及学校所建议的教授价值观的策略。最后，学校还应争取社会各界的更多帮助，包括商界的、宗教机构的、青年组织的、政策的以及媒体的，这样才能不断加强学校与家庭以及社会之间的伙伴合作关系，更有效地促进核心道德价值观的实现。

（11）品格教育评价应该把学校的品格、教职员工在品格教育中的作用以及学生在良好品格方面的表现纳入评价范围

有效的品格教育必须包括严格的评价过程。其中，要特别重视以下三个方面。学校的品格：在什么意义上我们可以说学校变成了一个更加关心的集体？这一点是可以评价的，例如可以调查学生，让他们说明自己对下列陈述的认可程度，比如"这个学校（班级）中的学生们互相尊重，互相关心"，"学校（班级）像个大家庭"。教职员工作为品格教育者的成熟度：教师集体、管理者和辅助人员对自己在品格培养中的使命的认识程度如何？个人对这种工作的信念如何？实际工作能力如何？作为品格教育者，凭借不断发展的能力，始终如一地做事的习惯如何？学生的品格：学生在对核心道德价值观的认识、信念以及依此行事的行为方面的表现如何？学校可以收集各种与品格有关的行为的资料进行评价，如学生出勤率是否有所上升？打架及暂令退学事件是否有所减少？破坏性行为的频率是否下降了？吸毒事件是否有所收敛？学校也可以通过发放无记名问题表的方式，从品格的知、情、行三个维度进行评价。如评价学生的道德判断，可以问："考试作弊是错误的吗？"评价学生的道德信念，可以问："如果你确信你不会被抓住，你会作弊吗？"要使答题者自我检举其道德行为，可以问："去年的考试或某项重要工作中，你一共作弊几次？"这些问卷调查既可以在学校启动品格教育时使用，借以奠定基础，也可以继续在评价过程中使用。

2. 澳大利亚价值教育的原则

在澳大利亚教育部、科学与培训部颁布的《澳大利亚学校价值教育的国家框架》（National Framework for Values Education in Australian schools，2005）文件中，明确规定了价值教育的指导原则。该原则根据2003年的《价值教育研究报告》（Values Education Study，2003）及随后的征询意见创制。原则的总的指导思想是：在所有的背景下，学校都要促进、支持以及向所有的学生传递价值观；教育对待品格的培养如同对待技能的培训一样重视；学校不是价值无涉的。文件认为，有效的价值教育应当：

（1）帮助学生理解并能够应用诸如关爱、同情、尽心尽力、公正、自由、诚实、以及值得信赖等价值观。

（2）是学校的一种明确的目标，它能促进澳大利亚的民主生活方式并珍视澳大利亚学校中的多样性。

（3）阐释学校共同体的价值观，并将其持续应用于学校的实践活动中去。

（4）与学生、教工、家庭，以及学校共同体形成伙伴关系，构建一种全校性的教育策略，使学生得以实践责任，加强他们的韧性。

（5）在一种安全的、支持性的学习环境下呈现，在这种环境下，鼓励学生探索和审视自己的、学校的、他们社区的价值观。

（6）由训练有素的、素质全面的教师担当此任，他们能够使用多种多样的教育模式、方式以及策略。

（7）包括课程的供给，能够满足学生们的个体需要。

（8）经常审查所使用的方法，考查其是否符合预期效果。

在这些原则的指引下，澳大利亚政府实施"价值教育优秀学校试点计划"（Values Education Good Practice Schools Project），分两个阶段实施（2004—2006 为第一阶段；2006—2008 为第二阶段）。2006 年第一阶段结束后，澳大利亚政府发布总结报告，总结了价值教育的良好的实践经验。报告概括了价值教育经验性、原则性的建议，兹录如下：

（1）价值教育只有通过一种全校总动员的方式，才能使学校各个部门都参与进来，以确保共同体内部成员有更强的使命感和更好的一致性，价值教育才能够经得起时间的考验。价值教育与学校其他课程应是一体的，而不应被视为一种课程的"附加"或者教学之外的事情。这意味着教师的一言一行都要为学生的价值实践创造良

机，也意味着教师要善于抓住日常校园生活中的小事件所提供的价值教育的"教学时机"。

（2）学校领导是推动价值教育发展的关键与核心。学校领导推行价值的投入程度、所展现出来的视界，都会影响价值教育的成效。而且，价值教育举措的有效落实，也需要学校领导扎实一贯的支持。

（3）发展课堂中和学校里积极的人际关系是价值教育的宗旨所在。价值教育旨在发展学生之间、教师之间、家长之间以及学校之间、学校与学校所在社区之间的积极关系。当价值教育和学校生活的各个方面融为一体时，价值教育才可能取得成功。

（4）推行价值教育的过程也是全体教师专业学习的过程。教师之间、学校之间相互分享各自关于价值教育的体验、认识、问题和想法，是促进教师专业实践变革的强大动力。要使价值教育项目能够真正有效运作，需要实践学校给予自觉的关注和支持，这对于教师专业发展及学校的价值教育工作具有显著的促进作用。

三、价值教育的策略

西方价值教育策略方面，美国的品格教育实践策略比较具有代表性，品格教育运动的领袖人物里克纳倡导的教育策略在实践中得到广泛应用，现将其策略简介如下：

在学校范围内，需要遵循三个策略：

第一，学校应创设正面的道德文化，发展美德的整体环境，以支持班级内教师的教育。可以利用校长的恰切领导、学校纪律、学生自治、道德问题的讨论、建立教职员工尊重合作的集体、树立学生对学校集体的荣誉感等方式来进行。

第二，在班级外培养关心，树立道德榜样，提供道德实践的机会。

第三，注意与社区和家长建立伙伴关系，加强相互沟通、支持。

在教室内实施品格教育需要注意九条策略：

第一，教师应成为关心者、道德榜样、道德指导者。里克纳认为，学生希望得到教师的关爱，希望与教师建立友好，温暖，充满关心的关系。这种关系的建立不仅会促进学业，而且能促进学生品格的发展。学生得到教师的关心，就更容易从情感上接受教师的教育。教师可通过三项相辅相成的角色（关心者、道德榜样、伦理指导者）获得最大的道德影响。

成为关心者要求教师尊敬和爱护学生，并帮助学生在学业上成功。善待每一个学生，把他们都看作有尊严和价值的，以培养他们的自尊，使学生从被道德的对待中真切地体会到道德的真义。教师同时可作为道德的榜样。这是指教师在教室内外都要在各方面表现出"尊重"和"责任"的美德，树立好的道德榜样（如认真备课）。教师还可以通过讨论校内外典型道德事件以示范道德观念及道德推理。教师还可通过解释、讲故事、班级讨论、鼓励美德行为、及时修正学生的错误等方法为学生提供直接的道德指导和教学。教师在这里是指导者的角色。

第二，创设一个关心的集体。学生不仅需要教师的关心，而且也需要与同伴建立相互关心的关系。当学生感到自己被集体接受和肯定时，他们更易于接受集体的道德价值观和规范。另外，同伴文化对学生的行为和品格影响很大。如果教师不采取措施树立与美德一致的正面群体文化。那么负面的群体文化就会取而代之，形成与好品格相对立的负面群体规范（如对异己的残忍，缺少学习责任感、不尊重权威）。相反，当教师成功地创立了道德的班集体，生活于其中的学生就会潜移默化，自然而然地习得道德。他们从同伴那里获得尊重和关心。同样也会回报以尊重与关心。教师可通过以下方法发展关心的班集体：加强学生的相互了解；使学生感到自己是班中受珍视的一员；使学生相互尊重、关心、肯定和欣赏；积极促进友善，及时修正不良行为。

第三，制定班级道德纪律。纪律是道德成长不可缺少的。助益

于品格发展的纪律不应是群体管制（crowd control），它必须帮助学生发展道德推理、自控能力、对别人的尊重等品质。制定规则时应使学生能够看到规则所蕴涵的道德价值。研究表明，单纯强调外部刺激损坏了内部道德动机。所以，纪律不应强调外部的奖惩，而应强调纪律尊重别人权利和利益的道德内涵。教师可通过班级讨论的形式让学生参与班级纪律的制定，使学生理解纪律的必要性，也可以让学生讨论纪律违反的后果。当学生违反纪律时应使其反省原因，发展自控能力，使其不再犯错。

第四，创设民主的班级环境。使学生参与到能提高他们创设好班级的责任感的"决策制定"中去。主要方法是召开班会，班会为学生提供了自由发表思想的论坛。学生在班会上增强了相互理解和尊重，感到学校生活的民主气氛及参与民主生活的乐趣。

第五，通过课程教授价值观。里克纳认为，当今品格教育运动中，很多人习惯于到处寻求新材料，却忽视了他们所教的学术课程中蕴涵的丰富的资源。教师应善于发掘课程中的道德潜能。比如社会学教师可以探讨社会公正问题、历史人物面临的道德两难问题等。理科教师可以强调科学研究中精确而实事求是地汇报数据的重要性。历史和文学课程更富于道德含义。

第六，合作学习。合作学习是学校利用教学过程来发展品格的方法之一。它给予学生经常性发展社会道德能力的实践机会，比如观点采择能力，团体精神及对别人的尊重、欣赏，同时他们也习得了学术知识。合作学习通过打破民族、种族及其他障碍而有益于团结、关心的班集体的培养。每个学生都通过合作学习被融入到合作集体这个小社会结构中来。

第七，培养职业良知。通常道德和品格教育的文献把道德学习和学术工作当作互不相关的两个部分。其实，学术工作和学习是有道德内涵的。工作是我们发展自律、自我价值感、为社会做贡献等道德意识的最基本方式之一，尽职尽责是一个人品格的标志。有职业良知的人会满足、自豪于出色的工作表现，而对拖拉、缓慢的工作感到愧疚。

第八，道德反省。这一策略重在发展构成品格认知方面的道德素质：道德敏感性、观点采择能力、知善、道德推理、道德决策、自知之明、自我批评诸方面。要让学生认识到美德是什么，美德习惯为何于我们有益，我们每个人为何要富有发展品格的责任。鼓励学生对自己的道德行为进行反省。帮助学生增强对自己行为的意识。里克纳建议学生就尊重、责任等美德的实践树立目标，一天结束后，在日记中作自我评价和反省。

第九，教授冲突解决技能。教授学生在不付诸武力或恫吓的前提下解决冲突的技能是品格教育的重要部分。这是因为没有公正解决的冲突将侵害班级里的道德集体；若没有冲突解决的技能，学生就不能道德地处理现在及将来生活中的人际关系。并可能导致学校和社会中的暴力。

里克纳不仅重视学校品格教育策略，他还强调学校要加强与家庭、社区的联系。在他看来，现代社会系统的开放性使家庭、学校、社会形成更加直接、有机的联系和相互渗透，加之品格教育是一个包容培养知、情、行的综合性教育，学生在家庭、社区中实际经验的各种示范，对个体品格的发展起着巨大的影响。学校、家庭、信仰团体、媒体、宗教等影响青少年价值观的机构之间的相互沟通及对学校品格教育的支持是品格教育成功与否的关键因素。

里克纳非常重视家庭对儿童道德的影响。他认为家长是儿童的"第一及最重要的老师"，良好的家庭生活氛围、亲密的亲子关系、恰切的道德引导和教诲必然对儿童的品格发展起着重要和无可替代的作用。

里克纳还认为，如果家庭和学校在对儿童的教养方式和道德要求上存在较大差异，而又不通过有效的途径加以沟通，儿童就会感到无所适从。故而，学校和家庭应积极配合，相互支持，在对儿童

进行品格教育的态度、内容、方法上保持一致。为此，他提出家校之间建立合作伙伴关系的五种方法：学校应使家长认识到家庭教育的重要性；家长和学校订立明确的道德协定，一致同意促进诸如诚实、尊重、同情、自控、谦虚、勤奋的品格期望；成立家校联席会议，家长之间、家长和教师之间定期聚会、交流观点和教育技巧；家校使用一致的品格发展的材料；提供以家长为主的教学计划。

家校合作教育效果是好的，然而如果儿童所生活的社区、大众传媒、同伴群体中毒品和暴力泛滥，教育效果必然大打折扣。因此，里克纳认为，学校、家庭和社区三者之间必须保持良好的互动合作的关系和高度的一致性，任何一方独立地搞品格教育都会造成前功尽弃。事实上，里克纳等人的这种全方位品格教育理论得到了社会各界的支持，使品格教育成为一种全国性的道德教育运动。各州和联邦政府在政策和经济上大力支持。美教育部从1995年起，连续四年设立品格教育专项基金，开展品格教育试点工作，各级政府都把儿童品格的培养纳入到发展规划与评价体系中去。品格教育不仅成为学校的重要使命，而且牵动了整个社会的关注和支持。

四、价值教育的模式

从20世纪90年代以来，美国的品格教育运动（Character Education Movement）一直轰轰烈烈、方兴未艾，是美国、北美地区乃至西方世界学校价值教育领域的主流话语，以至于很多人把美国品格教育看作是价值教育的同义词。而实际上，品格教育只是价值教育的一种模式，除此之外，还有其他多种模式。这些模式的理论基础和实践操作模式体系虽各有特色，但其本质是又相互耦合，有相互融通之处。在西方价值教育实践领域中，往往形成了综合性的价值教育模式，用丰富的模式和方法，共同促进青少年学生价值的成长和品格的塑造。

1. 品格教育模式（Character Education）

品格教育模式理论假设是，通过向青少年传递恰切的美德，学校就能塑造他们的行为。这一模式的支持者认为：学生需要清晰的教导和良好的榜样示范，作为学校，应该弥补家庭在教导和榜样方面的不足；学校还应该提供学生机会，比如参加服务性学习（Service Learning）等据信能养成道德习惯的活动，学校还应培养学生强烈的道德动机，引导他们践履道德，并进而形诸品格。

这一模式强调价值教育的内容。美国前教育部长威廉·贝内特（William Bennett）的《美德书》（*The Book of Virtues*）对很多品格教育计划产生了深刻的影响。贝内特所描述的美德包括："自律、同情、责任、友谊、工作、勇气、坚毅、诚实、忠诚以及信任"。另外有较大影响的是关心品格联盟（Character Counts）所推举的"品格的六大支柱"（Six Pillars of Character），即诚信、尊重、责任、公正、关心、公民素养。

这些美德的提出只是学校道德教育的起始点。要创设一个道德的世界，在品格教育者看来，首先需要对美德行为进行榜样示范，即要教导所有的教师、管理者为学生做出行为的表率。很多学校现在特别注意在公共论坛以及诸如集会、日常公告、黑板报以及旗帜横幅中，在历史研究、文学研究课程中彰显这些品格特质。纽约市阿尔波尼地区的第十八中学（School 18 in Albany，New York）在一项"为了孩子的品格"的教育计划中，运用"好品格特质强化"模式："孩子做出了具有美德特质的行为，一经发现，就把他们的名字贴到整个校区都能看到的地方。然后，在星期五，这些孩子们就会被叫到办公室领取奖赏"①。

学校每个月都在课程内容及集会中强调一种品格特质，比如在

---

① Mark A. Pike：Values and visibility, Educational Review, Vol. 59, No. 2, May 2007, p. 245.

俄亥俄州的肯特市立学校（Kent City School in Ohio），十一月份是"同情"（Compassion）月：在社会学科课堂上，学生们"研究那些付出极大个人牺牲的美国移民；开发一项学校和团体服务项目；调查地铁状况；思考如何帮助人们免于被奴役"。自控（Self – control）是十二月份的品格特质：在体育课上，学生们"设计锻炼图表来监督个人健身"。在语言艺术学科，他们"用日志来记录运用自控的次数"。在数学课上，他们"用曲线图把学生们按时交作业的次数表示出来"。教师们也把品格特质之一的尊重融入到课堂管理模式和课程之中。

在这种模式下，价值教育的方法，主要为"价值传递法"或"价值指导法"，是建立在普遍主义立场之上的传统价值教育方法。在批判相对主义和极端个人主义的基础上，强调通过直接传授社会价值规范和文化传统培养学生的价值观念和道德品行；讲授社会普遍认同的共享价值（shared values）和行为方式，倾向于用某种特定的价值规范指导个人的动机、情感、态度和行为；它也重视培养学生的价值理解和判断能力，帮助其辨别正误对错，旨在使学生养成合理的价值观念和良好的态度品行，并认为这种态度品行的获得是价值教育的重要目标和效果体现。

2. 文化继承模式（Cultural Heritage）

像品格教育一样，文化继承模式也强调价值观。但是，这些价值观并不是主流价值观，而是从非主流文化传统中提取出来的。与品格教育模式不同，这一模式认为，学校并不比团体和家庭拥有更好的价值观，学校也没有必要向学生灌输与其文化价值观可能冲突的品格特质。学校、家庭和社区没有截然的界限，父母、年长者、文化领袖在学校内外都可教育儿童。而且，学生们不是通过直接道德指导而是通过对文化艺术和文化礼仪的深刻理解来学习文化传统和价值观的。

文化继承模式一个体现是非裔中心学校（Afro – centric Schools）

倡导的价值指导模式。比如，在明尼阿波利斯（Minneapolis）的非裔学院把"非裔家庭与其文化传统、精神和历史的承接"作为重要使命。在西雅图的一家公立非裔学院，其使命被定位为：以下述方式引导学生，即"通过践履 Nguzo Saba① 的七大原则，即团结统一（Unity）、自治（Self－Determination）、合作和责任（Collective Work and Responsibility）、经济合作（Cooperative Economics）、目的性（purpose）、创造性（Creativity）、信念（Faith），拥抱非洲人、非裔的历史，文化和传统。"② 以非裔学生为中心的学校还强调学生家长的参与。在密苏里州堪萨斯市学校董事会的报告里，在以非裔为核心的教育机构认同非洲的格言："集全村之力，只为培养一个儿童"，在非洲人为核心的学校里，家长的一个基本角色是"村里的伙伴"。

美国本土教语言、风俗和历史的学校，也创设文化继承的模式。在本土美国教育中，珍视的价值观包括"尊重人及其情感、尤其尊重老年人，与自然和谐共处。"学校充满"移情以及与其他生命形式共生的情感"、"学校、家庭、团体的环境与文化不应相互割裂"的信念，家长和年长者要常到学校去，学生和教师也要参与社区和自然环境中来。华盛顿州的一所学校用校风影响学生，并通过让学生学习先人的故事，来培养他们尊重本地美国文化，"尊重彼此"，并认识到社区的重要性。另外一所印第安人学校，则通过提供"包括艺术、精神、家庭、社区以口头传统"文化课，努力保证美国印度安人文化价值观和信仰在整体课程中得以示范和整合。

文化继承模式有很多优点。学校在文化继承中彰显了对学生文化的尊重，不仅仅是在口头上说说文化多元而已，而是认真地支持多元文化的继承和发展。家庭和学校里的文化一致性使道德教导得以使用相似的交流方式。学生因为在文化同质的背景下学习，所以

---

① 代表美国非洲裔传统文化。

② Pamela B. Joseph：seven worlds of moral education，PHI DELTA KAPPAN，March2005，p. 525.

就不会有家庭和学校道德指导相分裂的体验。而且，学生有机会通过学习他们的历史和文化来了解他们社区的道德价值观，使得道德学习与学术学习相互融合。

在这种模式下，价值教育充分利用本地文化的传统精髓，而不是另外提出一套核心价值观体系，这是向传统文化寻求资源的方法。

3. 关爱团体（Caring Community）模式

关爱团体重视关心伦理，即关怀、亲近、情感归属，以及相互尊重与支持的关系。这一模式重视人的社会性交往以及情感的健康发展。学校给人以家的印象而不是制度化的印象。教育者的道德影响源自于其与学生、家长、以及彼此之间相互关心的关系。在这些学校里，班级规模很小，教师导师化，所有教工都对学生表现出真切的关心。在课堂里通过学生们的交往活动，相互关爱的伙伴关系得以发展。在学术上，通过服务学习项目，以及文学的学习引入关心的主题。课堂环境以讨论和合作式学习活动为主要特点，界定课堂环境优劣的标准是学生在班级里的感受和彼此的关系，而不是规则。

关心团体模式另一个特点是其具有全纳性（Inclusiveness），学校欢迎并培养各种各样的人群，包括那些应受特殊教育的学生。比如，林肯中心中学（Lincoln Center School）采用如下方式表示关心的主题：通过抓阄的办法而不是举办面试或者特殊的入学考试方法来选择学生，只要是对以艺术为基础的课程感兴趣的都可以参与抓阄。这种模式还常常邀请家长和社区成员参与全校性活动。

关心团体对学生有诸多好处。研究者认为，在这种学校里受过教育的孩子，倾向于把课堂看作是安全的、公正的、关心的地方，这样有助于学习。而且，学生"有强烈的团体感，更容易做出道德的、利他的行为，发展社会性、情绪能力，避免涉毒以及暴力行为。"① 良好的情绪状态是人的道德发展的催化剂。当学生们在一个充满爱的课堂和学校环境中，体验到被尊重和被关心的时候，他们往往很少产生自卑感、愤世嫉俗和自我中心的倾向，相反，他们会把从朋友、教师、以及家庭那里得来的关爱加以扩展，主动去关怀别人。

这种模式下价值教育的方法是一种间接的隐性的教育方法。教师与学生彼此之间的广泛协作、彼此关心所形成的学校环境与气氛、伙伴文化，都对学生的道德发展起了重要作用。民主管理的结构和和谐友爱的气氛更有利于形成学生的集体协作精神，并为促进学生自觉内化和建构各种道德价值观念提供了最适宜的环境，在这个道德气氛和关心环境中，学生会在潜移默化中领悟到道德的内涵及其意义，这可谓"育人细无声"的方法。

4. 社会行动模式（Social Action）

在社会行动模式中，教育者认为，学生既是有情感的个体性存在，又是具有责任的社会性存在，学生应该有能力去批判性地审视不正义的社会情境，并通过参与社会性活动，来影响和改变社会。

该模式鼓励学生勇于走进社区，搜集资料，进行访谈，做社会观察。教师的角色是通过帮助培养学生的批判性思维，纠正学生的无知和偏见，使学生了解社会，积极参与到促进社会发展的活动中去。

例如，在西雅图的一所公立学校，一个三年级学生对同学和老师说起关于东帝汶的困难处境。结果，学生们开始每周一次聚会，研究东帝汶的历史、政治和文化，并行动起来，为一所被"印度尼西亚士兵"焚毁的学校筹钱。西雅图的学生们没有把钱捐给慈善机

---

① Michael Watts：Citizenship education revisited：policy, participation and problems, Pedagogy, Culture & Society, Vol. 14, No. 1, March 2006, p. 84.

构，而是与这所学校建立了直接联系，并与东帝汶的学生建立了资助基金项目。西雅图的学生最后为这所学校筹集了几千美元。再如另外一所卡罗拉多州的五年级班，全班同学在学习内战时，老师向同学们解释说，奴隶制度仅对美国是历史上一个已经灭绝的制度，但在当今的苏丹，还有其他地方却仍然存在这种奴隶制度，对此，学生们大为震惊，并对苏丹人民表示担忧和同情，老师鼓励、帮助学生行动起来，写信呼吁，甚至还建立了一个网站来号召人们一起来制止苏丹的奴隶制，并开始筹集资金，为几个奴隶赎回了自由身，引起了社会的广泛关注。报纸报道了孩子们的努力，获得了世界范围内的捐助，这个班级最终为超过 1000 人赎回了自由。通过参与社会行动，学生把自己看作是社会的、政治的存在，是道德的主体。这种模式下，学生们通过参与、改造社会，在行动中体验到他们的道德责任，是一种强调体验的价值教育法。

5.　公正团体模式（Just Community）

在公正团体模式中，课堂和学校成为民主的环境，为学生提供反思道德两难问题以及参与制定决策的机会。学生、教师、管理者公开讨论并强调相互关心的问题，通过公正和公平的程序，建构学校团体政策和规范并解决道德冲突。在构建团体的过程中，学生们获得关于正义和公平的观点。该模式其最显著、最根本的特征是：建立各种管理组织，鼓励学生民主参与，营造一种民主的道德氛围，在民主管理过程中，发展学生的集体或共同的价值意识，把集体力量作为一种教育资源，实现学生自治，促进学生的道德发展，使学生学会在社会中并根据社会规则生活。

公正团体模式重视学生民主参与学校管理的权利，并为行使这种权利创造各种机会提供组织保证。这种民主决策过程，既锻炼了学生在生活中处理复杂情境下的现实道德问题的能力，又培养了学生在平衡自我利益和集体利益时，关心公共利益，适当抑制自我利益的意识。这种集体和公利意识有助于实现道德自律，做出成熟的道德判断，并具体化为各种道德行为，达到以公正为取向的道德发展水平。科尔伯格的试验证明，公正团体模式有助于形成学生的利他精神和集体责任感，促进学生道德判断的更好发展，真正内化和践履各种集体行为规范。教师是这个团体的"公民"或成员，他的主要任务是利用日常生活中的实际问题组织学生讨论，鼓励他们设身处地地为他人考虑，实际处理问题，从而促使道德推理能力向更高阶段发展，而且要重视学生行为的改善和集体观念的增强，鼓励学生通过民主参与达到自治，实现自律，把道德推理转化为道德生活中的自觉行为。

公正团体模式是根据集体教育原则形成的，旨在影响学生的道德判断和道德行为的统一发展，是一种"团体实践模式"。在平衡自由与责任、培养自我意识与集体意识，发挥个人主权与集体力量在个体道德发展中的协同作用等方面，公正团体模式做了有益的尝试，并提供了许多合理的、成功的建议。该模式下的"公正团体法"（Just Community Approach）实际是一种集体教育方法。

6. 伦理质询模式（Ethical Inquiry）

这一模式认为，道德教育是学生参与以两难问题为中心的"道德对话"（Moral Conversation）的过程。受劳伦斯·科尔伯格的理论所影响，这一伦理质询的道德教育模式基于如下前提，即讨论促进学生的道德发展。教师们邀请学生来审视价值观或者行为，在尊敬的、平等的、认真的气氛下进行讨论与辨析，并尝试做出选择。

实行道德对话意味着传统德育模式——道德灌输的终结。在传统德育过程中，教师以道德的权威者、真理的化身对学生进行道德说教，以霸权性的话语统治着师生之间的对话形式和气氛。道德对话有助于更好地理解他人的境况和需求，通过对话双方的反应相互学习，使所有参与者的意见都被认知，并最终达成统一的识见。这体现了道德对话是道德非权威化的历程。因此，传统德育要实现现代转化，就要在道德实践中以师生之间的对话取代教师的独白和灌

输，不断地培养学生的批判意识、批判精神、批判能力，不断消除对既有权威道德话语的盲从，以平等的心态在未来的纬度上重建人与人之间的理解，让德育重新焕发出人性的光辉与生命的活力。

道德对话认为德育不应通过道德教化和说教的方式，而应通过对话的过程生发出温馨的、真正的合作与伙伴关系，自然地引导学生相互理解、尊重和关怀。对话不主张将一种观点强加于另一种观点之上，而是改变双双的观点达到一种新的境界。在对话中，两个主体之间相互开放，两个心灵实实在在的相遇，在相遇中发生碰撞与融合。

道德对话是在教师的指导下，学生围绕某一个中心问题，进行开放式的讨论或公开辩论，发表个人看法。这种方法有助于激发学生的积极性、参与性和创造性，使他们在活跃的氛围下自我表达，取长补短，加深对不同观点的理解，并进一步形成独立思考的能力、批判意识和创新精神。因此，这种以问题假设为基础的教学方法，是英国学校价值教育的重要手段和常用方法，具有较强的实效性。英国学校的价值教育十分重视学生理性思维和价值判断能力的培养，而将问题讨论作为一种常规方法

总之，西方当代价值教育的模式、方法丰富多彩，多元并存。但其中占主导地位的还是品格教育模式，有着明确价值观指导的价值教育方法是主流。

第六章
全球化时代中国价值教育的基本维度

　　全球化时代，当代中国伴随着市场经济的发展和改革开放，虽然社会发展呈现出巨大的进步，但当代中国社会转型时期的伦理道德生态却令人担忧：终极价值普遍迷失，对利益的追逐成为主导的价值取向，权力货币化、人的物化现象、信任危机日益严重等。当代中国价值教育领域正是在对时代的呼唤与回应中，探索着价值教育的基本维度，以把握前行的方向。

一、个体生命：意义世界的澄明

全球化时代中国价值教育应遵循的第一个基本维度：个体生命——意义世界的澄明。纵观我们当前生存环境的众生百态，不难发现：现代社会价值教育的内容所欠缺的，正是对于核心价值的寻找和确立。价值源于生命的思想与需求，生于斯，而长于斯；因此核心价值应从生命中寻找。人类与外界一切物质、精神交流得以开展的共同基础是生命。对于每一个个体而言，价值教育是一种多层次的，促进认识生命本质、理解生命意义、从而提升生命价值的教育。它直指人的生存目的，能够使人认识到自身有别于外界的存在目的与价值，让人的生活充满价值感和意义感。我们之所以倡导这样的价值教育，最终目标是在于培养立足于现实、不断追求生命意义，达到自我反思并超越自我的人；培养能直面生活，致力于实现自我生命价值感、以实践真善美为人生理念之人。

1. 对生命本体的热爱与尊重

我们现在所处的时代，在人类历史发展的长河中，是一个以生命为核心观念的时代，正如西美尔在《现代人与宗教》一书中指出的那样，"在每一个重要的文化时代，人们都可以发现一种精神并由之发生与之相适应的核心观念。每一种核心观念都会无休无止地被修改、被搅乱和受到反对。然而它却代表着这个时代的神秘的存在。"① 西美尔以此回溯了西方社会历史的发展，指出在古希腊时代的核心观念就是"存在"；在中世纪，其核心观念是"上帝"；在近代，核心观念则是"自然"；而到现代，核心观念就是"生命"，他指出；"只是到了这个世纪的末叶，一个新的观念才出现：生命的概

---

① 【德】西美尔著，曹卫东译：《现代人与宗教》，中国人民大学出版社2003年版，第26页。

念被提高到了中心地位。"① 生命之所以成为当今时代的核心观念，是因为它建立在对人类近现代历史反思的基础之上。我们现在所处的时代，在一定意义上是一个终极意义迷失的时代，尤其是对于西方社会来说。在中世纪，基督教虽然压制人的主体性的发展，但毕竟用彼岸世界的天堂与永生给予人们精神的向往与心灵的寄托。宗教虽然是"麻醉人民的精神鸦片"，但它给予生活在尘世苦难中的生命以心灵的安顿。当西方的人文知识分子通过科学的理性祛除了宗教的神秘感和神圣性后，尼采以生命的名义对基督教压抑人性的伪道德进行鞭挞，并从道德的角度出发批判并封杀上帝，发出了"上帝死了，价值重估"的呐喊——原有的普世理念被解构，却来不及新建一套伦理的秩序。这导致刚从教会权威的桎梏里解放出来的西方人，一转身却又陷入了生命无意义的困境中。

在很长的一个时期中，人们曾为新时代的到来而欢呼雀跃。但随着对功利的最大追求，工具理性极度膨胀，价值理性却极度萎缩。在追求效率和实施技术的过程中，理性由解放的工具退化为统治自然和人的工具。启蒙理性的发展高扬了工具理性，以至于出现了工具理性霸权，从而使得工具理性变成了支配、控制人的力量，蜕变为追求浅薄而短暂的利益，最终导致了人性的扭曲与异化。在工具理性的误导下，人类心灵不断地向外追逐，而且愈走愈远，最终遗忘了自己的家园。随着工业文明的发展，资本家越来越富有，而工人却不断失业，陷入贫困，这种制度使人的主体性进一步丧失。就如同我们在影片《摩登时代》中看到的那样，人成了大机器的附属物；异化现象严重，人与人之间的真情实感只剩一层空壳，精神世界陷入前所未有的危机。像极了卡夫卡笔下一夜之间变成了大甲虫的旅行推销员格里高尔所遭遇的一切。工具理性的无限膨胀不仅盘

---

① 【德】西美尔著，曹卫东译：《现代人与宗教》，中国人民大学出版社2003年版，第27页。

剥了自然，破坏了生态环境，而且对个人和社会生活的各个方面都要加以无形的控制。"工具理性的发达固然给人类带来了物质财富的长足发展和社会的日趋进步，但是，须知这种'向外追求'的态度一方面给人类造了福，另一方面也给人类的生存造成了致命的伤害。生机盎然的自然界本来是人类生命的源泉，此时反成了人类无情的对立物，或任人伤残的一片死寂的天地。人与自然之间那种'融合游乐'的原始情感被扼杀一空。对待自然界固然是掠夺、利用、征服的态度，而对待自己的同类差不多也是如此的态度，人与人之间真切美善的情感日渐淡漠。"① 这种危机形成现代性的危机，"现代性危机与以前所有时代的文化危机之不同在于：生命因反对形式本身以致不再有形式可以用来表达自己。"② 即生命陷入到对肉体本能与物欲的追求之中，人对精神与意义的追求呈现迷失的状态，如同树木自我切断了向上传送养料的管脉。因此，20 世纪的西方社会在一定意义上如西方人本主义哲学家弗洛姆所宣称的那样："19 世纪的问题是上帝死了，20 世纪的问题是人死了。"③

如果说 20 世纪是人的生命受损的时代的话，那么 21 世纪就是人的生命重建与复兴的世纪。生命的概念之所以被重新提到当今时代的高度，是缘于它建立在对 20 世纪人类存在危机的深刻剖析的基础上，对影响并指导人类行为的诸多价值观进行了理性的审思与极具批判价值的总结。"在时间上，以世界史的观点，在空间上，以全人类的视野，来思考人们的思想和行为，探寻人类的共同的精神之

---

① 李振纲：《珍惜生命，热爱和谐——21 世纪的文化价值观》，《现代哲学》1999 年第 4 期。

② 【德】西美尔著，曹卫东译：《现代人与宗教》，中国人民大学出版社2003 年版，第 26 页。

③ 【德】弗洛姆著，孙恺译：《健全的社会》，贵州人民出版社1994 年版，第370 页。

路，我认为，'生命'就可以作为全人类的共同的视野。"① 因为在 21 世纪这一全球化的时代，只有生命才可以超越不同国家、民族与个人利益的狭窄视野，只有生命才是平等与唯一。"人是生命的存在，乃是超越任何社会、国家和民族的具有普遍性和绝对性的事实。"② 正是树立了这样一种生命的尊严观，因此才可以作为面向 21 世纪的最重要的命题。换句话说，当今的时代是一个以人为本的时代，以生命为重的时代。在以生命为本的时代，对生命本原基本向度的追求成了一大重要课题，价值教育正在为之而努力。

热爱与尊重是价值教育追求生命本原的基本向度，也是教育引导人从"原初生命"出发，向更高精神境界发展的结果。基于生命本原的教育，既不能止步于浅表的知识技能教育，也不能放任于生命的盲目冲动，而是在对生命的整体观照中哺育人性的内在力量，以帮助受教育者获得生命的存在之根与生活的现实之力。价值教育应首先帮助受教育者确立科学的、完整的生命意识，即帮助受教育者认识生命的本质，进而欣赏生命的丰富与可贵，启迪受教育者如何珍惜生命、尊重生命，并不断创造生命的价值。

尊重生命及其发展历程的独特性和差异性。"人是一个特殊的个体，并且正是他的特殊性使他成为一个个体。"③ 与传统教育强调共性、忽视个性相比较，生命教育强调尊重生命及其发展历程的独特性和差异性，不搞平均发展，不搞"填平补齐"，让每个学生在原有的基础上、在不同起点上获得最优发展；尽可能发现每个学生的聪明才智，尽力捕捉他们身上已表现出的或潜在的创造力，使每个学生都形成自己的特色与鲜明的个性。

---

① 【日】池田大作著，王健译：《佛法·西与东》，四川人民出版社 1996 版，第 4 页。

② 【日】池田大作著，卞立强编选：《池田大作选集》，北京大学出版社 1988 年版，第 90 页。

③ 《马克思恩格斯全集》第 42 卷，人民出版社 1987 年版，第 123 页。

尊重生命，也就意味着尊重个性。生命是人的载体，没有生命也就谈不上人的一切情感、思想。个性是蕴藏在生命本质中的，通过生命的形式呈现出来。扼杀个性，也就是扼杀其生命，没有个性的生命无异于行尸走肉。而在这里，我们更需要特别注意的是"个性"的实质。当今在很多青少年的观点里，一些标榜自己与众不同的夸张甚至怪诞的话语、行为、装束就是"有个性"、"非主流"，并对其进行了疯狂的追捧。其实这是一种源于缺乏自我认知感的自卑心理，当一个人并没有或者无能力去发掘出自己内在真正的自我价值的时候，他就开始趋同于其他主流人群或者非主流人群。他需要一种归依感，尽管这种归依感是虚无的，但只要他觉得自己是混在人群中的人，并没有被人群抛弃，那么他就得到了满足。因此作为一名教育工作者，不但要懂得尊重个性，还必须分辨清楚真正的个性与"伪个性"的区别，而不是一味地加以赞誉。尊重生命之个性：生命是具体的、独特的，而不是抽象的。鲁迅先生曾指出，生命应是"以己为中枢，亦以己为终极：即立我性为绝对之自由者也。"[①] 每一个生命都有其不同的天赋、兴趣、气质和冲动等。每一个生命都是独一无二的，教育者不仅要承认受教育者个性的差异，而且要懂得欣赏差异。罗素先生指出：参差多态乃是幸福本源。价值教育者要有大自然般博大的胸怀。个性的完善同生命意识是有很大关联的，培养个性，也是一个激发生命的过程，让生命充满活力，充满热情的过程。个性成长也是生命表现创造性、生动性的过程。生命是鲜活的，窒息生命，压抑生命，必定表现为对于个性的压抑和束缚。

以爱育人是价值教育的一大体现。爱是人原初生命的直接体现，爱是生命的推动力，是生命行动的力量。美国哲学家蒂里希非常深

---

① 鲁迅：《坟·文化偏至论》，《鲁迅全集》第 1 卷，人民文学出版社1981 年版，第 51 页。

刻地说："若没有推动每一件存在着的事物朝向另一件存在着的事物的爱，存在就是不可能的，也是不现实的，在人对于爱的体验中，生命的本性才变得明显。"① 对生命的爱、对世界的爱、对他人的爱，是创造力的源泉，因为有了爱，人才会给予这个世界，奉献于他人。因为有对生命的爱，人才会积极地献身于自己的劳动和创造，才会追求智慧和道德。从生命之"力"出发的教育，之所以追求爱的理想，寻求教育中的情感世界和情感表达，是因为爱与情感体现了生命力量观的基本思想。教育追求爱的理想，以爱为教育的重要价值，是教育表达生命之力的基本方式。爱的本质是原始的感性生命力的"理性"运动，它不仅是一种原始活力。爱只有在与他人无限的精神交流中，在不息的生命经验中才能获得。因而，爱的教育，不仅讲述爱的智慧，而是以爱待人，创造爱的精神，提供爱的机会，肯定爱的价值，使受教育者在感受爱的过程中，学会创造爱，给予爱，最终获得一种实实在在的爱的能力。价值教育不仅只是教会受教育者珍爱生命，更要启发受教育者完整理解生命的意义，积极创造生命的价值；生命教育不仅只是告诉受教育者关注自身生命，更要帮助受教育者关注、尊重、热爱他人的生命；生命教育不仅只是惠泽人类的教育，还应该让受教育者明白要让生命的其他物种和谐地同在一片蓝天下；生命教育不仅只是关心今日生命之享用，还应该关怀明日生命之发展。生命教育的根本是对博爱的追求，对大同世界的渴望，是人性光辉的张扬，体现的是人物共存、天人合一的境界，寻求的是和平、和谐，是对今日竞争、破坏的平衡和纠正，更是对人类终极目标的追寻。而所谓博爱，是对所有人的爱，其特点是爱的独占性既是无私的，又是广大的。如果人具有爱的能力，他就会去爱周围的人。在博爱中凝聚着同所有人的结合、人的团结

---

① 【美】保罗·蒂里希著，何光沪选编：《蒂里希选集》（上），上海三联书店1999年版，第308页。

和统一。博爱的基础是认识到我们所有的人都是平等的。与人共有的核心相比，人与人之间在才能、智力和知识上的差别微不足道。要了解这种人共有的核心，必须要深入了解人，而不是停留在表面。在这一点上，打着"爱"的名号、缺乏理智的溺爱式占有显得非常浮躁，更有甚者，产生了大量的误导，在社会上带来了极坏的影响。

如果学校对受教育者缺乏责任心的培养，缺乏生命教育，缺乏爱的教育，那么，受教育者就会常常唯我独尊，不顾及他人的感情，只要求别人照顾自己，而不知照顾亲人和同伴；只要求父母对自己负责，而不知自己对家庭亦有一份不可推卸的责任。对于以爱育人的理念，很多教育者都耳熟能详，但是具有同等意义的"死亡教育"，大家一直都敬而远之。很多人不清楚死后究竟会怎样，想知道却又害怕知道。生与死是对立的，客观地说，我们生下来的那一天就意味着我们要死去，无非是中间过程的长短而已。死是人类思考的终极命题之一。按照人类的唯物辩证法的观点，人死就是生命的结束；按照唯心主义的观点，人的躯体是可以死亡的，但灵魂是不死的。在我国的传统观念里，对于死亡一直都是非常忌讳的，所以人们与受教育者常常谈理想、谈未来，却很少谈生死。中国古代的思想家在一开始就拒绝并试图禁止这方面的认知倾向，当子贡问孔子"死人有知无知也？"时，孔子答道："吾欲言死者有知也，恐孝子孙妨生以送死也；欲言无知，恐不孝子孙弃不葬也。赐欲知死人有知将无知也，死徐自知之，犹未晚也。"子贡出于好奇心问了个关于人死后有无知觉的问题，表现出了对未知事物的自然的认知兴趣，却被老师教训了一通，原因是他认为这种问题会妨害到人们当下的生活方式、破坏传统的礼俗。这样看来，为了维持制度的和谐，不惜禁止对真理的思索，这是君子的作风吗？用"守孝"的道德大棒压倒一切疑虑与提问，师者传道授业解惑的"解惑"到哪里去了？大人们都认为，与孩子讨论死亡似乎过于沉重，所以往往在孩子面前回避谈论死亡，直面孩子的生死发问时，或闪烁其辞，或以一些

不实之词美化死亡。这样，无形之中向孩子传递了关于生死的一些不正确的信息，从而让孩子对死亡产生了错误的观念。所以才会有些孩子认为死亡就像睡觉一样，明天还会醒来。如果对死亡的认识如此浅薄，无法具备正视的能力，我们怎能期望他们去珍惜和尊重生命呢？死亡教育，就是要帮助受教育者真实而科学地了解死亡，要和受教育者探讨死亡现象、死亡问题和生与死的关系，使受教育者通过学会面对死亡，从而能更深刻理解生命存在的意义，学会珍惜生命、尊重生命。

2．对生命意义的追问与赋予

人类生活的根本特点，在于透过文化的努力，有一整套"人"的原理、"人"的逻辑，从而获得"生命"的意义。"生命的意义是什么？它纯粹作为生命的价值是什么？只有这第一个问题解决了，才能对知识和道德、自我和理性、艺术和上帝、幸福和痛苦进行探索。它的答案决定一切。它是惟一能提供意义和尺度、肯定或否定价值的生命的原初事实。"① 对终极意义的追求，归根结底是出自生命最根本的需要。倘若不是如此，人就丧失了灵魂，不再具有存在意义，而是沦为他人或者其他事物的附庸。因此，价值教育应该以生命本体作为尺度，致力于探寻生存的意义，发起一场围绕终极意义从解构到再构建的运动。

生命的真谛最终取决于"意义"和"价值"，当这二者通过自身的不断探索与完善，从而超越一般意义上的生物性存在之后，"生命"就此进入一个崭新的层面，在精神的维度上具备了开放性的价值。著名的伦理学家包尔生认为"每种动物所意欲的目标，都是那构成它本性的各种生命功能的正常运行。每种动物都希望过符合自己性质的生活，这种天赋性质在冲动中显示自己，支配着动物的行

---

① 【德】西美尔著，曹卫东译：《现代人与宗教》，中国人民大学出版社2003年版，第28—29页。

动。这个公式同样适合于人，他希望过一种人的生活，在这种生活里包含着人的一切，也就是说，过一种精神的、历史的生活，在这种生活里为所有属于人的精神力量和性格都留有活动的空间。"① 在生物学意义上，人和动物都有生命，然而动物的生命主要是一个生理过程，而人的生命除自然的生理过程之外，更是一个文化的过程，是一个文化武装、文化引导、文化提升的过程。动物的生命与人的生命的最大不同，就在于人的生命有生命意义的探寻，进而推动生命不断获得提升。从根本上说，人是寻求意义的存在物，理性赋予人反省的意识，并使人具有自觉地关注自身价值与存在意义的能力，这种理性正是人的生活与动物生存的根本区别所在。显然，人之所以追求终极的意义或价值，是因为这就是人类的特性，人类与动物的不同在于人的精神与思想，因而生命的过程理所当然是满足人类精神的发展，满足人类这物种特有的存在方式。

价值教育从生命本体出发，构建人的终极意义。一方面，人是一种时间的存在，时间是生命的存在方式之一，也是生命限定的标志，这不仅是指人生活在时间中，而且指人是通过时间表现存在的。时间只能延续，不可重复和逆转，故人的物质生命对每个人来说只有一次，生命的有限性既是生命的魅力，也决定了人生存的基本价值，因而必须尊重自己的生命，也必须尊重他人的生命。"从这一意义上说，人要真正像人一样生活，首先必须承认自己的基点——生命的存在这一大前提，并把立脚点放在这里。"② "它决定了人类的这种本质性的客观存在——放在第一位的观点，是把生命看作没有

---

① 【美】弗兰克·梯利著：《伦理学导论》，广西师范大学出版社 2002 年版，第 166 页。

② 【日】池田大作著，卞立强编选：《池田大作选集》，北京大学出版社 1988 年版，第 90 页。

等价物的、至高无上的观点。"① "生命"的尊严是人的最高价值，因为它是人的所有行动的价值依据。

另一方面，人是一种空间的存在，空间也是生命的存在方式之一，它的理想状态是整体的、有差异的、自主地变化和发展着的。生命不仅受时间的限定，也受空间的限制，人生活在空间中，是通过空间表现存在的。空间视阈下的生命观：第一，生命是整体的存在。从自然结构上看，人的身心是不可分割的统一体；从社会意义上看，人不仅是自然的人，同时也是社会的人、文化的人；教育过程中的受教育者，是一个有生命、有思想、有感情、有创造力的多方面、多层次的整合体。生命有多方面的需要，包括生理的、心理的、物质的、精神的、行为的、认知的，等等。在任何一种满足生命需要的活动中，人都是以一个完整的生命体方式参与和投入的。价值教育既然以促进人的生命发展为主旨，就应当把受教育者当作一个完整的生命体，而不只是"认知体"；就务必把学校生活当作是受教育者生命历程的重要部分，关注受教育者生命的全部内容和全部过程，而不只是认知学习过程。第二，生命发展是自主的。生命个体最基本的关系与活动有两大类：一类指向外界即个体与周围世界的关系和实践性活动；一类指向内部，即个体与自我的关系和反思、重建性活动。在这两类关系与活动中，生命个体生存的基本方式也有两种：一是自主、主动；二是他主、被动。从生命自身发展的角度来看，这种自主性、主动性对生命个体的发展是不可或缺的，特别在今日变化急剧、生存环境中不确定因素大增的时代尤其重要。

美国当代著名的思想家丹尼尔·贝尔说过："每个社会都设法建设一个意义系统，人们通过它们来显示自己与世界的联系。……在

---

① 【英】A·J·汤因比、【日】池田大作著，苟春生等译：《展望二十一世纪——汤因比与池田大作对话录》，国际文化出版公司1985年版，第150页。

这些领域里丧失意义就会造成一种茫然困惑的局面。"① 现实教育中知识本位、技术至上，加上政治、经济等外在于教育自身的因素的强行介入，使教育演化为工具的教育，教育谋求的是"何以为生"的本领，放弃了"为何而生"的思考，忽略了对生命的尊重，对生命意义的探寻。教育的终极使命一度被忽视。教育把受教育者变成了考试的机器，而没有教会受教育者理解生命的意义，欣赏生命的美好。缺乏终极的关怀教育，最终只能造就没有理想、没有目标、无灵魂的物质存在。正因为如此，现实中才会有那么多受教育者因为自己一时的需要得不到满足而选择结束宝贵的生命，或者一旦闯关成功上了大学，就失落了生活的目的，甚至生存的意义，只能整天无奈地"享受"着无聊和郁闷。

人之所以为人，就在于会去追寻存在的意义与目标。法国著名思想家托克维尔指出，人类社会如果不追寻存在的意义与目标"就不会欣欣向荣"，甚至可以说"就根本无法存在。"② 人即使在大部分时候能麻木于日常生活，对存在无所疑惑，然而，人毕竟不同于快乐的猪，饱食终日便能无忧无虑。神学家拉内说得好，人是一种"发问的存在"，只要人活着，他就要去探求活着的意义，从而不断超越自我，直到达于至善或无限的境界而后已。价值教育应让受教育者明确自己的终极关怀，要让受教育者认识到追求生存条件和追寻生命意义是不同层次的人生境界，追求享受和享受人生不能混为一谈。要让他们懂得，为什么现实生活中许多人在物质生活丰富之后，却并没有感到人生的快乐和幸福，反而倍感心灵的空虚和精神的失落，这正是由于他们已经在某种层面上离开生命本身的核心意义去寻找生活。雅斯贝尔斯在他的《什么是幸福》一书中说："教

---

① 【美】丹尼尔·贝尔著，赵一凡、蒲隆、任晓晋等译：《资本主义文化矛盾》，三联书店1989年版，第197页。

② 【法】托克维尔著，董果良译：《论美国民主》，商务印书馆1988年版，第524页。

育的过程首先是一个精神成长的过程，然后才成为科学获知的一部分。"① 他这句话深刻地诠释了教育的人文关怀宗旨。价值教育更应最直接、最广泛地体现教育这一神圣的宗旨。让价值教育为年轻的生命多注入一些激情，多创造一些体验，多赋予一些憧憬，努力达到教育之于生命的最高境界——带着对生命的了知、洞察和至爱，带着人格的魅力和灵性，像寻找珍贵的金子一样去发现和唤醒生命的潜能，激发生命的活力。潜移默化，润物无声，让价值教育淋漓尽致地展示人性的魅力和对生命的至爱。

对于价值教育而言，教育关怀的基本涵义就是强调人应该具有完美的人格，高尚的心灵，应该有理想、有信念、有信仰，能够真正地超越一切世俗功利的束缚，达到真善美的崇高人生境界。一个真正完善的人才会真正热爱生命，珍惜生命，欣赏生命，体味生命之丰富、之美好，也能坦然地面对生命之无常，享受生命之苦难，达到与自身、与他人、与社会、与自然的和谐境界。我们的价值教育只有以生命为起点，以精神为理想归宿，才可能做到既培育人的生命活力，又使生命活力得到精神的引导和规范，使人性的力量不断进入新的境界。从人性的"生命力"和"精神力"两个方面来看，只有将两者真正结合起来的教育才是真正有深度的教育，因为只有这样的教育方能渗透生命的本质和人的内在灵魂。一个寻求深度的教育，决不是浮动于生命之外，用一套简单的教条阐释教育的灵性。精神教育只有具有生命的灵性，才能具有生命的创造力和包容力，才能把外部世界纳入到自身的框架之中，并渗透到教育生活的所有领域，从而唤醒受教育者对生命意义的反思，唤醒对真善美的内在追求，最终提升受教育者内在的心灵力量。只有具备这种精神的灵性，教育的一切形式和内容才会有生命的真实意义。在这样

---

① 转引自王琪、刘春芸：《生命是教育之本》，《人民教育》2003 年第 8 期。

的教育生活中，才能真正发生灵魂与灵魂的相遇，从而达到开启生命之"力"的目的。要实现这种精神的渗透，要求教育者必须超越以外在需要为目的的功利教育，确立"生命优先"与"生命平等"的教育原则，保持对一切生命的敬畏，关怀教育对象的生命本体，借助一切形式进行生命的对话，领悟生命的奥秘，发现人生的意义，才能使教育的生命境界得到提升。

3．对生命潜能的发掘与激发

价值教育绝不仅仅是一个认知性的掌握知识、发展智力的过程，更应该是一个促成完整的人的生成与成长的过程，是一个个体生命潜能多方面得以彰显、丰富的过程。现代价值教育是从理解生命、尊重生命、关怀生命的角度出发，让学生关注生命的存在、理解存在的价值、学会欣赏个体差异之美，从而使其理解生命真谛、唤醒生命发展意识、激发生命活力、提升生命境界、提高生命品质和促进人格健全，让每个生命的潜能发挥得淋漓尽致。关于个体生命的潜能，可以从以下两个方面来认识与理解。

首先，生命的能力有限，潜能却是无限的。人的所有能力都是写在基因上的，基因上没写的，人是无法具有的。村上和雄认为，人类的能力及其可能性决不是无限的，基因上没有写的事是无法做到的。人类的能力预先都写在基因上了。我们常常会以为自己获得了后天的能力，其实，那是以往一直隐藏在体内的能力表面化了——我们并没有创造能力，我们只是在表述能力。从某种意义上讲，一个人的能力是有限的，虽说是有限，但是这种有限与我们所想象的限度有着极大的差别，即写在基因上的信息量是远远超出了人类的想象的。这样，可以说任何事情都是有可能的，把它想象成无限也是无妨的。① 威尔逊在其《人类的本性》一书中，通过对遗

---

① 【日】村上和雄著，李平译：《生命的暗号——人体基因密码译解》，第46—48页。

传与环境在个体生命生成中的关系进行研究，揭示了遗传的作用。他认为，遗传提供了人类行为特质，也就是说，人们在一生中所实际发展的行为特质只可能在遗传所提供的潜在能力之中，而不可能超出这些潜在能力之外。并且，遗传还限定了各种行为特质在特定环境中发展的概率，在同样一种环境中，各种行为特质所可能发展的概率都不相同。不同的人，这种遗传在特定环境中发展的概率都不相同。但是，遗传并没有决定某种行为特质在任何环境中都必然会发展。环境则为实际发展遗传所提供的潜在能力中的那一种行为特质提供了外在条件，同样一个人在不同环境中的实际发展的行为特质不同——应然在外界环境的选择下物化为不同的实然。人的未特性化，表明了个体自身发展蕴藏着无限的潜能。潜能是发展的前提，动物的生命是完善的，它只能有本能和天性的出现，没有潜能，谈不上发展。人的发展过程，一定意义上，就是潜能的不断开发。

生命的能力或可预测，而生命的潜能是无法计量的。美国作家弗格森（Marilyn Ferguson）有这样一段名言："谁也无法说服他人改变。我们每个人都守着一扇只能从内开启的改变之门，不论动之以情或晓之以理，我们都不能替别人开门。"教育的最终目的就是让受教育者亲手去打开这一扇"改变之门"，亲手释放属于自身的"核能"。现代科学提示，一个正常人只运用了能力的百分之十，乃至百分之六。有人估计人能记忆的量相当于五亿册书那么多，而通常人们所展示出来的记忆力还不到百分之十；人的想象力只展示了百分之十五。[①] 大自然既然给予我们如此特别的构造，为何我们就不会适当的利用呢。心理学家沃什曾指出："在我们的内部存在着一些潜在的、尚未探究的巨大能量，是大多数人都没有意识到的高层的精神、意识状态和可达到的发展阶段。"生命的潜能像一个巨大的宝藏，任何人都想得之用之，但是手中的藏宝图却不是每个人都能看得懂的，

---

① 杨韶刚：《超个人心理学》，上海教育出版社 2006 年版，第 88 页。

浅显地说，价值教育就是指导人们去理解藏宝图的意思。

其次，每个生命体之间存在差异，因而每个生命体的潜能限度各不相同。生命是有差异的存在。事实告诉我们，学生的生理、心理差异是客观存在的，并且后天环境和活动导致的个体间的差异远远大于与生俱来的差异。这些差异在兴趣、爱好、志向以及气质、意志、性格等方面表现出来。就性格而论，心理学认为，性格是具有核心意义和个性心理特征，是指一个人对周围事物的一种稳固的态度和与之相适应的习惯化了的行为方式。性格不是生来就有的，是后天习得的结果，是在社会生活、教育影响和自身实践的基础上长期塑造而成的，而且，这种对现实的态度和行为方式的稳定性，贯穿在人的全部行为活动之中，在类似的甚至是不同的情境中，都以特有的人格特质表现出来。承认生命的差异性就意味着，我们不能强迫学生就范于某一刻板划一的教育要求或"齐步走"的教育模式，而应尊重学生生命的差异，欣赏学生生命的独特，因材施教，最大限度地挖掘每一个学生的生命潜能。

每个人的潜能状况也是不同的，而且在个体生命的过程中，在现实的具体生活中，一个人能实现的潜能是有限的。这不但因为每个人的寿命是有限的，而且还因其遗传而来的"发展的地形"的不同，因而限制了个人去实现人类的所有可能性。我们必须承认，即使是天才或记忆术的专家，可以精通的事物总是在量上和复杂性上有个断然的限度，而且每个人都可以轻易地学到心智技能的某些方面，换成别的方面就不见得如此了。[①] 所以，个体生命在其生命历程中只能成为他自己，而成为怎样的自己，是可以有选择的。

在对生命潜能的充分理解后，我们认为价值教育的任务是要努力使学生成为优质的自己，其特点是能从自己的生命本身出发，珍

---

① 【美】爱德华·威尔逊著，甘华鸣译：《人类的本性》，福建人民出版社 1988 年版，第 62—63 页。

惜和利用自己的生命资源，滋养生命，保持自身生命内在的一贯性，不断创造性地适应生存环境、不断超越"当下"的自己。启发受教育者，让他们激发自身的潜能极限，我们认为可以从以下三方面体现：

第一，唤醒生命发展的意识。印度文学史上最著名的泰斗、诺贝尔文学奖获得者泰戈尔先生曾深情地说道："教育的目的应是向人们传送生命的气息。"而长期以来，中国的教育观过分注重外在的影响和要求，较为忽视人的内心世界和自我意识的唤醒，使个体生命的发展失去了自主的力量和可能。存在主义教育思潮的代表、德国的教育家雅斯贝尔斯认为，真正的教育决不许死记硬背，不是理智知识和认知的堆积，而是"人的灵魂的教育"，"教育活动关注的是，人的潜力如何最大的限度地调动起来并加以实现，以及人的内部灵性与可能如何充分生成"。① 斯普朗格指出，教育绝非单纯的文化传递，教育之为教育，正因为它是人格心灵的"唤醒"，这是教育的核心所在。教育的最初目的不是传授和接纳已有的东西，而是从人生命深处唤起其沉睡的自我意识，将人的创造力、生命感、价值感唤醒。意识与自我意识是生命之灵魂，是人自主发展的力量，因为，挖掘和激发生命潜能必须唤醒人的生命意识。

柏格森在考察生命进化时指出，"处在生命源头的正是意识。……意识是一种对创造的需要，它只有在可能进行创造的地方，才对其自身显示出来。当生命被注定为自动机能（无意识机能）的时候，意识就处于睡眠状态；而一旦恢复了选择的可能性，意识便苏醒了。""动物为本能所控制，不存在意识。""在人身上，并且只有在人身上，意识才使自身获得了自由。"② 所以，意识照亮了人与

---

① 【德】雅斯贝尔斯著，邹进译：《什么是教育》，三联书店1991年版，第4页。
② 【德】柏格森著，肖聿译：《创造进化论》，华夏出版社2000年版，第222、224页。

世界间巨大的缺口，照亮了人的无意识领域，将生命复杂性推向了新的高度，不断地将人的潜能开掘出来。

第二，欣赏生命体差异之美。在生命的视阈下，受教育者应努力成为生命的独一无二的自己。个体生命在其成长的过程中有着多种可能，而且受自身的遗传特性、寿命、环境等诸因素的影响，那么，成为怎样的自己就具有了一定的选择性。每个个体都在努力成为优质的自己，所谓优质的自己是指个体生命遵循自身之道，成长为具有生命感、自主性、超越性和幸福感等生命品质的最佳状态的自己。正由于个体受各种因素的限制，人不能生而完全，是存在不可否认的差异的。这种与生俱来的差异并非悲观者赖以批判的对象，而是每个生命体对于生命潜能发掘的起点。生命存在差异性，只有懂得欣赏尊重差异性的存在，才能更好地实现价值教育的真谛。

作为教育者，我们应该认同每个受教育者。每个人，在人格上是生来平等的。而衡量一个社会的文明程度的重要标准之一即是各方面是否在追求公平，这也是个不言而喻的事实。但在教育界，据我们的观察，尽管官方的指挥棒和旗帜似乎都大张旗鼓地打着追求公平的旗号，却在某种程度上陷入了另一片误区。众所周知，人与人之间有着知识的差异、文化素质的差异、艺术品位与欣赏能力的差异等等，拥有这些能力的人自然较之于其他人而言更能体会到幸福感。而对于青少年来说，比拥有上述能力更重要的一种可贵的品质是好奇心，包括对已知存在的质疑心理以及对未知领域的探索欲望。在这种兴趣凭借自身或者借助外力的发展过程中，他能体验类似从"冥思苦想"到"豁然开朗"的愉悦与欣喜。可是一些教育工作者不知出于何种目的，武断地认为这样的学生是"偏离正常轨道"的，于是又打着"帮助孩子适应群体、社会，使之不至于与集体格格不入"的名号，强制把他们独特的能力向下拉平，把个性的棱角打磨殆尽。这种所谓的"公平"的逻辑是："我所没有的东西，你也不要有。"，实际上是一种基于懒惰、保守、固执、妒忌的可怕的

谵妄。而真正的公平在于："每个人根据自己在个性、能力等方面的差异，自由地选择人生道路的方向。"至于教育工作者所要做的，就是不该大包大揽，而是客观地给予建议与指导，根据实际悉心解答力所能及的问题，从而与受教育者之间建立一种平等积极的交流机制，这也是我们发自内心的期盼。

第三，生命潜能的最大化。生命的意义在于生命潜能的最大化，在于对生命有限性的超越，在于从有限的生命中寻求无限的价值。生命的潜能不可预测，不可估量，个体自身的潜能开发更不能拱手于人。正如弗格森所说，谁都无法碰触别人所守着的那扇改变之门。使生命的潜能发挥到最大效力就要求受教育者理解生命的发展意识和认同生命差异之美后，在教育者的启蒙下，提升自我生命境界、生命品质和健全人格。

对于教育者来说，教育的目的要直指生命，唤醒受教育者的生命感，价值感，使其无穷的生命潜能得以释放。教育的目的不仅仅是为社会培养所需要的人才，更是为了使个体生命内涵获得充分的开发。教育具有提升人的生命价值和创造人的精神生命的意义，能够开发人的生命潜能，创造人类的生命能量，满足人的发展需要，促进人的生命的总体生成。德国教育家斯谱朗格讲过，教育的最终目的不是传授已有的东西，而是要把人的创造力量诱导出来。教育活动的主体是鲜活的生命，教育者对生命的态度，将对学生个体的精神生命与社会生命产生持久的基础的影响。教育者只有在理清教育的本质宗旨后，才不会刻板地作为知识的输送机器，而是在以生命为本的基础上，成为受教育者生命的指导之光，引领他们开启潜能之门。价值教育能最直接、最广泛地体现以生命为本这一神圣的教育宗旨。让生命教育为年轻的生命多注入一些激情，多创造一些体验，多赋予一些憧憬，努力达到教育之于生命的最高境界——带着对生命的知晓、洞察和至爱，带着人格的魅力和灵性，像寻找珍贵的金子一样去发现和唤醒生命的潜能，激发生命的活力。

二、社会存在：共同体的维护与发展

全球化时代中国价值教育应遵循的第二个基本维度：社会存在——共同体的维护与发展。社会是人的集合，是一种由人构成的组织形式。人是社会性的存在物，人不仅有日常私人生活，而且也有社会公共生活，人的生活不仅要依靠常识做出选择，而且要自觉接受社会的主流价值观念，在自己的理性面前加以审视，并以此指导自己的长远选择。现代社会价值规范可以分为三个层面：一是社会的显型表现，通过国家主导意识形态表达出来，如社会主义核心价值体系的提纲挈领的价值引导等。二是隐型的表现，通过日常的风俗、习惯表达出来，是约定俗成的，无形之中支配着人们的行为。三是普遍价值规范。关于普遍价值规范，一般认为是世界上大多数人认可的基本价值。人类是一个命运共同体，那么人类就应该有一个超越不同群体的普遍价值规范。

1. 意识形态价值规范

过去，由于我们实行的是高度集中的计划经济体制，在价值观上只奉行一种大一统的"主导价值"。改革开放结束了以一种主义作为社会唯一正统的价值话语的时代，表现在马克思主义、共产主义虽然仍是社会的主流话语，具有绝对价值的性质，但这一主导意识形态已不再具有唯一性。它与国门开放后而涌入的各种西方的主义、思潮、话语一起共同构成了一个多元的话语空间，并且产生彼此对话和竞争的局面，由此使得选择包括非主流话语在内的任何一种价值观成为每个社会个体成员的合法自由权利。现代社会价值观的复杂多样及其碰撞，打破了传统社会价值观的单调、封闭、僵化的状态，使人们的价值生活呈现出色彩斑斓、生动活泼的局面，增强了社会的生机和活力，同时它也带来了价值失序等方面的社会后果。它使人们在价值选择中陷入困惑和迷惘，并由于不能形成一个完整

的、具有逻辑一致性的价值体系而产生出信仰危机和认同危机。它会使社会主导价值观的地位和作用受到削弱和限制，社会价值体系失去统一性，从而引发人们的思想的混乱和行为的冲突，导致社会的不稳定与不和谐。

面对现代社会不同价值观之间的冲突，社会需要积极地进行主导价值观的构建。如果没有一个权威的价值主导系统，社会便没有了基本规范，就会处在"无序"状态。所谓社会"主导价值"就是能被社会绝大多数个体接受，并能影响未来实际走向的社会价值。社会通过主导价值观为自身提供了最高价值理想和奋斗目标，引领着社会存在和发展的方向，引导个体的价值取向。主导价值观是由社会利益和统治阶级的利益所决定的，它是社会、国家向民众提出的价值观念导向和行为义务要求。主导价值观所要达到的目标主要是秩序与和谐，其基本立场具有鲜明的意识形态性，总是站在社会、国家和统治者的立场上，为其倡导的主导价值观念和规范进行辩护。主导性价值取向和精神追求，有较多的理想和超俗色彩，对于社会风尚起着教化、指导、表率、导向的作用。

在社会价值观体系中处于支配地位的主导价值观，也即核心价值体系，提供了社会主导的价值原则、价值规范和价值理想，决定着该社会价值体系的基本性质。核心价值体系反映了统治阶级的根本利益，但它是否能够真正统摄其他价值观念，对它们进行整合、协调和引导，从而使社会价值体系稳定、和谐与统一，是否能够得到社会大多数人的认同，成为人们共同的价值观，还取决于它自身的性质的先进与否，取决于它是否真正反映了时代的价值诉求。进步的社会总是会顺应时代潮流，确立代表先进社会生产力发展水平、先进文化发展方向和广大人民群众根本利益的核心价值体系，并使之与时俱进，长久地保持旺盛的生命力，充分地发挥核心价值体系的社会功能。那么如何始终保持其先进性并处于时代潮流的领先地位呢？则需要强调人的正确思想只能从社会实践中来，通过实践的检验来证明是否反映了客观的价值规律。

新时期社会主义核心价值体系是社会主义意识形态的本质体现。"社会主义核心价值体系"是相对于社会主义社会中的众多价值体系而言的。我国是一个有五千多年历史的 13 亿人口的大国，区域的不平衡使其不可能只有一种价值体系，我国社会的价值体系是多种多样的。但是在这多种多样的价值体系中，必有一种价值体系是表征我们的社会性质的，对社会的发展起主导作用的，能够影响和引导其他价值体系的，这种价值体系就是社会主义的价值体系。社会主义核心价值体系是社会主义社会的主导价值观，是与社会主义基本制度和根本性质联系在一起的。它集中体现了中国特色社会主义的经济、政治、文化和社会发展的内在规定、要求和目标取向。建设社会主义核心价值体系是应发展中国特色社会主义的需要而提出的，它所倡导的马克思主义指导思想、中国特色社会主义共同理想、以爱国主义为核心的民族精神和以改革创新为核心的时代精神、社会主义荣辱观等，都是新时期社会主义意识形态的核心内容。社会主义核心价值体系，以理论层面为主导，统领理想、精神、道德等不同层面。例如在文化建设的方面，建立在以马克思主义为指导，为人民服务、为社会主义服务的基础之上，坚持百花齐放、百家争鸣的方针。贴近实际、贴近生活、贴近群众，不断推进文化创新。既立足当代又继承民族优秀文化传统，立足本国又充分吸收世界优秀文化成果。这便是从理论层面深入各项其他层面的典型范例。

坚持马克思主义指导思想，是从理论层面说的。马克思主义指导思想表明了社会主义事业的性质和方向，是社会主义核心价值体系的灵魂。中国共产党的指导思想是马克思主义与中国具体实际相结合的产物。中国共产党自成立之日起，就把马克思主义写在自己的旗帜上，并在改造主观世界和客观世界的同时，不断丰富和发展了马克思主义。马克思主义的巨大威力表现在与具体实

际相结合的过程中，表现在认识社会和改造社会的实践中。事实证明，马克思主义是科学的，它揭示了人类社会发展的客观规律，反映了最广大人民的根本利益；马克思主义是革命的，它强调的不仅是认识世界，更重要的是改变世界；马克思主义是开放的，它提供的不是一劳永逸的答案，而是进一步认识问题、分析问题和解决问题的方法。马克思主义理论教育恰恰是我们党和社会主义国家的政治优势，也是价值观教育的核心内容。马列主义、毛泽东思想、邓小平理论、"三个代表"重要思想和科学发展观不仅是价值教育的理论基础和指导思想，同时也是价值教育中占据主体地位、起主导作用的内容。坚持马克思主义指导思想，就是要强化价值教育内容的导向性，坚持价值教育内容的价值本体，以马克思主义理论教育为核心内容，通过思想理论教育，为树立正确的世界观、人生观、价值观打下牢固的思想理论基础。马克思主义理论教育除传播马克思主义的基本原理外，它根本的功能是使受教育者形成科学的世界观和方法论，并自觉地以马克思主义为指导去观察、分析和解决问题。

坚持中国特色社会主义共同理想，是从理想层面说的。中国特色社会主义的共同理想是全国人民团结奋斗的共同思想基础，弘扬这一共同理想，是社会主义核心价值体系的主题。改革开放的伟大实践昭示人们，中国特色社会主义坚持了科学社会主义的基本原则，又根据我国实际和时代特征赋予其鲜明的中国特色。它把不同社会阶层、不同社会群体的愿望有机地结合起来，使人们越来越认识到，发展中国特色社会主义伟大事业是国家振兴、民族兴旺以及个人幸福的必要前提。因此，中国特色社会主义是全国各族人民的共同理想，发展中国特色社会主义是实现中华民族伟大复兴的必由之路。崇高的理想和坚定的信念是人生的精神支柱和力量源泉，它既是教育的内容，又是教育的结果。理想信念教育既要着眼于未来，但又不能远离现实。我们要准确把握理想信念教育的科学内涵和实现机制，把形成共同理想和树立远大理想这两个方面有机地结合起来。而现阶段，最重要的任务就是通过教育使受教育者坚定对中国共产党的信任、坚定走中国特色社会主义道路的信念、坚定实现中华民族伟大复兴的信心，从而树立起建设中国特色社会主义、实现中华民族伟大复兴的共同理想。这项任务意在培养受教育者的社会主义思想道德观念，为了能够逐步建立日益完善、反映不同层次和不同职业要求、具有很强引导力和规范力的道德体系，需要按照发展先进文化、建设和谐文化的要求，坚持不懈地用马克思主义中国化的最新成果武装全党、教育人民，引导全社会牢固树立建设中国特色社会主义的共同理想，坚持弘扬以爱国主义为核心的民族精神和以改革创新为核心的时代精神。这便是崇高的理想和坚定的信念与社会主潮流的完美结合，既展望未来，又与现实、客观条件不脱离，作为核心价值的主题的重要内容和中心环节。

坚持以爱国主义为核心的民族精神和以改革创新为核心的时代精神，这是从精神层面说的。民族精神和时代精神是社会主义事业发展的动力，大力培育民族精神和时代精神是社会主义核心价值体系的精髓。爱国主义是中华民族在漫长的历史进程中产生和发展起来的，以爱国主义为核心的团结统一、独立自主、爱好和平、自强不息的民族精神，已经深深熔铸在我们民族的血液和灵魂之中。民族精神教育是教育者在教育过程中通过有意识地传授民族文化教育内容，培养受教育者的民族情感和民族精神，并使这种情感与精神内化为受教育者的一种稳定的品质的教育。我们的民族精神与中国特色社会主义的伟大实践相结合，形成了解放思想、实事求是、与时俱进、开拓创新的时代精神。因此，以爱国主义为核心的民族精神和以改革创新为核心的时代精神，是建设社会主义核心价值体系的精髓。今天，我们要把以爱国主义为核心的民族精神和以改革创新为核心的时代精神有机结合起来，

把弘扬和培育民族精神贯穿于社会主义现代化建设的全过程，不断增强受教育者对国家的认同感和归属感，增强受教育者的爱国意识、团结意识和发展意识，增强受教育者的自尊心、自信心和自豪感。为了更好地发扬伟大实践的精神，教育工作者应该积极倡导爱国、敬业、诚信、友善等道德规范，开展社会公德、职业道德、家庭美德的教育，从而促进从人际关系到整个社会关系的和谐。广泛开展和谐创建活动，引导人们用和谐的思维认识事物、处理矛盾，塑造自尊自信，理性平和的社会心态，这对于维持时代精神的稳定传承有着至关重要的作用。

坚持社会主义荣辱观，是从道德层面说的。社会主义荣辱观是社会主义事业的道德基础，树立和弘扬社会主义荣辱观是社会主义核心价值体系的根基。荣辱观是人们在依据一定的思想道德标准进行自我评价和社会评价活动中逐渐形成的关于荣辱观念的总和，是世界观、人生观、价值观的外在形式和现实表现，它集中反映了社会的价值导向、人们的精神状态和社会的文明程度。以"八荣八耻"为主要特征的社会主义荣辱观的提出丰富和发展了价值教育内涵，它是世界观、人生观和价值观的重要内容，它内涵着社会主义思想道德的指导思想、方针原则和公民的基本道德规范，坚持了以为人民服务为核心，以集体主义为原则，以爱祖国、爱人民、爱劳动、爱科学、爱社会主义为基本要求。"从如何对待国家、人民、科学、劳动、他人、义利、法纪、生活的角度，高度概括了爱国主义、集体主义和社会主义的基本道德规范的本质要求，是中国传统美德和时代精神的完美结合。它是对社会主义国家公民应当遵守的基本思想道德规范的高度概括，是从总体上对社会主义社会主导价值体系的生动表述，也是价值教育的主导性内容。树立和践行社会主义荣辱观是社会主义核心价值体系的道德基础。社会主义核心价值体系以理论层面为主导，统领理想、精神、道德等不同层面。这些层面相辅相成、缺一不可，但各自又有特定的地位。这四条归结到一点，就是坚持为人民服务的价值理念、价值取向、价值追求。这是社会主义意识形态的主体和根本。

　　2. 日常生活价值规范

　　中国社会处于转型期，现代人们生活的自主性日益凸现。人们作为生活的主人，有自己的经济生活、职业生活、个人家居、休闲娱乐、社交公共生活等，人们日常生活具有个体性、民间性、公共性的特点，因此，价值教育必须尊重人们生活的特性，创建适应这种日常生活特性、体现现代社会意识并与人们生活实践紧密联系的日常生活价值规范。

　　"日常生活是以个人的家庭、天然共同体等直接环境为基本寓所，旨在维持个体生存和再生产的日常消费活动、日常交往活动和日常观念活动的总称，它是一个以重复性思维和重复性实践为基本存在方式，凭借传统、习惯、经验以及血缘和天然情感等文化因素加以维系的自在的类本质对象化领域。"① 我们在建国以后相当长的时期内，在社会日常生活领域，以政治和意识形态的特殊标准要求个人；重视价值评判和价值认知，忽略与人性有最直接联系的价值规范和日常基本的价值情感，导致各种违背常理的价值悖论和行为的出现。在计划经济时期，政治成为社会生活的主旋律，国家即社会，社会即国家，国家与社会处于高度同一之中，政治权力渗入日常生活、私人领域的很多方面，在这种社会背景下，国家意识形态代替了所有价值规范如社会、职业与个体日常生活价值规范。曾几何时，它可以不顾我国社会发展尚处于社会主义初级阶段的现实情况和大众觉悟的层次性特征，人为、生硬地推行那种政治性国家价值规范，并且使其成为社会的价值伦理要求，给社会的发展造成了

---

　　① 衣俊卿：《现代化与日常生活批判》，黑龙江教育出版社 1994 年版，第 32—33 页。

严重的恶果。因此，我们需要认识到，我国仍然处于并将长期处于社会主义初级阶段这样一个水平，既然生产力发展水平和教育科技文化都尚处在不高的层次，要达到政治、经济、文化并驾齐驱的高速发展，是一件极为困难的事。在意识形态方面，势必要不同环境不同背景做出适当的调整，使之更符合客观实际，才能使构建社会主义和谐社会的长期历史任务与全面建设小康社会的目标和基本实现现代化的战略目标衔接稳固。

改革开放以后，特别是社会主义市场经济的发展，我国逐步实现了从计划经济向市场经济的转型，加之政企分开，小政府大社会的政治体制改革，我国的社会政治关系也在发生着重要变化，随着经济成分和利益主体的多元化，独立于国家行政干预的私人领域、（民间）社会生活正在产生和扩展，中国的市民社会正在崛起。当市场经济大潮无情地冲刷着中国人们千百年来习以为常的日常生活世界的根基，当越来越多情愿或不情愿的人们被卷入市场经济和工业文明的进程之中时，这种由几千年农业文明培育的、未经过工业文明洗礼的自在自发的经验主体，面对着急速涌来的市场经济大潮，往往会无所适从。一些人会呈现出困惑、疑虑、恐惧、拒斥、逃避的状态，另一些人则会采取各种不可思议的、反常的行为。加之建国后很长时间内，政治运作乖舛造成人性劣变，官德与官风、公平正义、职业伦理与职业道德在改革开放大潮中十分稀薄，加剧了价值的失范和危机。

尽管日常生活也受到社会政治制度和法律规范的影响，但在日常情境之中，人们总是试图在个人自由与社会规范中找到一个平衡点，因而使日常生活更富于有情感性和情景性，更具有活力。人们在追求更自由不受约束的生活时，约定俗成了一套生活隐性的准则，即日常生活的价值规范。日常生活的价值规范的基本立场是非意识形态的，它直接源于民众的生活需要和生活实践。价值教育向生活世界回归，关键是价值教育内容要贴近生活，建立与个人生活世界的广泛联系，拓宽教育对个人的影响，赢得生活的尊重。价值教育如果不能给个体生活以启迪，增进其对生活的理解与智慧、勇气和力量，那么，它就只是一种空洞的说教。对于受教育者来说，价值教育主要存在于他的家庭关爱、学校学习、社会交往等日常生活之中。我们认为在价值教育的内容在日常生活领域应特别强调尊重与责任，这是日常生活价值规范基础性的内容。

所谓基础性内容，是指社会的基本要求、做人的基本品质，是价值教育最起码、最基本和最一般的内容，是价值教育内容结构中的基础部分。在价值教育的内容体系中，设立基础性内容主要是基于两方面的考虑：一是由于这些基础性内容或者说基础性价值观是最起码的，是当前所有人都应该具备的；二是由于这些内容是更高层次价值规范的生长点。把尊重与责任作为日常生活价值教育基础性内容，主要是基于社会发展和当代人发展的需要。而到了现代，社会发展的进程决定人格发展的趋势是由归属型人格向自尊型人格转化。现代社会是一个多元化发展的社会，其最根本的动力是人的自由天性的存在与发展；但是自由并不等于随心所欲，既要有多元，又要有基本的共识，而尊重恰恰体现了多元化时代的价值共识。这种多元化的社会价值共识经过岁月的沉淀，逐渐形成了人们基础性的行为准则，其核心内容是社会公德。由此，我们可以看出社会公德作为基础价值观念的核心部分，除了具有基础性外，还具有广泛的群众性和适用范围。社会公德总是伴随着社会物质文明和精神文明的发展，保存和发扬其进步的、合理的方面，剔除其落后的、不合理的部分。现代社会对于公德的要求更看重的是尊重并理解他人的个人发展与自由，这是最与时俱进的成分。围绕着这一点的改进，标志着社会中多元化价值共识发展的先进与否。

社会公德是社会普遍的秩序要求，即"有所守"，因此，它的价值基础与动力根源应主要是"敬"与"义"而非"爱"与"仁"。不可否认，"爱"是任何公民伦理体系所不可或缺的精神价值和渊

薮，爱能促成社会合作、互助，爱能促人积极参与群体生活，可是，群体生活非常复杂，显然需要其他的价值。从整体来说，群体生活中的价值应该多元而均衡。价值过于集中，容易导致重大的缺陷。"爱"基本上是主观的，社会的规模很大，成员多为互不了解的陌生人，稳定的生活秩序的形成，必须依靠合理行为法则（法律、风俗习惯）的建立和遵行。"爱"同"尊重"的性质有相当大的不同。爱是从主观的感情外推的，具有某种特殊主义的意味，能施予大爱于众生的人可能是圣徒而非常人，另外，爱作为一种强烈的情感，也难以持久不变，可能会萌生占有的欲望，或产生牺牲的倾向。而"尊重"是一种不干涉、肯定他人的态度，是一种平静的心情，亦是一种照顾他人的体面，不伤及，或不严重伤及他人的不满足本性的行为。与"爱"不同，"尊重"最能在"有所守"的消极社会公德方面发挥作用，而爱在这方面似乎难以充分发挥作用。大概所谓守法、守秩序、守规矩的所谓消极性社会公德多是以尊重为心理基础的，动之以爱的情况甚少，如开车让行人、少制造噪声，于"爱"何干。

如上所述，社会公德在现代社会主要是处理陌生人之间的关系，然而对不相识的人如何谈"爱"，所以在现代公民社会，尊重他人还有一个特别的意义。简单地说，尊重他人的意态与现代社会中自由之维系是息息相关的。从受教育者发展角度看，受教育者自身的发展特点决定了其对尊重的强烈需要。现代社会是一个充满竞争的社会，同时又是一个需要高度合作的社会，广大受教育者在获得尊重的同时也必须承担责任。可见，把尊重与责任作为日常生活价值教育的基础性内容是适宜的。

就责任而言，是指价值主体在道义上对其选择的行为的善恶及价值后果的承受。当人享有运用自身的意志自由行动的权利时，人才应对选择的行为负责。因为人既然面对着一种以上的可能性，既然可以在多种可能性中进行思考、权衡、取舍，那么这种选择就是他自己的，就证明他是同意选择这种可能性的，也就必然要为这种可能性的后果负责。尊重与责任作为日常生活价值教育的基础性内容，两者相辅相成，下面将对两者加以论述。

第一，尊重自己，对自己负责。尊重自己，即尊重自己的生命，尊重自己的内在价值。从生理状态的角度看，主要是培养受教育者对自己的生命产生珍惜爱护的情怀；从心理状态的角度看，主要是培养受教育者健全的人格特征，实现社会所推崇的人格与自我人格期望的一致；从社会发展的角度看，主要是培养受教育者能正确估价自己在社会上的价值和地位的能力。强调受教育者要尊重自己的目的是培养受教育者对自己负责的自我责任心。所谓的自我责任心是指一个人能在遵守道德、法律法规的前提下对自己的生存和发展抱以积极主动、认真负责的态度而产生的情绪体验的反应。这种反应表现为：关心自己的健康，在认识自己独一无二价值的基础上能满意地接受自己，能利用一切条件和各种机会发挥自身的潜能。自我责任心的树立，可以促使青年自我承受能力、自我适应能力、自我心理变化能力的发展，从而坚持自我完善、自我保健。

第二，尊重他人，对他人负责。对他人的尊重源于对生而平等的理念的承认，是对他人人格的肯定与尊敬。尊重他人的内容十分广泛，如尊重他人的人格、情感、宗教信仰、风俗习惯以及隐私等，其中尊重他人的生存空间和情感尤为重要。尊重他人的生存空间要求每个青年对他人事务和看法的尊重、对他人才能和成果的尊重及对他人隐私权的尊重，从而产生一个宽松自由的工作生活环境，使个人的创造力得以最大限度的发挥。尊重他人的情感则是强调同情心的培养，同情心就是在感情上与别人达到和谐一致，它可以使个人情感溢出与别人的情感交汇，从而真正理解和体谅他人。

第三，尊重社会，对社会负责。尊重社会主要是尊重被社会群体所认同的共同价值和行为规范。每个人都无法摆脱社会的影响和作用而独立存在，个体能否与社会同步发展就在于个体对社会的尊

重及尊重的程度，公民意识的培养是尊重社会教育的重要内容。尊重社会的关键就是要有对社会负责的社会责任感。社会责任感是个体对他人和对社会所承担的第二性义务，就是对别人的关注，并在他们要求时做出积极反应。强烈的社会责任感使个体间互相关心，团结依靠。①

3. 普遍价值的社会规范

在日益全球化的历史时代到底有没有普遍价值？普遍价值是怎样生成的？当代社会的普遍价值规范内容是什么？这是 20 世纪中后期全球化初现端倪以来价值哲学研究视野中的一个重大理论问题。学术界对此展开了深入的研究和探讨，为之著书立论者颇多，然而争议较大，众说纷纭，莫衷一是。

全球化进程中普遍价值是否存在？当代社会全球化浪潮浩浩荡荡，人类主体的整体意识已经觉醒，但是还没有形成自觉的整体伦理意识与观念，国家主义思想仍然盛行。但是在全球经济一体化、人类面临共同发展困境、交往媒介现代化的背景之下，个体活动的广度与深度将空前加大，个体交往超越时空，出现了即时的时效性，而不是局限于地球的某一地域、民族与国家，这时的个体与类的存在应该是休戚相关的，人类利益的整体性越来越明晰。基于人类是一个命运共同体的存在，人类应该有一个超越不同区域、不同种族的共同价值。人类作为一个整体，同样应该有自己的共同价值。"为什么我们需要一种全球性的伦理，这已经再清楚不过了。因为：没有一种世界伦理则（人类）无法生存。"② 这是从应然的角度看的。从实然的角度看，这种共同价值也是存在的："种族不同、文化迥异的人类社会之所以会朝着全球一体化的方向迈进，是有其深刻根源

---

① 参见石海兵：《论青年价值观教育内容的结构体系》，《思想理论教育》2007 年 23 期。

② 【瑞】汉斯·昆著，周艺译：《世界伦理构想》，三联书店 2002 年版，第 83 页。

的，那就是人类的共同本质。"① 无论应然还是实然，普遍价值都是存在的。

全球化背景下普遍价值是怎样生成的？关于全球化背景下普遍价值是否可能、如何可能的问题，有学者指出，普遍价值的根据和可能性限度均在于价值主体，其根据在于各价值主体自身的一致性、统一性，其限度在于各具体主体的多元化及其独特的利益、需要和能力。同时我们认为，文化的差异与差异的价值重构是普遍价值生成的原初语境，只有在文化差异的语境中普遍价值才是存在的，才是有意义的；着眼于文化差异的原初语境，我们发现文化宽容是全球化条件下普遍价值的重要生成机制。

普遍价值的根据在于各价值主体自身的一致性、统一性。在全球化条件下，"寻求共同点，进行对话、交流、沟通和合作的意识和行动，就是对价值冲突的现实消解，对普遍价值的具体追求。"这种普遍价值"不是绝对的整齐划一，不是消灭独特性和个性，更不是某一种文化价值霸权高高在上，假借经济的或军事的力量对其他文化价值观强制趋同。"它"只能在具体主体的现实的、历史的交往和实践活动中，在基本的目的一致、在共同的利益和需要之上，通过求同存异、相互协调才能形成。"它是冲突各方在交流、对话、沟通之中，逐渐确认的共同的价值前提（根本利益和需要的一致），它可以缓和或化解分歧与冲突，避免冲突双方两败俱伤、甚至共同毁灭的后果。当然这是个漫长的、艰苦的历史过程，尤其是"不可调和的重大价值冲突的彻底消解，完整的全人类的普遍价值体系的确立，只有当个人与社会高度地自由与全面发展，真正形成了一个利益休戚与共、需要基本一致的共同主体之时，才有现实的可能。"②

---

① 王四达：《全球化：一个逻辑与历史的进程》，陈定家：《全球化与身份危机》【C】，河南大学出版社 2004 年版，第 27 页。
② 孙伟平：《文化价值冲突及其调适》，《湖南师范大学社会科学学报》2002 年第 6 期。

　　在一个多元文化社会中，只有超越于不同文化具体习俗的，基于人类基本价值和尊严的普遍价值观才有可能达成价值共识。在当代多元文化的社会境遇中，应以这种人类早已存在的道德"金规则"为基础，在相互尊重、平等、宽容、民主的前提上，通过充分的理性对话，达成更多的道德共识。在目前世界文化多元化、西方文化占据强势地位的情况下，必须特别强调，普遍价值的追寻是一个动态、历史的不断突破既有限度的过程，合理的普遍价值应该建立在高度发达的主体意识和能力基础之上。目前有必要更多地关注不同主体之间的交往、对话、沟通、合作，在理解与宽容之原则下，寻求逐步达成普遍价值之"契约"的途径。

　　普遍价值是社会生活的基础性要求。普遍价值之所以为普遍价值，在于它内在的开放性和亲和包容性，在于它的流动性和不断同具体、个别、特殊经验相结合的自由和能动性。关于普遍价值规范，一般认为是世界上大多数人认可的基本价值规则。一些学者尤其强调人类的普遍价值或全球价值对于文化全球化的实质性意义。他们认为，全球化进程不仅使人类日益认识到共同的命运，而且对人类的共性，特别是对自由、平等、公正、安全、福利、尊严等基本价值。"全球价值已经有了，如《人权宣言》、《环保宣言》、《核不扩散宣言》等等……但许多还不能为各国自觉遵守，而且还可能引起冲突。今后，一个民族最大的光荣是在全球价值的形成中增大自己的份额。全球化的未来将是全球价值形成并发挥主导作用的局面"。[①] 寻求普遍价值是缓和世界文化价值冲突的现实之路。

　　在当代社会，尽管由于历史与文化的不同导致了世界各国价值教育内容的千差万别，但是价值教育内容在发展的趋势上仍然有一些趋同。香港教育署于1996年印行的《学校公民教育指引》就已建

---

　　① 俞可平主编：《全球化的悖论》，中央编译出版社1998年版，第14—15页。

议将人类的普遍价值（普效性价值）作为"核心价值"来设计其公民教育课程。（香港课程发展议会编订：《学校公民教育理念构架》，《学校公民教育指引》，香港教育署 1996 年印行。）

《学校公民教育指引》建议采用的普遍价值（普效性价值）

普效性核心概念和价值：

社会　　平等　　自由　　公义　　友爱　　共同福祉

关心人类整体福祉　　容忍　　守望相助

从普遍价值的角度看，我们赞成以上的价值规范作为价值教育的内容。自由平等、公平正义、共同福祉、文化宽容这些价值理念也正是为现代公民社会所景仰所追求的共同价值，这实质上是肯定了公民价值理念是人类社会追求的普遍价值。

第一，自由平等。自由与平等同样是西方伦理价值观中的核心目标。黑格尔认为"自由是人的本性"；卢梭认为"人生而平等"；霍布豪斯和伯林主张"自由意味着平等"。自由与平等已成为现代民主社会的基本理想，而关于自由平等的普遍性诠释则是普世伦理的价值理念和道德规范的具体展开。虽然自由与平等的道德价值取向是不同的，但二者绝不是截然对立的。自由与平等之间的内在紧张主要表现为效率与公平、竞争与规则、权利与道义之间的矛盾。马克思认为：自由只能是"社会化的人，联合起来的生产者，将合理地调节他们和自然之间的物质变换，把它置于他们的共同控制之下，而不让它作为盲目的力量统治自己"[1]。在这里，马克思实现了对自由与平等之间内在紧张的消解。

从思想史上看，对自由与平等的关系的探讨经历了由理念论证到现实求证的过程。在这一过程中，自由与平等的关系呈现出理念上的和谐和现实中冲突的特征。在近代资产阶级启蒙思想家那里，

---

① 《马克思恩格斯全集》第 25 卷，人民出版社 1974 年版，第 926—927 页。

自由与平等是作为同等的、和谐共存的价值和权利被论证和追求的。在卢梭看来，"每个人都生而自由、平等，"自由和平等是人类本性的要求，平等是自由的前提，自由是平等的目标。霍布斯、洛克的自然法理论也认为，人在自然状态下，是天然平等、自由的，人的自由、平等权利并不因为进入社会状态而消失。相反，国家和政府就是为了保障人的自由和平等权利才具有存在的合理性。所以，在西方近代思想家那里，自由和平等都是人的"自然权利"。自由意味着"自由的平等"，自由意味着"平等的自由"。平等的根本要义是"主权在民"，古代的孟子提出了"民贵君轻"的著名论断："民为贵，社稷次之，君为轻。""民主、法制、自由、人权、平等、博爱，不是资本主义所特有的，这是整个世界在漫长的历史过程中共同形成的文明成果，也是人类共同追求的价值观"，是全人类的共同的精神财富，是现代文化大厦的奠基石。

第二，公平正义。正义（justice）是人类最古老的伦理观念，也是普世伦理的基本原则。如果说，在古希腊哲人那里，正义首先体现为一种个人美德的价值指向，如柏拉图将正义视为智慧、勇敢、节制之美德的和谐秩序；那么在现代西方伦理学中，正义则被首先看作是一种社会美德、一种社会制度伦理。美国学者罗尔斯在《正义论》中就指出："正义是社会制度的第一美德，正如真理是思想体系的第一美德一样"。无论是作为个人美德的正义或是作为社会制度伦理的正义，都具有不可抹煞的普世价值，它体现了人类共同体对普遍正义的追求。

第三，共同福祉。在马克思主义的历史学说中，包含着对于人类共同利益的揭示。因为这种理论始终都从人类生活的物质基础入手认识历史现象，把人类的自然需求即生存前提视为从事全部社会活动的基础，也就是说，人类首先必须吃、穿、住才能够从事自身社会的政治、经济、文化、科学、艺术等等一切活动。人类共同利益证明为一种客观存在，同时人类共同利益的存在并不否认人类生活的复杂性和多样性，以及人类个体需求的重大差异；这就是说，人类应该容忍自身社会内部存在的一切重大差异，并且在共同利益的基础上找到解决社会问题的途径。人类共同利益是一种客观存在，然而利益永远是具体的和个体化的。因此，局部和个别利益主体间的矛盾冲突仍会存在，最根本的在于解决这些矛盾冲突的方式应该服从于人类生活共同利益的要求。所以，共同利益的原则应该成为人类处理一切事务的最高准则。如果人类会自觉遵循共同利益的原则解决所遇到的各种问题，不同的政治制度将能够为着解决人类生活面临的共同问题趋向于团结与合作，人类将把各种生活方式和文化的差异视为全人类文明的共同组成部分。在共同利益的基础上，人类将会根据全新的原则找到解决具体利益冲突的方法，和平会比战争更重要，团结会比对抗更重要。因此，在21世纪，一切本来存在于人类自身的美好素质必然得到充分的发扬。

第四，文化宽容。文化宽容强调的是对于不同的价值观念的包容，在话语平等共存的前提下允许其存在，这是进行文化沟通的底线，也是形成普遍价值的重要前提，我们把这种文化宽容叫做底线文化宽容。文化的差异与差异的价值重构事实上成了普遍价值生成的原初语境，具体地讲，文化宽容要满足以下三个条件"第一，各种话语间的平等共存，不论这些话语是高雅的还是通俗的，是激进的还是保守的，是深刻的还是平庸的；第二，话语的自我批判意识，'唯我'而不独断，不断在自我否定的基础上实现自我超越，而非在形式上对个人话语的'个性'特征的坚持，才是坚持个人话语的理性态度；第三，对他人话语的尊重，合理的批判与赞许都是尊重应有之义，尊重的目的在于实现不同话语间的沟通。"① 也就是说，毋庸讳言，文化差异语境中的文化宽容在坚持底线文化宽容的基础上，

---

① 冯建、李先军：《后现代文化与宽容》，《社会科学论坛》2005年第10期。

依赖文化沟通，在拥有平等话语权的交流中实现了不同文化价值之间的相互渗透，由此形成了相对的普遍价值即内蕴着"价值共性"或"似价值共性"的价值体系。

三、人与自然的共在：和谐与可持续发展

全球化时代中国价值教育应遵循的第三个基本维度：人与自然——和谐与可持续发展。在人类的发展史上，人与自然的关系经历了由和谐到失衡，再向新的和谐发展的螺旋式的上升过程。自然给人类带来巨大的财富，同时也给人类带来了巨大的灾难，这与人类的初始意愿不甚相符。在这些反反复复的过程中，人类逐渐发现了人与自然是密不可分的。一方面，我们注意到人与自然是相互联系、相互依存、相互渗透的。人既然来自于此，其本身就是自然界的一部分。人类的存在和发展，是无法与自然分离的，必然要同自然进行物质、能量的交换。随着生产力水平的提高，人类认识自然、改造自然的能力不断增强，现在的自然已经不是原来意义上的自然，而是到处都留下了人的意志印记的自然，即人化了的自然。"人化自然"表明人与自然之间的相互联系、相互渗透越来越密切。人与自然之间客观上形成的依存链、关联链和渗透链，必然要求人类在认识自然、改造自然、推动社会发展的过程中，不仅要自觉地接受社会规律的支配，同样要自觉地接受自然规律的支配，促进自然与社会的稳定和同步进化，推动自然与社会的协调发展。另一方面，人与自然之间又是相互对立的。人类为了更好地生存和发展，总是要不断地否定自然界的自然状态，并改变它；而自然界又竭力地排斥人，力求恢复到自然状态。人与自然之间这种否定与反否定，改变与反改变的关系，实际上就是作用与反作用的关系，如果对这两种"作用"的关系处理得不好，特别是自然对人的反作用在很大程度上存在自发性，这种自发性则将极易造成人与自然之间的失衡。因此，现代社会的价值教育在以生命为本体的基础上必须改变原有的错误

的价值观，要积极正视自然的生命力量，明辨可持续发展观的价值追求，追寻和谐秩序的内在意蕴。

1. 人与自然的价值澄清

从人与自然的关系而言，人作为世界万物中的一员，它必然与世界其他万物存在联系，这种联系有一定的内在固有的秩序。人类倘若是无意识的存在，它将会与其他万物一样，以马克思所言的"物种的尺度"，安然于大自然的怀抱休养生息，但人毕竟不同于其他万物，它是一种有意识的类的存在，面对与自然的关系，它会观察、体验与审视。

人与自然的关系是随人类生产能力的发展而变化的，二者的关系表现为一个历史性的发展过程。在原始社会，人类认识自然和改造自然的能力十分有限，表现为人受制于自然。因为人的力量的渺小，自然力量的强大，人在自然中产生的是深深的紧张感与畏惧感，于是人类以对自然神的崇拜的原始宗教的形式，祈求神灵的庇护与保佑，以缓解人类生存的紧张与焦虑，人类对人与自然关系中所处于的弱势的秩序是无奈与不甘，体现在主客体关系层面。自然占据支配和主导的地位，人的主体性便被自然的威力所吞没。人与自然关系的核心命题随着生命的自我进化在对立之间不断地转化，在倡导科学发展观的今天，人们普遍认为，坚持以人为本，就能保证人与自然的和谐，但历史告诉我们，现实与我们的认识并不一致。因为坚持人类以主人自居的主人论，其结果就是把自然当作奴役的对象，把自然看作无生命状态的客观实体。上述论点的先进性是相对于以物为本而提出的命题，但是，并不是说所谓"以人为本"就是人与自然和谐关系的最好证明。以自然为本，并不是说人类就是面对自然无所作为，而是顺应自然规律（也就是客观规律），利用自然规律而有所作为。因为客观规律是改变不了的，是不以人的意志为转移的客观实在。提倡并遵从以为人本和以自然为本的二元论这是马克思主义实践者应该

遵循的基本准则，坚持以人为本的前提必须是坚持以自然为本。否则，其结果就是人类的自我毁灭与自然对人类社会无穷无尽的无情报复，一直到毁灭人类自身为止。

随着人类生产水平的提高，人与自然的关系开始发生了转变，人类逐渐由"敬畏自然"的态度变为"征服自然"，自然成为人类改造的对象。进入工业社会以后，人类开始大规模改造自然，在主客体关系上，人类的主体性不断增强，具有了改造自然、征服自然甚至是驾驭自然的能力和实践活动，在对客体自然的实践活动中使之尽量满足主体人类利益的需要。在价值观层面，人类一改"敬畏自然"、"敬畏神灵"的思想，开始转向"敬畏人类"，即"人是万物的尺度""人是目的"，逐渐形成了"人类中心主义"的价值观，随着18、19世纪自然科学的巨大进步，这一价值观因人类掌握和支配力量的增强不断膨胀而发展到极至。主张"人类是世界存在的最高目的，人类的价值是最崇高且是唯一的，其他物种的价值只有在人类使用它们的时候才表现出来，也就是说他们自身并没有价值……因而一切从人类的利益出发，维护人的价值和权利就成为人类活动的最根本的出发点或最终价值依据。"由此，自然沦落为仅仅是被人类所支配利用的对象、利益满足的工具、能力与主体性体现的手段，人占据了绝对的中心地位。"现代的科学文明是以对立关系去处理人和自然界的，它的出发点是为了人的利益要去征服和利用自然"[1] 正是在这种"人类中心主义"的价值观支配下，人对自然的征服和支配的实践活动在20世纪发展到登峰造极的地步。应该承认，人类与自然关系的本质命题，是伙伴是朋友，而不是主人或仆人。以主人自居，仆人自居，还是以伙伴相处，朋友相处，是确立人类与自然关系的又一个基

---

① 【英】A·J·汤因比、【日】池田大作著，荀春生等译：《展望二十一世纪——汤因比与池田大作对话录》，国际文化出版公司1985年版，第31—32页。

本课题。人类自有文明以来，我们对人与自然的关系，始终停留在不是主人就是仆人这样的一个层面，始终没有超出这个层面。从世界文明史来看，这个层面已远远不能适应时代发展的需要。我们必须超越这个层面，从思维上进行理性的探讨与前进。

人类中心主义的价值观和实践行动使得现代的自然和人类的关系走向崩溃，导致人与自然的和谐与平衡被彻底打破。"随着人类征服自然，进而不断破坏自然，自然界固有的节奏开始紊乱。受到创伤的自然开始向人类进行报复。"[①] 人类在 20 世纪日益承受着全球性环境问题如"气候变暖；臭氧层破坏；酸雨蔓延；生物多样性减少；森林锐减；土地荒漠化；大气污染；水体；海洋污染和固体废弃物污染。"[②] 伴随着环境污染、能源危机和核武器的威胁，今天的人们越来越认识到科技的发展使人类社会陷入了深深的不可摆脱的生态危机之中。面临这些棘手的问题，世界各国政府和人民开始反省自身的行为，关注着这个人类赖以生存的地球的发展状况，并试图努力恢复它的原初状态。正如恩格斯所警告的，"但是我们不要过分陶醉于我们人类对自然界的胜利。对于每一次这样的胜利，自然界都对我们进行报复。"[③] 人与自然的关系问题越发正式理性地进入了人们的研究视野。要做到人与自然的和谐，必须抛弃旧的观念，注入时代发展新的要素，扩充新的内容。那么究竟该如何做呢？人类走过的足迹告诉我们。我们与自然的关系既不是"自然界是主人，我们是仆人"的关系，又不是"我们是主人，自然界是仆人"的关系，而是共同前进的伙伴关

---

① 【英】A·J·汤因比、【日】池田大作著，苟春生等译：《展望二十一世纪——汤因比与池田大作对话录》，国际文化出版公司 1985 年版，第 32 页。

② 【英】A·J·汤因比、【日】池田大作著，苟春生等译：《展望二十一世纪——汤因比与池田大作对话录》，国际文化出版公司 1985 年版，第 32—33 页。

③ 《马克思恩格斯选集》第 3 卷，人民出版社 1995 年版，第 383 页。

系，是共同发展的朋友关系。这就要求我们放下主人的傲态，放下仆人的卑态，平等地与自然对话，理性地与自然握手，与自然共同发展，共同前进。只有这样，自然界才会越来越美好，人类的前景才会越来来光明。

在历史上对人与自然关系的理解，中西方有着不同的取向，西方强调人对自然的改造和征服，中国哲学则主要强调天与人的统一，即"天人合一"，强调人对自然的崇尚与协调，天与人不是相对待之二物，而是息息相通的一个整体。与中国哲学的思想相比，西方文化传统的主流思想是人与自然的对立。在那里，自然只是一个无情的物，是供人类征服和索取的对象。特别是近代以来，发轫于西方的现代科学技术和工业革命，逐步向全球推进。人们向自然开战，与自然为敌，发展到今天，已经造成了十分严重的生态环境问题，直接影响到人类自身的生存。随着时间的推移，人口的急剧增加，人类经验和知识的积累以及科学技术的发展，尤其是工业革命以后，人类改造自然、影响自然的能力越来越强，"人定胜天""人是自然界的主宰"的思想日益增强，把自然界逐步看作是取之不尽、用之不竭的宝藏，肆无忌惮地掠夺式开发利用，同时把自然界看成是一个无底的垃圾箱，毫无顾忌地向其中排放废水、废渣、废气。近几十年来，我国"改天换地"行动空前，为了负载过多的人口，争取更多的空间，生产足够的粮食，人们侵占河滩，围湖造田，毁林（草）开荒；为了满足快速增长的用水需求，人们建起一个又一个蓄水引堤工程，可以让黄河断流，让海河干涸，把地下含水层抽干；为了降低生产成本，污水、废水不经处理就随意排入江河湖泊，严重危害了人们的健康与生存。在这种情况下，人们开始痛定思痛，重新审视人与自然的关系。现代的西方人开始反思，试图建立一个人与自然和谐共生的地球，由此，西方社会提出了很多有关环保的价值观和理论。例如，绿党提出了"生态先于一切"的口号，他们把自然的生态系统和人类的社会系统看作是一个相互作用、相互依赖的统一体，向全人类发出了环境保护的呼吁。此外，还有一些西方后现代主义者则强调要削弱人的主体性，实现人与物、人与自然的融和，认为主客二分思想和主体性原则使人一味向自然索取，与自然作战，这种无穷的追逐只能使人失去心灵上的安宁与自由。许多思想家还提出要到东方古老文化中去寻找人生的意义和宇宙的真谛，实现人类从向自然开战到与自然和谐交融的转变。一百多年前的先哲曾经指出，人类可以通过改变自然来使自然界为自己的目的服务，来支配自然界，但我们每走一步都要记住，人类统治自然界决不是站在自然界之外的——统治了自然也是束缚了人类自身，封锁了自我。

在可持续发展理念日益深入人心的今天，面对自然与生态界存在的种种问题，由"改造自然征服自然"转变为"人与自然和谐共处"成为各种实践的必然选择。当然，这种选择不是遥远过去的简单重复和回归，而是全面的发展和升华，是基于对追求和谐的价值观规律更深的理解和把握，是基于对可持续发展的追寻和渴望。

1972 年，英国著名历史学家汤因比与日本学者池田大作两度聚首伦敦，对当代人类面临的问题进行了深入的交谈。其交谈记录分别以英文和日文出版，英文版的题目是《选择生命》（Choose Life），日文版的题目是《面向 21 世纪的对话》。确实，面向 21 世纪，究竟是选择生命还是选择死亡，是人类必须做出的重要抉择。而选择生命，就是选择和谐，选择人类与自然的共存。这是整个人类智慧，包括东方智慧与西方智慧在当代的交汇与共识。在书中，汤因比和池田大作明确指出：人类如果想使自然正常地存续下去，自身也要在必需的自然环境中生存下去的话，归根结底必

须得和自然共存。① 他们看到，在当代，人类的力量影响到环境，已经达到了会导致人类自我灭亡的程度。而为了避免这一结果的发生，人们就必须在伦理上做出艰难的努力。有人认为，现在的灾害在科学进一步发达后，都是可以防止的。而在汤因比和池田大作看来，这是过于相信科学的力量了。科学对于伦理来说，是属于中立的一种智力工作，所以，无论科学怎样发达，从伦理的角度来看，人类命运问题仍在于科学是被善用还是被恶用，而科学所造成的各种恶果，也不能用科学本身来根治。关键是要建立"天人和谐"的生命伦理观。如果我们认为自然是为人而存在的，在这个假想的基础上去行动的话，科学就会被用于破坏性的目的。在汤因比和池田大作看来，科学技术是不应该被用来征服和统治包括各种生物在内的自然界这一目的的，"科学应该是用来使人类与自然的节奏协调，使其有规律的活动最大限度的发挥效用"。这就把科学技术的发展，纳入了"天人和谐"的体系，站在时代的高度上，高扬了人类与自然共生共存和谐发展的理念。

2. 和谐发展的价值旨归

人类是自然的一部分，人类源于自然，又归于自然，与自然融为一体。人源于古朴的自然再回归到自然的怀抱，与自然融合，这并不是简单的回复，而是一种更为高级的完美理想境界。因此，确立人与自然的和谐价值理念，是现代价值教育的重要内容之一。

关于人与自然之间相互关系的和谐，用中国哲学的语言来说，叫作"天人和谐"。在中国古代，"天"具有自然、本体、规律、伦理、道德等多种涵义，甚至还带有"至上神"的意味；但其最基本的内涵，还是指人类生长于其中的自然界。英国学者李约瑟曾经指

---

① 【英】A ·J·汤因比、【日】池田大作著，苟春生等译：《展望二十一世纪——汤因比与池田大作对话录》，国际文化出版公司 1985 年版，第40 页。

出："古代中国人在整个自然界寻求秩序与和谐，并将此视为一切人类关系的理想。"① 天人和谐要求达到人道不违天道，人认识自然，利用自然，尊重自然规律，从而为人类造福，不能盲目地为满足人类不断增长的物质欲望而违背自然规律，破坏自然界的平衡。如果天与人的和谐不能实现，人与自然的关系处在对立的状态下，不仅面临自然资源的枯竭，最终也将使人类面临毁灭。天人和谐是人类与自然界之间的和谐，无论是立足点，还是着眼点都超乎局部的利益，它并非使人匍匐于自然的淫威，归顺于自然；也不是使人凌驾于自然之上，任意妄为，而是倡导人与自然的辩证统一。天人和谐是一切和谐的最高理想境界。人类与自然关系的现实命题，是共生、共赢、共荣，而不是征服、改造、索取。人类与自然的关系既然是伙伴关系、朋友关系，那么要求人类在与自然关系的问题上，必须以互惠互利、共同发展为前提，克服目光短浅、急功近利思想，树立人与自然和谐并进的科学发展观。就是要求人类的思维视点，不能关注在征服上、改造上、索取上而是放在共生、共赢、共荣上；就是要求人类去爱护自然、保护自然，对自然抱有一种敬畏的心情，努力为失去平衡支点的自然界做些"亡羊补牢"式的修补或调整；就是要求人类适应顺应自然，利用自然自身固有的运动规律，更好地创造美好的生活；就是要求人类克服急功近利、自私自利思想，摒弃短视眼光，着眼现在，放眼未来，倡导并树立一种人与自然的和谐。

在当今知识全球化、科学技术全球化、经济全球化的冲击下，中国人的思想意识相当开阔；可是在人与自然的环保意识上，无论是政府，还是普通的民众依然没有给予足够的重视。尽管国家近几年来也在积极地做出努力，强调生态环境的保护，但是长久以来形成的政治决策习惯使国家的环保制度在有些地方往往流于

————————

① 潘吉星主编：《李约瑟文集》，辽宁科技出版社 1986 年版，第 338 页。

形式。因此，可以说长期以来，我国人与自然的关系是相对紧张的。党的十六届三中全会提出了人与自然和谐发展的观点，这在全国立即掀起了一场保护自然环境的运动，它让每一个中国公民都认识到了环境对人类生存的重要性，让每一个人都背负了保护自然环境的责任，把人与自然和谐相处落实到了每一个人的身上。我们认为，追求自然和谐价值教育的内容应该从以下几个方面反映这一趋势：

第一，敬畏自然。现代人之"敬畏自然"，与原始人对大自然的畏惧是不同的。敬畏之畏，可以从一语中探得它的含义。自然界的一切，都是宇宙智慧的创造物，破坏大自然，必然遭到大自然的惩罚。大自然的处罚是无情的，是令人畏惧的，人类应该调整自己与自然的关系。人类不应该与大自然对立起来，自然界不是人类征服的对象，而是与人类平等的生命，人类应该与自然求得和谐的发展，在改造自然、利用自然的过程中，要使自然界更美好，从而亦使人类的生存更为美好。敬畏自然，就是充分认识自然的伟大，充分认识自然界的一切都有存在的意义，自然界的奥秘是无穷无尽的，自然界的一切事物的生成，包括人类的生成，实在太神奇了；承认人类自身也是自然的一个组成部分，人类的智慧、人类的创造也是自然赐予的一份礼物，是无法与大自然相比的。人类既然是宇宙智慧的创造物，人类智慧应该领悟大自然的智慧，人类谋求自己的生存和发展之际，应该时时想到爱护自然，求得人与自然的和谐发展。

第二，尊重自然。在现代社会鉴于全球性的生态危机，哲学家提出作为生态系统的自然概念：生态系统是一个由相互依存的各部分组成的生命共同体，人类和大自然其他构成者在生态上是平等的，人类不仅要尊重生命共同体中的其他伙伴，而且要尊重共同体本身。任何一种行为，只有当它有助于保护生命共同体的和谐、稳定和美丽时，才是正当的。把其他生物看作是与我们平等的生命，看作是宇宙智慧的创造物，看作是宇宙之美的展示者，首先应该尊重它们，就像尊重我们自己一样。自然界到处都隐藏着生命，到处都有生命的萌芽，即使那些看起来死气沉沉的物质，也是宇宙生命的构成部分，也是生命的一种存在形式。那些高级的生命形态正是从这物质中产生的，换言之，包括我们人类在内的高级生命，只是物质的另一种存在方式。正如严春友《大自然的智慧》一文中写到，人类的智慧与大自然的智慧相比实在是相形见绌：无论是令人厌恶的苍蝇蚊子，还是美丽可人的鲜花绿草；无论是高深莫测的星空，还是不值一提的灰尘，都是大自然精巧绝伦的艺术品，展示出大自然深邃、高超的智慧。大自然用物质创造出了这样丰富多彩的生命，而人类却不能制造出一个哪怕是最简单的生物。每个生命都是自然的一部分，都由自然的物质组成，并永在自然之内。人与自然的关系应当是一种"生命维系"的关系。人是生命的存在体，自然生态也是作为"生命存在体"而存在的。一方面，自然生态具有自身不断进化的生命过程；另一方面，人作为客观现实世界的一员，其生命状态与自然生态的生命状态具有不可分割的联系，自然生态的死亡必然导致人类生命的衰竭。因此，人与自然的和谐关系首先应当是一种生命维系的关系。基于这种认识，著名学者施韦兹和莱昂波特创立了"生态伦理学"，认为生命是自然界的伟大创造，对人类和自然的生命都要给予极大尊重，"将生命分为价值高的（人的生命价值）和价值低的（自然生物的生命价值）的做法"是片面的。因此，应该将"善"的观念加以扩展，应当从自然界而不是局限于人类来认知人们行为的正误，把善和恶的观念扩充到自然界中去。一种伦理理论如果不包括人影响自然的行为规范，不确认人和生态是一种特别亲密、生死攸关的关系，就不能算是完善的伦理。因此，应当用生命的纽带把人与自然有机联系起来，把生命的完善和正常运转视做人与自然和谐关系的内在要求。

　　人类按自己的需要和利益利用自然、改造自然的同时，必须尊重自然界的客观规律。恩格斯指出，人对自然界的整个统治，是在于人们比其他一切动物强，能够认识和正确运用自然规律。因为人与动物不同，人类的类特性就是具有自由的有意识的活动，它把人同动物的生命活动直接区别开来。正是由于这种能动性，人才能发挥自己的主观能动性和创造性，实现对自然的改造和利用。但人不能由着自己的性子随意改变自然，而只能按照自然规律来利用自然。这里的自然，既包括人的自然，也包括外在自然。就是说，在对自然进行改造的过程中，主体人的能动性、目的性、计划性，必须遵循主体自然的规律和客体自然的规律及其两者相互作用的规律。不尊重这些规律，必然会遭到自然的报复。"美索不达米亚、希腊，小亚细亚以及其他各地的居民，为了得到耕地，毁灭了森林，但是他们做梦也想不到，这些地方今天竟因此而成为不毛之地，因为他们使这些地方失去了森林，也就失去了水分的积聚中心和贮藏库。阿尔卑斯山的意大利人，当他们在山南坡把在山北坡得到精心保护的那同一种枞树林砍光用尽时，没有预料到，这样一来，他们就把本地区的高山畜牧业的根基毁掉了；更没有预料到，他们这样做，竟使山泉在一年中的大部分时间内枯竭了，同时在雨季又使更加凶猛的洪水倾泻到平原上。"① 恩格斯对人类认识和尊重自然规律做出了比较乐观的评价："事实上，我们一天天地学会更正确地理解自然规律，学会认识我们对自然界的习常过程所作的干预所引起的较近或较远的后果。特别自本世纪自然科学大踏步前进以来，我们越来越有可能学会认识并因而控制那些至少是由我们的最常见的生产行为所引起的较远的自然后果。"② 从整个生态大系统而言，人类与自然万物皆处于互利

---

① 《马克思恩格斯选集》第 3 卷，人民出版社 1995 年版，第 383 页。
② 《马克思恩格斯选集》第 3 卷，人民出版社 1995 年版，第 384 页。

共生的关系中，相互关联，共荣共损，构成"利益共同体"。因此，人类在利用自然满足自身需要的同时，无论是从自身的利益出发，还是从人类长远的发展考虑，都必须保证人类的环境活动不能危害物种的生存和损害地球上的生命维持系统，都必须尊重自然、善待自然。可以说，尊重自然也就是尊重人类自己；善待自然也就是善待人类自己。

第三，顺应自然。顺应自然，追求返璞归真，并不是倒退到动物性的原始自然生活状态中去，而是对原始自然生活和现代化生活的辩证否定。大自然千姿百态，各种生态地貌的形成是亿万年自然选择的结果，森林有森林的作用，荒漠有荒漠的作用，沼泽也有其存在的价值。我们所要做的，是探索自然、认识自然，然后敬畏之、顺应之，而不能自以为人定胜天而做违背自然规律的事，否则，迟早要遭受自然的惩罚。人类只有顺应了自然，才能感受寒来暑往的惬意；人类只有适应了环境，才能享受风光旖旎的美景；人类只有融合于生态之中，才能有效地抵御自然界带给我们的无情伤害，才能真正意义上地与大自然和谐相处。人类对大自然的最后"征服"，不在于力的征服，而在于学会顺应自然，与自然和谐相处。

3. 可持续发展观的明晰

人类的生命活动与地球生态系统的生命活动息息相关，自然界的持续发展是人类社会存在和发展的必要条件。可持续发展观是价值教育的重要内容。可持续发展观是 20 世纪 70 年代以后在关于经济增长方式的辩论中逐渐萌芽和形成的。布朗（Brown，1981）在《建设一个持续发展的社会》一书中通过阐述"我们不是继承父辈的地球、而是借用了儿孙的地球"的观点，为可持续发展观的形成作了理论和定义上的准备。1987 年以挪威前首相布伦特兰夫人为主席的世界环境与发展委员会（WCED，1987）发表了《我们共同的未来》的报告，比较系统地阐明了持续发展战略思想，在世界各国

掀起了可持续发展的浪潮，它标志着可持续发展观基本形成。宣言提出了可持续发展战略，并作了经典性的概括："既满足当代人的需求，又不损害满足下一代人需求能力的一种发展。"它主要包括三个基本原则：（1）公平性原则。既要考虑当前发展的需要，又要考虑未来发展的需要；（2）持续性原则。发展必须以不超过环境与资源的承载能力为前提；（3）共同性原则。人们应认识到我们的家园——地球的整体性和相互依存性。可持续发展作为全球发展的总目标，所体现的公平性和持续性应该是共同的。《我们共同的未来》对可持续发展概念的正式形成起到了决定性的推动作用。我们认为，当前价值教育在对坚持可持续发展观的教育中应注重如下三个维度的内容：

第一，代际平等性。人类社会从历时性的角度看，是由世代延续的代际人群链有机组成的，本代人承接着前代人遗留下来的既定自然环境和社会环境，又开启着后代人必须接受的自然环境和社会环境。可持续发展战略的提出也改变了传统的关于主体间关系的认识。它坚持"代际平等"的原则，主张不同代的主体在生存和发展问题上的平等性。反对一代人只从自身出发来考虑问题，主张不同代的主体在资源环境等问题上具有共享的权力。人们不能再只是顾及自己的、眼前的利益，只顾及自己的行为是否符合现实伦理原则与要求，而不去考虑到后代人类的长远利益。恩格斯指出："到目前为止的一切生产方式，都仅仅以取得劳动的最近的、最直接的效益为目的。那些只是在晚些时候才显现出来的、通过逐渐的重复和积累才产生效应的较远的结果，则完全被忽视了。"① 以往科学与人文的分化所导致的传统的文化价值观念是以满足人类的物质需要为内容，以向自然的挑战为核心，以物质追求为目标的。因此，在这种文化氛围的熏陶下，人们的价值观也势必倾重于对自然的征服和物

---

① 《马克思恩格斯选集》第 3 卷，人民出版社 1995 年版，第 385 页。

质利益占有的贪婪。这种文化价值观念随着全球环境危机的日趋严重致使其弊端日益凸现，从而遭到人们的摒弃。罗马俱乐部的创始人奥雷利奥·佩西曾经一针见血地指出，人类创造了技术圈，入侵生物圈，进行过多的榨取，从而破坏了人类自己明天的生活基础。① 人类必须在研究地球资源再生能力和环境自净能力的基础上，使人类与自然协调发展；人类对自己赖以生存、发展的自然条件，必须在遵循自然规律的前提下，行使利用这些条件的权利，承担保护这些条件的义务；人类在利用这些自然条件的时候，必须为子孙后代留下一份宝贵的不遭污染和破坏的环境遗产；人类应当改变以追求物质需要为核心的传统消费观念和以牺牲环境为代价的传统发展观念。当代人对自然的行为，对历史遗产的行为，与未来人的生态有伦理关系，应该确立一种观念，即未来是现在的尺度。

按照这种可持续发展的要求，人类主体中代内不同空间主体与代际不同时间主体间要具有平等的生存发展权。当代人类主体可以通过他律与自律达到实现主体间的公平，可以分享与承担相应的权利与责任，这种权利与义务的对等是现实的客观存在，主体间可以相互制约与监督。但是未来人类主体只是虚置的主体、可能的存在，他们还没有成为真正现实的主体，这就决定了未来人类主体不可能与当代人类主体真正处于一种平等的权利地位，未来人类主体的权利与意愿如何得以体现？对当代人类主体的行为是否符合伦理规范如何去监督与界定？未来人类主体无法阻止当代人类主体将地球上不可再生的资源消耗殆尽；无法阻止当代人类主体把放射性垃圾留给他们去处理；更无法让当代人类主体知道自认为是无害环保的结果却在未来对人类构成了危害的事实。当代人类主体只能通过自律的方式去兑现对未来人类主体的承诺，但无法通过他律的方式去强

---

① 中国环境管理、经济和法学学会编印：《世界动态学》1984 年版，第104—106 页。

化自己的伦理责任。

第二，伦理关怀性。传统伦理主要是以人与人、人与社会之间的关系为调整对象的，传统伦理学的视阈主要是在（横向的）人际关系领域，其基本论题是人际伦理问题，它对于建构和谐的人际关系和人际道德规范是不可或缺的。然而随着工业化带来的环境问题的出现和逐渐加重，人与自然的关系已经凸现在人类面前，而传统的人际伦理对这一新的人与自然的关系问题即环境问题存在着理论功能的局限，由于其理论论域的限制，人际伦理无法解决资源稀缺、生态失衡、环境污染所带来的人与自然的关系问题，而这些问题已现实地、严重地制约了人类的发展，并使发展难以持续。既然以人与人、人与社会为对象的人际伦理难以解决人与自然的关系问题，那么，伦理关怀的对象由人与人的伦理关系延伸至人与动物、生物和整个自然界，从而扩大了伦理关怀和伦理思考的范围，由只强调人对社会的依赖，发展为同时强调人对自然的依赖，是对人类生存的社会性和对自然的依赖性的双重关照。它重新审视了人与自然的关系，指出人类也是大自然家族中的一员，人来自于自然，依赖于自然，与自然一荣俱荣，一损俱损，维护自然万物的生存权利同维护人类自己的生存权利是一致的，只有保持、促进自然物的和谐才是正当的善行，人类对自然的行为同样具有道德意义；它促进了人们对人和自然关系认识的变化，从原来绝对对立、对抗的关系到既对立、又统一的辩证关系。伦理关怀的扩展不只是对调节人的行为范围进行了拓宽，而且提出了一种崭新的思路，把人类行为的道德评价建立在社会大系统的发展中。人类为了自己的生存和发展，为了子孙后代的利益，必须考虑同自然的正当关系。因此，以人与人、人与自然的和谐发展和互惠共生为目标的可持续发展，就不仅依赖于制度和政策上的变革以及法律上的约束，其更重要、更久远、更深刻的支持力量来自于生态伦理道德的约束，即依靠扎根于人们内心的信念，运用生态伦理道德的规范和原则来调节人们的行为。人类作为自然巨系统中的一个子系统，与自然生态系统进行物质、能量和信息交换，自然生态构成了人类自身存在的客观条件。因此，人类对自然生态系统给予道德关怀，从根本上说也是对人类自身的道德关怀。人类自然生态活动中一切涉及伦理性的方面构成了生态伦理的现实内容，包括合理指导自然生态活动、保护生态平衡与生物多样性、保护与合理使用自然资源、对影响自然生态与生态平衡的重大活动进行科学决策以及人们保护自然生态与物种多样性的道德品质与道德责任等。这样丰富的内涵不断加强了生态伦理道德规范与原则在现代社会的重要性。

伦理关怀的对象向自然界以及人与自然关系的扩展，还扩大了人类的责任范围，使人类对自身所应承担的对自然的道德责任和道德义务有了一个全新的认识和肯定；提升了人类的道德境界，使人类能够在对人与自然关系进行全面反思的基础上重新认识自身的价值和意义；开阔了人类的认识视野，人类的行为被放在人——社会——自然的大坐标中加以审视，并对人类可能对自然界造成的多种后果进行全面的预测和评估。正是基于伦理关怀对象的延伸和扩展，为可持续发展奠定了坚实的思想基础，提供了可靠的伦理前提。

第三，有机整体性。人类是由不同国家、地区和社会群体组成的，他们生活在同一个地球，共同拥有一个地球。人类同处于一个地球，人类面对的是一个有限的生存空间和生存资源，人类要想使自己的发展可持续，要想使文明发展的链条能够世代延续而不中断，就必须增强"类主体"的意识与立场。要重新发现和重视"类主体"的利益和价值，从类主体的高度来审视发展，具有整体的发展观念。遵循马克思的把自然、环境和生态摆在对人的优先地位的观点，倡导有机整体观。有机整体观是生态后现代主义的一个基本主张，它认为世间万事万物是联结在一起的有机整体，整个世界是一个生命整体，人在自然之中，人的生存与其他

物种的生存状况密切相关，其他物种的存在状态关乎人类的生存质量。因此，整体的性质是首要的，部分是次要的，整体和部分之间的差别是相对的，联系才是基本的。正确处理大自然这个生态系统中的内在价值与工具价值的辩证关系，把保护环境是人类的义务与开发自然是人的权利辩证统一起来；把个人、群体的局部利益与全人类的整体利益辩证统一起来；把充分利用科学技术与限制某些科学技术辩证统一起来。着眼于人类社会的整体利益和长远利益，实现人与自然的和谐发展，必须坚持自然观与历史观的统一，以马克思主义自然观为基础，以马克思主义唯物史观为指导，全面贯彻落实科学发展观。人类应摆正自己在大自然中的道德地位，只有当人类能够自觉控制自己的生态道德行为，并理智而友善地对待自然界时，人类与自然的关系才会走向和谐，从而实现生态伦理的真正价值。

当代人类所处的社会环境正处于全球化的过程中，人类主体的整体意识已经觉醒，但是还没有形成自觉的整体伦理意识与观念，国家主义思想仍然盛行。但是在全球经济一体化、人类面临共同发展困境、交往媒介现代化的背景之下，个体活动的广度与深度将空前加大，个体交往超越时空，出现了即时的时效性，而不是局限于地球的某一地域、民族与国家，这时的个体与类的存在应该是休戚相关的，人类利益的整体性越来越明晰。当人类整体的利益成为个体利益坚实的保障，当整体系统目标成为个体目标的最优选择之时，高于个体伦理的整体伦理就会深入个体的观念之中，即个体的类伦理意识也应该逐渐强化。人与自然休戚相关，应当用相对的、可变的观点看待人与自然的关系。当然，对自然界的有效维护，不是要放弃人的主观能动性。人类是地球自然界的一部分，应以全球整体利益为出发点，才有较大的安全性和包容性。

就目前中国的生态伦理建设状况而言，当务之急是要推进生态伦理实践。西方的生态环境保护是自下而上的运动，主体是广大的民众，民众通过生态自觉表现出来对生态自然的关爱，通过生态环境运动促使政府出台一系列的政策和法规，生态道德的力量可见一斑。中国的生态环境保护是自上而下的推动，是由政府出台政策和法规来推进生态环境的保护，民众自觉的生态行为存在短视，往往把生态环境的保护看成是政府的事情，只要不直接损害自己的利益，就不愿主动参与生态环境的保护。生态伦理建设不能停留在理论层面，只有在现实的生态实践中，生态伦理思想才能真正生根发芽。生态环境的保护不能只依靠政府的行为，生态伦理建设也不能只依赖学者的著作，更需要民众的广泛参与。

第七章
全球化时代中国价值教育的关键问题

在中国价值教育领域，典型的意识形态性既是中国价值教育长期的特色之点，也是全球化时代日益招致挑战的质疑之处，那么，意识形态与价值教育关系应为如何？意识形态与学校课程关系怎样？意识形态在当代的实现路径该向何方？这些问题是当前中国价值教育无法回避的问题，且直接关乎当代中国价值教育的发展走向。

一、意识形态与价值教育

意识形态在中国当代价值教育领域中的地位和作用，存在着两种极端的倾向：一是在相当长的时期"泛意识形态"现象凸显，意识形态与价值教育的关系可谓二者合一，意识形态既是价值教育的精神统领，又是价值教育的基本内容，如此的密合，消解了意识形态与价值教育的差异，用意识形态的扩张遮蔽了价值教育的本真，从而使价值教育异化为只是意识形态灌输的介质。二是现时期出现的价值教育"去意识形态化"的倾向，这种力图将意识形态从价值教育领域清除出去的看法，正是源起对第一种极端密合关系导致弊端的警醒与反省，但却难免有些矫枉过正，致使意识形态与价值教育的内在关联被彻底否定。两种极端都有偏极之弊，皆为对价值教育的本质、内容与功能的不当把握，因而，对意识形态与价值教育二者之关系进行合理定位，形成张力空间的诉求也就呼之欲出。意识形态与价值教育的同异，可以分别从本质、目标与方法三个向度加以厘析：

1．价值主体："限指"与"全称"

从本质而言，意识形态与价值教育皆为"价值"的特定表达。"价值"这一中介是意识形态与价值教育内在关联的核心，但二者也有差异，意识形态往往只是一个特定阶级或社会集团"价值"的表达，而价值教育则是关乎所有个体生命对存在"价值"的诉求。

就意识形态的概念来看，意识形态的定义自从法国哲学家、政治家、意识形态的创始人托拉西第一个将意识形态概念理解为观念学以来，虽然至今200多年来，关于意识形态概念的不同理解形成纷争的战场，众多学者都曾对意识形态给予了自己的界定，但不可否认，由托拉西始之从观念学 ideology 这一词源意义来理解意识形态概念却已是学界共识。不过，这种观念体系却不同于别的观念体系，它的特殊性则在于它是一套有关价值、信仰或意义的观念体系。换

句话说，一个观念体系只有与一定的价值信仰和理想目标及其实践的态度相联系，才能成为意识形态。对于意识形态中的知识系统和单纯的知识体系区别，加拿大学者克里斯托弗曾形象地指出："当科学观念、公理、原理作为单纯的理论体系存在时，它们是科学而不是意识形态，一旦这些理论变成一种'词尾带主义'（－ism）的抽象意义，① 它们就变成意识形态。科学原理一旦由单纯的客观描述性理论变成意识形态的价值规范性主张，就有了或直白或隐喻的排他性观念，同时，也就有了在人们的心灵深处建构其观念的实践意志，就是说，它已不在于描述而在于规范，在于企图影响人们的观念。"②

　　这种意在影响人们观念与行为的规范就是"价值"，以此构成的观念体系也就是意识形态。故，"价值"既成为意识形态与非意识形态之区别之所在，也是意识形态内在的质的规定性，是意识形态的核心。众多的学者在这一点上持相同的看法。如威廉斯（Raymond Williams）认为意识形态的概念是用来描述"一个阶级或社会集团独特的世界观或普遍观念，它既包括一些系统的和自觉的信仰，也包括不那么自觉的和系统阐发的态度、习惯和情感，甚至包括一些无意识的假定、意旨和承诺。"③ 如伊格尔顿所指出的"意识形态是指很大程度上被掩盖了的贯穿在并奠基于我们实际陈述的那些价值观结构，我说的是在其中我们言说和信仰的方式，它们和我们所生活的社会的权力结构和权力关系有关……亦即情感、评价、感知和信仰的模式，它们与社会权力维系具有某种关系。"④ 再如吉尔兹

---

　　① 【美】克里斯托弗·霍金森著，刘林平译：《领导哲学》【M】，云南人民出版社 1987 年版，第 92 页。

　　② 何怀远：《意识形态的内在结构浅论》，《江苏行政学院学报》2001 年第 2 期。

　　③ 【美】克里斯托弗·霍金森著，刘林平译：《领导哲学》【M】，云南人民出版社 1987 年版，第 26 页。

　　④ Terry Eagleton, Literary Theory, minneapolis：University of Minnesota Press，1983.

（Clifford Geertz）所揭示的"意识形态则是文化的辩护性和论辩性层面，它指的是文化的那一个部分，即主动关心信仰和价值模式的确立与捍卫。"① 三位学者的表述虽然字面不尽相同，但对意识形态的本质的把握却是相同的，即意识形态是一个阶级或社会集团特定的世界观或普遍观，用以确立、传递和捍卫其价值和信仰。

显然，这套观念体系的主体是一个阶级或社会集团，且往往是社会的统治阶级或集团，核心则是隐含在观念体系中的价值观，意义则是确立、传递和捍卫其价值和信仰。价值定义的三要素清晰可见，意识形态概念的本质正是因与价值的联结，所以深受内隐的价值的预制，且价值、信仰层面构成了意识形态的定性内容。不与价值——信仰相联系的观念、知识和文化，不能归结为意识形态，以致格尔茨在谈到意识形态和文化的区别时说，意识形态只是"文化的这一方面，即积极地关心确立并维护信仰和价值的模式，或维护占统治地位的信仰和价值模式，或维护从属群体的信仰和价值模式。"② 可以说，"价值——信仰层面是意识形态中带有'方向'性的内容，它与建构这种意识形态的社会主体的情感、利益紧紧地联系在一起。"③ 意识形态的分歧从根本上说就是价值——信仰层面的差别甚至对立。不同的意识形态之区分就在于这一观念体系中的价值——信仰的不同。

就价值教育的定义而言，价值教育与价值的关联，从语词字面构成上则一目了然。而从内在联系看，价值教育概念的内涵是以价值的定义为前提的。价值的定义，近年来，中国学者对哲学的价值

---

① 【美】格尔茨著，鲍柯克、汤普森编，龚方震、陈耀廷等译：《宗教与意识形态》，四川人民出版社1992年版。

② 【美】格尔茨著，鲍柯克、汤普森编，龚方震、陈耀廷等译：《宗教与意识形态》，四川人民出版社1992年版。

③ 【美】格尔茨著，鲍柯克、汤普森编，龚方震、陈耀廷等译：《宗教与意识形态》，四川人民出版社1992年版。

范畴作了许多探讨，概括起来，可以分为"实体说"、"属性说"、"关系说"与"意义说"四大说，由于"意义说能摆脱前三说的价值即客体实体或其属性和平列的主客关系的局限，说明价值就是客体事物向主体呈现的意义。"① 因此，凸现了主体的价值取向和对意义的追求，所以我们倾向于价值的"意义说"的界定。价值教育的本质，如果说人类的生存是价值的生存，而教育是人类价值生命的中介的话，那么价值教育的本质和意义就是使个体价值世界的敞亮，"价值教育的实质是创造人的价值的教育或真善美的人的创价教育。"② 有什么样的价值定义，也就预制了什么样的价值教育，价值教育与"价值"二者的关联毋需赘言。

意识形态与价值教育通过其核心"价值"而具有了内在的相通性，"去意识形态化"的做法显然是不妥当的。但是，我们也应看到意识形态所确立、传递和捍卫的"价值"，因其价值主体的有限，通常是一个阶级或社会集团的价值观，决定了其价值的外延，即价值的视阈是有限的，更多局限在政治领域；价值的内容也是有限的，主要围绕政治合法性展开。而价值教育的主体因去除了阶级或社会集团之分野，是每一个存在着的个体生命，价值教育的主体的"全指"，决定了其价值的外延，即价值的视阈是广阔的，覆盖人类存在的所有视阈，价值的内容是丰富的，围绕着个体生命存在的价值世界而全方位展开，因而那种用意识形态取代价值教育的"泛意识形态"也是错误的，错在使有限的主体的价值换成所有主体的价值，将特殊等于普遍，导致价值领域的被遮蔽与价值教育内容的被取代。"泛意识形态化"和"去意识形态化"都应摈弃。

2. 价值介质："崇高客体"与"教育理想"

从目标而言，意识形态与价值教育都意在"型塑"人的观念或

---

① 檀传宝：《教育是人类价值生命的中介》，《教育研究》2000 年第1 期。

② 王逢贤：《价值教育及其在新世纪面临的挑战》，《高等教育研究》2000年第5 期。

引导人的价值观，意识形态是借"崇高客体"为主体树立价值和信仰，而价值教育则是贯彻"教育理想"引导主体发现价值和意义。但二者也有差异，"崇高客体"是意识形态制造的，侧重社会之维，而"教育理想"是教育者构建的，包含个人与社会的二维。

意识形态的"崇高客体"是著名学者斯拉沃热·齐泽克在其著作中提出的，是指"诸如理想的制度、光明的未来、自由和财富"等，是意识形态在其观念体系中，作为使其存在的主体认同其价值和信仰的重要方式。这种崇高客体的特点是具有完美的景象，但这种完美却不是主体自发产生的，而是意识形态为人们提供的。这一欲望主体不是主体自发产生的，而是他者—意识形态为我们提供的"欲望是他者的欲望，是意识形态制造、引导的欲望。"① 但意识形态却力图使这种崇高客体来迎合主体的需要，从而把这种由意识形态提供的崇高客体从外在的导入变成主体内在的诉求。

那么，意识形态为何要提供"崇高客体"？以理想的社会制度为例，在意识形态的价值观结构中，它常常是不可缺少且为重要的内核。因为意识形态的最终目的是维护一个阶级或社会集团的地位和利益。而要达成这样的目的，社会秩序的稳定与维护就是必要的条件。"意识形态从根本上说是对现实的思想描述形式，它的目的是使人的社会实践变得有意识和有活力。这种观念的普遍性和必然性的出现，为的是克服社会存在的冲突；在这一意义上，每一种意识形态都有它的社会的同质的存在：它是以直接的必然的方式从当下此刻在社会中以社会的方式行动着的人们中产生的。"② 维持社会秩序的方式可以划分为两大类：暴力和非暴力。暴力的成本、暴力的外在、暴力的风险以及暴力维持的时间之有限，使得非暴力成为一个社会在常态运转情况下维持社会秩序首选和普遍采用的方法。在非

---

① 俞吾金：《意识形态论》，上海人民出版社 1993 年版，第 304 页。
② 俞吾金：《意识形态论》，上海人民出版社 1993 年版，第 304 页。

暴力形式中，通过价值认同，凝聚人心，达成共识，成为整合社会与维持秩序的最佳方法。它是最有效的，因为价值观念是决定行动的主要因素；它是最持久的，因为"认同"已经使价值诉求从外在引导变为内心自觉；它是最节省的，因为不需要花费一枪一弹。而理想的社会制度就是价值观体系中最具吸引力和最持久的追求和认同所在。人是思想的存在物，展望美好的未来是人的特点；人是实践的存在物，超越已有的现实是人类实践的结果。展望未来和超越现实二者形成合力，使得人类社会的历史实体呈现出追求理想的社会制度的乌托邦情结和趋向。因而，理想的社会制度这一意识形态"崇高客体"的产生实质上就是人类主体对完美社会追求的投射。

意识形态崇高客体的一个特点是"幻想"。"崇高客体之所以为崇高客体，并不是因为它本身有什么特别之处，而是因为它能满足我们的幻想的迫切愿望，满足我们内心的隐秘需要。"[1] 这种隐秘需要主要是指主体对超越现实的完美的追求。理想的社会制度本质上是其"幻想"的，因为它是不可能实现的理想，现实中永远不存在完美，完美只存在于人们的幻想中。但人们恰恰需要通过对完美的社会的追求，在体现主体对不完美现实的不满与排斥的基础上，用以表达人渴望摆脱社会限制的自在自为追求，从而补偿了主体被社会限制与丧失主体性的失落感。"主体需要一个幻想客体，以为自己的短缺找到一种同一感。幻想是主体弥补自己短缺的一个补救措施，主体需要幻想客体来证明自己是一个自由自主的主体。但这种欲盖弥彰的事实是，它的拓展就是社会性的矛盾和对抗。"[2] 自由就是打破限制的表达。"主体被象征秩序所撕裂和阻隔，但主体迫切需要一个客体对应物来找回自己的损失，而意识形态的幻想客体刚好提供

---

① 【斯洛克尼亚】斯拉沃热·齐泽克著，季广茂译：《意识形态的崇高客体》序，中央编译出版社 2002 年版，第 20 页。

② 卢永欣：《齐泽克的意识形态幻象理论》，《吉首大学学报》2004 年第 1 期。

了这一对应物。正是在这一点上，主体的欲望和意识形态达成了媾和。"① 不过，什么样的社会制度才是理想的社会制度，这却是由意识形态制造与导入的，是一个阶级或社会集团的利益和需要，意在为巩固政权和维持社会秩序服务。

意识形态崇高客体的另一个特点是崇高。它之所以"崇高"，一方面是由崇高客体所居的位置决定。"意识形态话语制造、维持了某种崇高客体（理想的制度、光明的未来、自由和财富等），并围绕这一崇高客体而组成。意识形态连同崇高客体所处的位置，刚好就是社会对抗的裂口——它的语言文化表征就是能指秩序的短缺和不一致性。正是这一位置提供了意识形态的崇高性。"② "崇高客体只是'被提升到了原质层面上的客体'。将崇高授予客体的，是它所处的结构位置，是这样的事实——它占据了快感的神圣、禁止的位置，而不是它固有的质素。"③ 通俗地说，社会的裂缝和伤口就是社会现实表象下掩藏的基本的社会冲突，意识形态恰恰就生长在这一社会的裂缝之上，意识形态的功能就在于文饰、填补社会裂缝，赋予社会以整合的意义。所以，对于意识形态的崇高客体来说，使其成为一方神圣的并不是其本质，而是因为其所处的位置，"一个客体成为一方神圣，仅仅是通过改变其位置完成的"。因而，就这一崇高而言，并无神奇之处，"重要的是它处在社会不一致的裂口上，给予了社会以整合同一的景象来。撕下这一神圣的面纱，它就什么都不是了。"④ 简言之，崇高客体的产生

---

① 卢永欣：《齐泽克：穿透意识形态幻象》，《长沙电力学院学报》2003年第 8 期。

② 卢永欣：《齐泽克：穿透意识形态幻象》，《长沙电力学院学报》2003年第 8 期。

③ 【斯洛克尼亚】斯拉沃热·齐泽克著，季广茂译：《意识形态的崇高客体》，中央编译出版社 2002 年版，第 266 页。

④ 卢永欣：《齐泽克的意识形态幻象理论》，《吉首大学学报》2004 年第 1 期。

是出于整合的需要，它的崇高是因为出于这一需要而把它放在崇高的位置上，崇高是人为制造出来的乌有。

但另一方面，崇高客体一旦产生出来，因其所居位置而具有了崇高的性质。即崇高客体是完美的，它是对不完美现实的超越，代表着人类光明的未来。完美又与神圣相联系，因为只有神是完美的存在，理想的社会制度因其完美而享有了与完美的神同样的神圣性。而神圣性是通向信仰的路径，因其神圣而具有了信仰的诉求。理想的社会制度这一"崇高客体"就这样藉完美性、神圣性而成为一种信仰。信仰一旦树立，对意识形态所推崇的价值的认同也就具有了不可动摇的坚定性，因为信仰是维持幻想作用的条件，可以维持社会的有效运作和社会结构的存在。一旦丧失信仰，社会领域的肌质即告解体。所以，在意识形态中，幻想崇高客体，是意识形态实现功能的方式。"意识形态已经被神秘化、崇高化，意识形态的扭曲不仅不是对自己的否定，反而是自己运作的条件，是其进行社会关系再生产的条件。没有这种所谓的意识形态的神秘化，现实本身无论如何不能再生产自己。换言之，意识形态的扭曲已经被书写进其本质。"① 就像"如果我们觉得基督聪明、善良而信仰它的话，那是可怕的亵渎，与此截然相反，只有信仰行为本身才能使我们洞察到基督的美德与智慧。"② 人们是因其信而真，而非因其真而信，信仰是更重要的，意识形态的价值观只有能够从"欲望是他者的欲望"，转为主体内心的信仰，才是维护意识形态存在最重要的方式。只有这样，才能实现对意识形态单纯形式的服从。而"全部意识形态的秘密就在于这种服从。服从就是以无意义的既定方式接受习俗、社会规则和意识形态的

① 卢永欣：《齐泽克：穿透意识形态幻象》，《长沙电力学院学报》2003年第8期。
② 卢永欣：《齐泽克：穿透意识形态幻象》，《长沙电力学院学报》2003年第8期。

要求，而不质询其权威性，而一旦质询其权威性，仔细审视意识形态，意识形态的大厦就会土崩瓦解。"①

价值教育与意识形态一样，也有其崇高客体，这便是价值教育内蕴的"教育理想"。什么是教育理想？"教育理想是教育对教育中的人与社会'未来现实'的美好设计与想象，它侧重于教育对社会或人的存在与发展呈现出什么样的意义、价值及作用，它包含着教育的"人的理想"、"教育的社会理想"，是教育对自身能干什么、想干什么的理性认识与追求。"② 价值既然和教育相联系，教育理想就成为价值教育"崇高客体"的来源。因为教育理想从本质上就是人们根据教育发展的必然趋势和自身的需要，通过想象而确立的教育的价值目标。价值教育作为教育的一个分支，理所当然是受其教育理想所决定的，且又因价值之纽带，价值教育可以说是教育理想最直接、最集中的表达与反映。与意识形态的崇高客体理想的社会制度一样，"教育理想"具有超前性："教育理想是人们所追求的教育的'未来'走向，是处于一定历史时期和社会发展某一阶段上的人们，基于自身发展的需要，基于对教育的认识与理解，所形成的关于教育的未来的前瞻性或超前性的认识，是人们在观念中构想的教育在将来'某一时期或时段上'所要达到的可能性状态，是人们为教育所构想的'追求'或'应然。'"③ 教育理想具有批判性："教育理想的构建本质上是一种对于教育现实的批判性的认识活动，其之所以如此，在于既有的教育现实不能满足人类自身发展的需要。人的需要是永恒的，无限增长着的。较之而言，教育现实则表现出相对的滞后性和稳定性，这一矛盾决定着人永远不会安于教育的现状，而是会抱着对教育

---

① 卢永欣：《齐泽克：穿透意识形态幻象》，《长沙电力学院学报》2003年第8期。
② 尹艳秋：《必要的乌托邦》，福建教育出版社2004年版，第51页。
③ 尹艳秋：《必要的乌托邦》，福建教育出版社2004年版，第51页。

现实的不断批判与反思的态度，并以理想作为驱动力来超越教育现实，指向人们所期盼的未来。"① 教育理想具有导向性："教育理想包含着人们对教育未来的预测和预见，其预测和预见的目的是要以'未来'来规范和导向现实中教育活动的目的、内容、方式和途径，教育理想是人们对应然状态的价值追求，这种'应然'超越了人、社会及教育自身的现实状况的制约，比'现有'形态更规范、更合理、更完善，因而往往会成为人们进一步活动的取向，具有鲜明的指向性。"②

教育理想对现实的批判与超前，对未来的指向与追求，显示"价值对事实的超越"，体现了教育理想追求的自由性和无限性。同时，教育理想还是教育活动的灯塔，"不仅为我们朝向美好生活的追求赋予了意义，而且为我们提供了理解教育意义的认识阶梯。"③ 教育引导人追求崇高实现人生所能达到的理想高度，"向往崇高并不意味着人人成为英雄，而是旨在确立一种具有永恒意义的价值高度，即通过人们平时的努力来不断改进我们在这个世界的生活，使我们的社会和教育通过引导普遍民众和青年学生在过一种正常的生活前提下，去寻觅值得自己守护和追求的价值理想。"④ 由此，教育者把教育理想作为自己的毕生追求，从而使教育成为"建基于信仰"的教育。"教育理想"也就具有了崇高性、神圣性和信仰性的特点。

虽然意识形态的"崇高客体"和价值教育的"教育理想"具有相似的崇高性、神圣性和信仰性的性质，但二者也具有不同之处。意识形态的"崇高客体"是意识形态制造的，是从维护统治阶级的利益出发，以维护政治合法性和社会秩序，所以，"崇高客

---

① 尹艳秋：《必要的乌托邦》，福建教育出版社 2004 年版，第 58 页。
② 尹艳秋：《必要的乌托邦》，福建教育出版社 2004 年版，第 58 页。
③ 尹艳秋：《必要的乌托邦》，福建教育出版社 2004 年版，第 58 页。
④ 尹艳秋：《必要的乌托邦》，福建教育出版社 2004 年版，第 66 页。

体"的内容侧重社会之维，主要包括理想的社会制度、光明的未来和其倡导的自由和财富的价值观等。而价值教育的"教育理想"不是出于维护统治阶级的利益和需要，而是从人的存在和发展需要出发，是对人与社会"未来现实"的美好设计与想象，它侧重于教育对社会或人的存在与发展呈现出什么样的意义、价值及作用，它包含着教育的"人的理想"、"教育的社会理想"，因而从内容上是广于意识形态的，且包含了意识形态的社会理想内容。所以，如果以意识形态取代价值教育，实际上就仅仅保留了价值教育"社会理想"的部分，而把"个人理想"的部分给遮蔽了，因而"泛意识形态化"是不妥的。但另一方面，在价值教育中去意识形态化也是错误的，因为意识形态的社会理想是教育理想不可缺少的一部分，内含在价值教育中，如弗洛姆所言：批判的任务并不是抨击这些理想，而是要揭示这些理想是如何被转化为意识形态的，并以意识形态背叛了理想的方式，向意识形态提出了挑战。"意识形态不同于合理化的地方正在于它包含着值得加以肯定的理想，即使这些理想处在扭曲的状态中，也可以通过批判的炼狱而被拯救出来。"

3. 价值达成："按他人所想"与"依自身所愿"

从方法而言，意识形态和价值教育都意在有效性，但二者也有差异，意识形态是把人型塑成一个阶级或集团希望的，"按他人所想"，采用"虚假"和"颠倒"的手段。而价值教育则使人成为个体生命自身愿意成为的人，"依自身所愿"，实现"人乐意是其所是"，具有"启蒙"和"敞亮"的特点。

从一个阶级或社会集团（往往是统治阶级）的利益出发，意识形态是一种面具或武器，其目的是为维护统治阶级的需要和利益，以达成政治合法性和认同感，它关乎权力的获得与维护，往往采取的却是"虚假"和"颠倒"的手段。意识形态的观念体系是否是真理还是谬误，在一定意义上并不重要，而重要的是能否维护统治的

合法性与权力。正如詹姆逊（Fredric Jameson）所指出的那样："从这一较高的角度来看，我们可以看到本质上是认识论意义上的第一种意识形态模式并不能给予我们多大帮助，因为现在起决定作用的并不是某一种思想体系是真理还是谬误的问题，毋宁说是其在阶级斗争中的功能、作用及有效性问题。现在人们认为统治阶级的意识形态的任务是合法化和领导权（这两个词分别来自哈贝马斯和葛兰西），换句话说，没有任何一个统治阶级能够永远依靠暴力来维护其统治，虽然暴力在社会危机的动乱时刻完全是必须的。恰恰相反，统治阶级必须依靠人们某种形式的赞同，起码是某种形式的被动接受，因此庞大的统治阶级意识形态的基本功能就是去说服人们相信社会生活就应该如此，相信变革是枉费心机，社会关系从来就是这样，等等。"① 由此目的出发，意识形态采取了隐蔽的换置，如伊格尔顿（Terry Eagleton）所揭示的："意识形态通常被感受为自然化和普遍化的过程。通过设置一套复杂的话语手段，意识形态把事实上是党派的、论争的和特定历史阶段的价值，显现为任何时代和地点都确乎如此的东西，因而这些价值也就是自然的、不可避免的和不可改变的。"② 意识形态的这种特点，马克思、恩格斯在其著作中已经给予了充分的揭示"以观念形式表现在法律、道德等等中的统治阶级的存在条件……统治阶级的思想家或多或有意识地从理论上把它们变成某种独立自在的东西，在统治阶级的个人意识中，把它们设想为使命等等，统治阶级为了反对被压迫阶级的个人，把它们提到作为生活准则，一则是作为对自己统治的粉饰意识，一则是作为这种统治的道德手段。"③ 在马克思、恩格斯看来，"作为统治阶级

---

① 【美】弗里德里克·詹姆逊著，张旭东译：《晚期资本主义的文化逻辑》，北京三联书店 1997 年版。

② Terry Eagleton，"Ideology"，in Stephen Regan，ed.，The Eagleton Reader，Cambridge：Blackwell，1998.

③ 《马恩选集》第 3 卷，人民出版社 1995 年版，第 492 页。

的资产阶级的这种意识形态依旧存在某种假象或幻想，主要表现为一是资产阶级把阶级的利益说成是全社会的利益，把阶级的思想说成是普遍的思想，从而造成阶级的利益取代公共利益的外貌，阶级的思想统治成为普遍的思想统治的假象。二是资产阶级的思想家们由于历史观所致，总是本末倒置，把自己的思想看作是一切社会关系的创造力和目的，因而，他们往往是有意识的，但是虚假的意识，去完成意识形态的"过程"。①

意识形态的"虚假意识"之手法，虽并非能够容易达成主体自觉认同，但主体往往自知却身陷其中，难于摆脱。其原因一方面是意识形态幻想的客体的作用，"意识形态幻想的功能，就是用来修饰、填补能指秩序的空缺，隐藏其非一致性，赋予社会以一致性和整合意义。"② 从目的而言，"社会意识形态幻象的赌注是要构建一个有关真正存在的社会景观，构建一个没有被对抗性的分工所割裂的社会，构建一个其各部分的关系呈现出有机性、互补性的社会。"③ "意识形态就其基本维度而言，它是用来支撑社会现实的幻象建构：它是一个幻觉，能够为我们构造有效、真实的社会关系，并进而掩藏难以忍受、真实、不可能的创伤性内核，协调符号秩序的不一致性。"④ 另一方面是意识形态实际上已经构成了我们的社会存在："意识形态幻象不仅在于它掩盖了真实的社会对抗，而且还为我们创造了一种现实的社会存在——当然这种社会存在既包含着拒绝过去的创伤性的内核，又包括对现实的一种无动于衷的适从，还

---

① 《马恩选集》第 4 卷，人民出版社 1995 年版，第 501 页。
② 卢永欣：《齐泽克的意识形态幻象理论》，《吉首大学学报》2004 年第 1 期。
③ 【斯洛克尼亚】斯拉沃热·齐泽克著，季广茂译：《意识形态的崇高客体》，中央编译出版社 2002 年版，第 176 页。
④ 卢永欣：《齐泽克的意识形态幻象理论》，《吉首大学学报》2004 年第 1 期。

包括着意识形态幻象为我们提供的一种未来的社会景观。"① 意识形态作为思想、意识的存在，它是一套观念体系，是一种精神系统，会影响着主体的价值和追求，它也可以通过思想外化的方式，如表达意识形态的制度、作品，代表意识形态的人或组织等，构成主体生存的文化的环境。文化无处不在，意识形态就是文化中不可缺少且是有意影响主体的部分，主体就生活在意识形态构成的社会存在中，影响可谓潜移默化和根深蒂固，以致"我们知道某种意识形态作用于我们，并不代表我们能消除它；反之，我们对某种意识形态一无所知，并不是说我们就不受其驱使。"② 以马克思的商品拜物教为例，我们即使知道了商品货币如何作用于我们，并不代表我们就不受其作用和控制。

对于意识形态的"虚假意识"之手法，学者齐泽克提出了疑问："对于传统的意识形态理论，我们的问题是：这种作为一种天真意识的意识形态的概念仍然适用于当今的世界吗？它今天仍然运作吗？"③ 答案是否定的，他认为意识形态在当代运作的方式是犬儒性的，一方面意识形态的操纵者如彼德·斯洛特迪克在《犬儒理性批判》中所指出的"他们对自己的所作所为一清二楚，但他们依然坦然为之。"④ 犬儒主义的主体承认掩藏在意识形态普遍性下面的特殊利益，承认意识形态面具与现实之间的距离，但他们仍坚持这种面具，"人们很清楚那个虚假性，知道意识形态普适性下面掩藏着特定

---

① 卢永欣：《齐泽克的意识形态幻象理论》，《吉首大学学报》2004 年第 1 期。

② 卢永欣：《齐泽克的意识形态幻象理论》，《吉首大学学报》2004 年第 1 期。

③ 【斯洛克尼亚】斯拉沃热·齐泽克著，季广茂译：《意识形态的崇高客体》，中央编译出版社 2002 年版，第 411 页。

④ 【斯洛克尼亚】斯拉沃热·齐泽克著，季广茂译：《意识形态的崇高客体》，中央编译出版社 2002 年版，第 40 页。

的利益，但他拒不与之断绝关系。"① 从以前的"虚假"与"颠倒"的手法到现在的"坦然为之"，撇去其厚颜无耻，其实质也许是意识形态的操纵者在一定程度上已洞察意识形态对于社会整合、维持群体联结、建构社会秩序的必不可少。

另一方面，意识形态的被操纵者也被犬儒化，"躲进小楼成一统，管它春夏与秋冬"，人们不再为意识形态的真假争执不休，不再认真对待任何意识形态命题，人们对意识形态的结构力量视而不见，依然我行我素。不过，意识形态却如幽灵一般，已经化为我们存在的现实，并以自在自为的形式作用于我们。"② 以大话体系继续向人们灌输其价值。大话体系对于意识形态来说，在一定意义上也是不得已而为之。因为意识形态的崇高客体如理想的社会制度，因其没有实现，只能是对基本框架的描绘或基本趋势的把握，而无法拥有细节的生动，未来社会的细节只能留给历史来写。所以，大话或枯燥在一定程度上也是难以避免的。意识形态的大话体系或是采取由上至下的灌输方式，强迫与控制主体的思想观念；或是通过无处不在或喋喋不休的宣传，使主体在多次的重复中，不自觉地接受了意识形态的催眠，因为重复强化了某种话语的真理性，"重复宣告了法律的到来……通过重复，自我重复的事件回溯性地获得了其法律。"③ 正是通过单纯的重复机制，真理获得了合法性，从而使人们接受了其宣导的价值和追求；或是通过不断地重复，使人们对大话体系产生厌恶，于是逃避它，从而避免了对意识形态幻象本质的认识，反而使这一幻象继续作用下去。两种效果可谓是殊途同归，都

---

① 【斯洛克尼亚】斯拉沃热·齐泽克著，季广茂译：《意识形态的崇高客体》，中央编译出版社2002年版，第40页。

② 卢永欣：《齐泽克的意识形态幻象理论》，《吉首大学学报》2004年第1期。

③ 【斯洛克尼亚】斯拉沃热·齐泽克著，季广茂译：《意识形态的崇高客体》，中央编译出版社2002年版，第86页。

意在维护社会秩序和统治地位，使其倡导的价值和信仰被主体接受和认同，使意识形态的幻象得以继续发挥作用。

而价值教育的教育理想是从个体生命存在和发展出发，它不是"按他人所想"，而是"依自身所愿"，实现"人乐意是其所是"。因而，与意识形态采用"虚假"和"颠倒"的手段不同，价值教育的主要方法具有"启蒙"和"敞亮"的特点。

价值教育的出发点是生命，与意识形态维持政治合法性出发点不同，价值教育是帮助生命寻找人生的意义。因为人是有限的存在，死亡是个体生命无可逃脱的结局，正是因为死的必然，而促使人们去思考生之意义；价值教育是帮助生命寻找自身的价值，因为人是有思想的存在，生命在有限的存在内，必然会追问生之价值，什么样的生活是值得过的。这种对生命意义与存在价值的追问与思考，既源自生命本身的诉求，也是价值教育力求要引导人们探求的；价值教育是帮助生命发掘自身不断的潜能。因为人是追求完美的存在，生命，由于它的本性，是一个不断展开丰富与追求完美的过程，总是向着从它自身涌现出来的力量和美而不断增长、丰富与发展，以获得更大的活力、更大的发展；价值教育是帮助生命成其为人、成其为己的存在。"在生命的类化过程中，人扬弃的是自然生命的自在性，超越的是精神生命的内在性和主观性，获得的是一个新的以意识自觉为前提的个体性的生命即价值生命的创生。"① 价值生命的创生既使得个体生命作为社会性的存在，在一定的社会关系中，遵循社会所要求的价值观，使人得以在社会中与他人和谐相处；也使人作为个体性的存在，发现自己生命的意义，"依自身所愿"，实现"人乐意是其所是"。

价值教育的方法具有"启蒙"和"敞亮"的特点。因为生命是

---

① 刘济良等著：《价值观教育》，教育科学出版社 2007 年版，第 71、68 页。

一个不断生存的过程，从其状态来看，生命是流动性的存在，处在不断的生成和不断的建构之中，生命只能作为运动的历程来体验，只有在开放的生活世界中才能不断扩大生命的视野，也只有在与现实世界的无限交往中生命才能不断生长；从其特点来看，生命是创造性的运动。"生命就是运动，不间断的运动。一切静止就是死亡。但生命比单纯的持续运动更为丰富。生命乃是在此基础上不断产生新内容的创造性运动。生命的基本特点就是创造性……因为生命富有创造性的特点，它是不断喷涌的源泉，是始终产生新形态的力量所在"①，决定了人的生命是一个超越性的存在，生命创造的活力和能量使人得以超越当下，超越限制，呈现出不断追求新我、实现新我的过程，不断追求完美与实现价值的过程；从其结果看，生命是独特性的塑造。生命的创造性决定了生命的独特性。每个生命有其不同的天赋、兴趣、冲动、生活体验等，它是独一无二的，形成了每个人自己独特的生命风格和人生样态，具有了不可重复和不可取代的唯一性，这种自我独特性或唯一性是个人价值的理由和根据；从其本质来说，生命是自由的选择，生命的意义不是被给定的，而是人自身发现、追求和实现的；人的本质不是被设定的，而是在实践中形成的。自由选择与自我负责，自己造就人生的本质与创造人生的价值。

生命的上述特质决定了价值教育的方法，它不是由上至下的强行灌输，而是在理解与平等的基础上进行价值启蒙。因为价值教育不是知识教育，"而是一种引导人类自我超越的教育活动，是一种引导人们超越有限追求无限、超越匮乏追求完满、超越现实追求理想、超越知识追求精神升华的教育过程。"② 因而，价值教育的过程不能被简化为价值知识的认知过程，不能将价值和意义让位于知识的识

---

① 刘济良等著：《价值观教育》，教育科学出版社 2007 年版，第 68 页。
② 刘济良等著：《价值观教育》，教育科学出版社 2007 年版，第 140 页。

记，不能将价值和意义的探索泯灭于标准答案的找寻中，而是通过价值教育，让个体生命明白生命只有一次，寻找个体生命存在的意义和价值，促使个体生命境界的不断提升，开发个体生命的内在潜能，增强个体生命的发展活力，让个体生命存在的价值维度尽可能广阔，价值生命的内容更加丰富。它的方法不是用虚假和颠倒的方法，而是用价值敞亮的方式，是通过教育者和受教育者向对方敞开内心世界，在真诚的倾听和接纳的过程中，实现精神的相遇与相通，生命的碰撞与心灵的交融，这是一种价值生成和建构意义的过程，它秉承平等、开放的宗旨，意在培养个体的批判力、理解力、选择力与鉴赏力，建构真正属于自己的价值认识和价值观念。它的方法不是用统一的价值观禁锢个体的价值选择。价值判断不同事实判断，有主体的立场、需要与利益所制约，故价值教育应尊重个性的存在与多元，谋求具有自我独特性的价值选择和价值创造，实现自己个性化的价值理想，成就自己卓而不群的光辉。

总之，意识形态和价值教育二者既具有内在的关联，又存在着差异，意识形态不是价值教育的全部，但因关乎社会整合、社会信仰的达成，因而是价值教育无法割舍的部分，也是学校教育不可忽缺的内容。

二、意识形态与学校课程

学校是对学生进行有目的、有计划、有组织的价值教育的主阵地，意识形态在学校价值教育中，主要是通过课程来进行传递与宣传。那么，意识形态为何和如何通过学校课程来表达或传递？中国大陆学校课程的意识形态性是如何反映的？全球化时代价值教育的课程应怎样恰当表达意识形态性？这些便是我们本节需要深入探讨的问题。

1. 意识形态与学校课程的内在关联

意识形态何以能够在学校课程中表达，这是由教育和政治的内在关系所决定的。教育和政治貌似可以分离，其实却不然。纵观世界教育史，"教育从来就是统治阶级维护、加强其政治统治和思想控制的重要工具，在经济、政治上占统治地位的阶级总是要利用教育为本阶级培养接班人，并对其阶级的成员进行教化，以达到稳定、延续统治的目的。"[①] 这是一个普遍的事实。教育的政治性突出表现在教育目的之一是具有政治意识性。依据教育学的观点，教育目的"是把受教育者培养成为一定社会或阶级所需要的人的总要求，是社会对教育所要造就的社会个体的质量规格的总体设想与规定。"[②] 体现为教育主体的一种教育思想，表现为教育主体对教育实践结果的一种愿望、设想、打算，具有明显的主体的尺度。而教育实践的主体，却并非人们从表象出发所认为的是学校里从事教育工作的教师，而是在社会中处于统治地位的阶级，他们在社会的政治、经济、文化中占据权力位置，藉此他们也在教育领域处于主宰地位，往往垄断与控制着学校教育。所以，自从有阶级社会以来，教育的目的在本质上就是社会统治阶级的教育思想或教育意识，必然具有政治意识性，表达着社会统治阶级的政治与经济的利益。教育的目的之二是具有政治意志性。政治是一个特殊的社会意志和过程，"政治的原则就是意志"[③]，而"占有他人的意志是统治关系的前提。"[④] 统治阶级必然在其所控制的教育中体现其政治意志，"教育目的的制定与提出，以及贯彻与落实，都不是纯粹的教育行为，同时也是复杂的政治过程。在制定和贯彻教育目的的过程中，作为政治意志主体不可避免地发挥着决定性的影响与作用，必然根据自己的意志参与制定教育方针、教育宗旨、教育政策的过程，使其教育目地打上其意志的烙印。

---

① 成有信等著：《教育政治学》，江苏教育出版社 2000 年版，第 115 页。
② 成有信等著：《教育政治学》，江苏教育出版社 2000 年版，第 287 页。
③ 成有信等著：《教育政治学》，江苏教育出版社 2000 年版，第 291 页。
④ 成有信等著：《教育政治学》，江苏教育出版社 2000 年版，第 291 页。

教育的目的之三是具有政治标准性。由于统治阶级"是社会生活的主体，是国家意志的代表，并且在实际上是学校教育实践的主体，所以总是由他们制定和推行教育目的，而教育目的也总是反映他们的愿望与要求。既然如此，统治阶级就不会仅限于通过教育目的表达自己的教育愿望，体现自己的意志，而且还要将自己的教育愿望与要求具体化、现实化，变成教育实践的行为准则和教育质量的评估标准。这样，在确定教育目的的具体内容与形式结构时，统治阶级必然明确规定受教育者的服务方向、对象、性质，确定人才培养的政治标准；同时指明受教育者在品德、素质的政治品质方面的发展要求，确定人才培养的政治素质标准。"[①]标准化是统治阶级政治意识与政治意志落实到教育实践中的必然诉求和反映。

意识形态为何需要在学校课程中表达，缘于意识形态生产和再生产的需要。意识形态的宗旨就是要传递其倡导的价值、信仰与意义，达至社会认同，形成社会共同目标，凝聚社会向心力。而学校教育从政治的角度而言，可以说是有目的、有计划系统地实现意识形态生产和再生产，型塑符合统治阶级需要的接班人的最重要的渠道，其中课程由于是学校教育最主要的载体，因而无可避免地负载着教育主体的意识形态诉求，也契合着教育客体社会化准备的需要，当然社会化是包含着政治社会化的。

意识形态如何在学校课程中表达。这是意识形态与学校课程发生关联的核心，而教科书则是联系二者的关键中介。因为教科书是课程的主要传播媒介，它在学校教育中起着举足轻重的作用，是学校教育的中心环节，"在全世界许多国家的学校课堂上，正是教科书为教学提供了大量的物质条件，也正是教科书确定了什么才是值得

---

① 成有信等著：《教育政治学》，江苏教育出版社 2000 年版，第 297 页。

传承下去的精华和合法的文化。"① 教科书也是学生接受知识的重要途径，是一个课程的核心教学材料，"或多或少地支配着学生所学的知识，他们确立了课程的框架，而且通常是确立了大部分科目中一些必修的知识。对许多学生来说，教科书是他们惟一能读到的书籍，也是他们第一次并且是惟一的阅读机会。在公众看来，教科书是权威的，是准确无误和十分必要的。教师们则需要依靠教科书来安排自己的教学内容。"② 不仅如此，教科书本身也具有重要的意义，因为"通过教科书呈现的内容和形式，我们可以看出现实世界是如何构成的，更为重要的是，我们可以看出浩如烟海的知识是如何被选择和组织的。"③

不过，教科书传递的知识表面上貌似中立，但实际上它们只是"正式知识"或"合法"知识的传承者。因为正是在教科书对知识的选择过程中，在"什么知识最有价值"的背后，存在着"谁的知识最有价值"的知识控制权力的斗争。显然，掌握这一选择和判断的权力的，如前所述同样是代表着统治阶级利益的主体，与统治阶级因其地位而掌握着社会控制权力相同，在学校教育领域他们同样掌握着对知识的控制权，教科书在这个意义上可谓是一个政治的产物，它不可避免地参与了"意识形态和本体论的构建"④。因为"学校知识的选择和组织是一个意识形态发展变化的过程，它是为特定阶层和社会集团的利益服务的。"⑤ 教科书中合

---

① 【美】M·阿普尔 、L·克丽斯蒂安－史密斯主编，侯定凯译：《教科书政治学》，华东师范大学出版社 2005 年版，第 95 页。

② 【美】M·阿普尔 、L·克丽斯蒂安－史密斯主编，侯定凯译：《教科书政治学》，华东师范大学出版社 2005 年版，第 5 页。

③ 【美】M·阿普尔 、L·克丽斯蒂安－史密斯主编，侯定凯译：《教科书政治学》，华东师范大学出版社 2005 年版，第 4 页。

④ 【美】M·阿普尔 、L·克丽斯蒂安－史密斯主编，侯定凯译：《教科书政治学》，华东师范大学出版社 2005 年版，第 4 页。

⑤ 【美】M·阿普尔 、L·克丽斯蒂安－史密斯主编，侯定凯译：《教科书政治学》，华东师范大学出版社 2005 年版，第 11 页。

法的知识的选择从来都不仅仅是知识的不偏不倚的汇集，"是谁的知识？知识以什么形式呈现？知识如何被选择？由谁来选择这些知识？通过这些知识要达到什么目的？"① 都内隐着利益的需要和价值的判断，是某个集团对合法性知识的解释和对知识控制的反映。"当某个集团的知识被定义为最为合法的、官方的知识，而其他集团的知识则几乎被视而不见时，这种决策本身就说明了关于谁在社会中拥有权力的重要事实。"② 因而，"教科书在本质上是争夺知识权的政治过程的产物。"③ 是属于特定人群的合法知识的化身，是学校中"合法"知识的来源。

教科书既是意识形态的传递者又是意识形态的塑造者。"教科书是一种表达的过程，在这一过程中，人们试图改造（而不是再生产）自身和他们社会关系的同时，也改造了知识和价值观。在被社会普遍接受的知识的问题上，教科书提供了特定的意识形态的立场和依据，教科书成为知识筛选过程（谁的知识、被谁筛选、通过什么方式筛选）的一个产物。"④ 不仅如此，教科书也是意识形态争夺的场所，"每当统治阶级的霸权遭到质疑的历史时刻，教科书就成为意识形态激烈斗争的场所。什么形式的知识和谁的知识能够获得教科书中的合法地位，这不仅是文化资本的政治学问题，而且是'知识置换'的政治学：关于教科书内容的意识形态的争论，预示着一场更大范围的冲突，那就是：怎样的阶级和性别观念将占上风，进而成

---

① 【美】M·阿普尔 、L·克丽斯蒂安－史密斯主编，侯定凯译：《教科书政治学》，华东师范大学出版社 2005 年版，第 319 页。

② 【美】迈克尔 W. 阿普尔著，阎光才等译：《文化政治与教育》，教育科学出版社 2005 年版，第 24 页。

③ 【美】M·阿普尔 、L·克丽斯蒂安－史密斯主编，侯定凯译：《教科书政治学》，华东师范大学出版社 2005 年版，第 319—320 页。

④ 【美】M·阿普尔 、L·克丽斯蒂安－史密斯主编，侯定凯译：《教科书政治学》，华东师范大学出版社 2005 年版，第 320—321 页。

为被社会普遍接受的'常识'",① 因而教科书也是社会变革的一种显示。"在革命转型的背景下，教科书呈现出'天使传报'的另一层含义：它预示了正在形成的社会现实结构，特别地，通过这种方式它揭示了社会关系，对社会现实提出挑战，并暗示了即将诞生的社会现实。这里的'天使报喜'的内容就是教科书编写所遵循的原则：对社会关系的揭示程度和方式，'报喜'的力度（或教科书在保持沉默时体现的能量），都取决于特定历史背景下各种社会力量的组合方式及权力的平衡关系。"②

2. 意识形态性在中国大陆学校课程的典型表现

在价值教育领域，在中国大陆与之最相关的课程就是德育。与西方"德育"（Moral education）不同，中国大陆在使用"德育"这个词的时候，从广义的角度，一般是泛指大、中小学的、相对智育、体育而言的思想道德教育课程与活动，其内涵包括了政治教育、思想教育和品德教育三大部分。在相当长的时期，"德育"课程是中国学校教育中最具典型性的国家课程，具有明显的意识形态特征，即德育的功能是围绕着国家意识形态的要求和变化而展开的，主要表现为：

德育目标：突出培养无产阶级接班人的使命。以中国共产党的教育方针为依据，以培养无产阶级革命事业的培养接班人为根本目标。1957 年 2 月，毛泽东明确提出了社会主义教育的方针："应该使受教育者在德育、智育、体育几方面都得到发展，成为有社会主义觉悟、有文化的劳动者。"③ 1958 年 9 月 19 日，中共中央、国务院

---

① 【美】M·阿普尔 、L·克丽斯蒂安－史密斯主编，侯定凯译：《教科书政治学》，华东师范大学出版社 2005 年版，第 320 页。

② 【美】M·阿普尔 、L·克丽斯蒂安－史密斯主编，侯定凯译：《教科书政治学》，华东师范大学出版社，第 351 页。

③ 毛礼锐、沈灌群主编：《中国教育通史》第 6 卷，山东教育出版社 1989 年版，第 131 页。

发出《关于教育工作的指示》，明确提出"党的教育工作方针，是教育为无产阶级政治服务，教育与生产劳动相结合；为了实现这个方针，教育工作必须由党来领导"。[①] 1993 年 2 月中共中央国务院印发的《中国教育改革和发展纲要》第二十八条明确了德育的宗旨和目标是"用马列主义、毛泽东思想和建设有中国特色的社会主义理论教育学生，把坚定正确的政治方向放在首位，培养有理想、有道德、有纪律的社会主义新人，是学校德育即思想政治和品德教育的根本任务。"[②] 新中国成立 50 多年来，德育基本是在这个方向上定位的。要培养无产阶级的接班人，即可以继承社会主义、共产主义事业的新生代，就要通过"德育"使他们了解、接受无产阶级的意识形态，形成与无产阶级相一致的立场观点和价值取向。中国大陆德育的历史实践证明德育确实很好地履行了这一使命，为无产阶级事业培养了一大批可靠的接班人。

德育教材：政治类为其主要内容。有学者曾对大陆德育教材的内容做过定量分析，发现政治类的内容占德育内容的 54.6%，政治内容的分量超过道德内容的分量，其中以赞颂中国共产党和其政治领袖的内容占 17.1；宣传党的政策的内容占 13.8%；强调坚持马列主义的原则和坚持共产主义理想、坚持社会主义法制的内容占 12.1%。弘扬爱国主义、社会主义为内容的占 11.6%。[③]

德育内容：强调主导意识形态的导向。学校德育的内容涵盖面较宽，主要包括世界观、人生观、价值观和道德观等方面，但所有德育内容都强调主导意识形态的价值取向。通过德育课程的内容，

---

① 毛礼锐、沈灌群主编：《中国教育通史》第六卷，山东教育出版社 1989 年版，第 134 页。

② 毛礼锐、沈灌群主编：《中国教育通史》第六卷，山东教育出版社 1989 年版，第 127 页。

③ 参看李琪明：《两岸德育与意识形态》，五南图书出版公司 1985 年版，第 225—227 页。

发挥其在新生一代确立理想信念、奋斗目标、行为方式等的导向功能。几十年来，有关学校德育的纲领性文件，都由教育部或中共中央统一制定和颁发。如1954年政务院在《关于改进和发展中学教育的指示》中说："中学教育的目的，是以社会主义思想教育学生，培养他们成为社会主义社会全面发展的成员。"[1] 1985年颁布了《中共中央关于改革学校思想品德和政治理论课程教学的通知》；1988年颁布了《中共中央关于改革和加强中小学德育工作通知》；1994年颁布了《中共中央关于进一步加强和改进学校德育工作的若干意见》。在1995年颁布的《中华人民共和国教育法》中明确指出："国家坚持以马克思列宁主义、毛泽东思想和建设有中国特色社会主义理论为指导，遵循宪法确定的基本原则，发展社会主义的教育事业。"[2] 德育课程的内容始终如一地强调和坚持以马列主义、毛泽东思想和邓小平理论为指导的方向性原则，进行热爱祖国、热爱中国共产党、热爱社会主义的"三热爱"教育、共产主义理想和品质教育、党的方针政策教育等，并视之为"学校教育社会主义性质的重要标志"。从这些列举中我们可以看到，中国大陆的学校德育直接表达了中国共产党的政治诉求，社会理想诉求和理论诉求。马克思列宁主义、毛泽东思想、有中国特色的社会主义理论是中国共产党的理论基础，也是学校德育的理论基础。

德育功能：促成思想共识，保证社会的稳定。学校德育的功能不仅在对学生成长的价值导向和人生引领方面（一般来说德育都有这种功能），还承担着促使受教育者形成思想共识、保证社会稳定的功能。它借助多种方法实现这一功能：从领导和担负德育的组织架构层面，它具有由上至下的一体化管理的模式。教育部"社会科学

---

[1] 毛礼锐、沈灌群主编：《中国教育通史》第6卷，山东教育出版社1989年版，第127页。

[2] 参看李琪明：《两岸德育与意识形态》，五南图书出版公司1985年版，第197页。

与思想政治工作司”与“基础教育司”德育处共同主管，省（市）教育厅宣教处或德育处、学校党政共同负责，社科部或马列部、德育室、团委、少先队组织等具体实施；从德育课程实施的层面，对各类教育层次，国家均有统一的教学大纲、内容要求、评估标准和规定的选用教材，各省（市）校必须以此为依据和前提；从德育的教学层面，尤其是政治教育、思想教育的教学方式，基本是一种自上而下的引导性“灌输”。因此，德育在保证人们达成政治认同，防止思想越轨，稳定社会政治环境等方面的确发挥了重要的作用。

中国大陆学校“德育”之所以具有突出的意识形态功能之特征，其原因是复杂的，它既有“德政同构”，“政教一体”的传统之使然，也是由中国社会发展的特殊矛盾所决定的。从传统来看，中华文明在其开端便走上与西方文明不同的东方“亚细亚”模式的路径，著名历史学家侯外庐先生指出，西方是从家族制、私产再到国家，国家代替了家族；中国是由家族到国家，国家混合在家族里。[①] “国家”的概念是指天下、邦国和家庭的统一体，家是国的根基，国是家的扩大。由此形成了中国政治伦理化的特征，即“由家庭中的父子关系引伸出君臣关系，由家族中的“孝悌”引伸出政治上的忠君，由以血缘为基础的人伦关系延伸为以阶级为基础的统治与被统治之间的各种等级关系”。[②] 在这种架构中，一方面，对统治者而言，提出了“以德治国”即“敬德保民”、“为政以德”的要求。这个要求包括了执政者应当实行利民的政策和措施，并且以“君德”自律，率先垂范，从而实现“圣王”——“德政”的理想，用“贤人政治”统治和管理国家。另一方面，对于被统治者而言，提出了忠孝节义的要求。由于君与国一体，国与家不分，君主与家长同体，人

---

① 侯外庐等著：《中国思想通史》第 1 卷，人民出版社 1957 年版，第 6—12 页。

② 马啸原：《论政治的道德化和道德的政治化》，《思想战线》1994 年第 3 期。

臣和人子同体，君臣关系与父子同构，忠君与孝父合一。因此，按照伦理原则，人民必须"事君以敬，事父以孝"，服从为德，"臣无二心"。这样，中国伦理化的政治便形成了以道德作为政治的载体和基础，道德原则即为政治原则，"德政同构"的传统。这种传统在教育方面，经以孔子孟子为代表的儒家伦理教育思想的发扬光大，特别是随着汉代"罢黜百家，独尊儒术"儒学获得"国教"的独尊地位之后，便长期成为了主导中国道德教育的主流思想，儒家的"德教"把"明人伦"作为"兴国"以致"王天下"的大法，作为教育的根本目标，这种教育的意义和信念一直给中国人提供相当稳定的价值认同，国家儒学体制与权威主义思想的结合，从而使中国传统的道德教育既具有了明显地为政治服务，将教育作为教化和输导政治要求的工具的"政教一体"的特质，同时又呈现规范伦理的统一性、规范性的特点。这便是造成中国大陆德育政治意识形态功能显著的深厚的历史传统之故。

从中国社会发展的特殊性来看，中国社会是长期处于小农经济为主的封建社会，是以宗法血缘关系为其社会组织结构，以伦理政治维护和统治的大一统的国家，中国封建社会具有超常的同质性和稳定性。新中国的诞生，虽然从政治上、法律上确立了广大劳动人民当家做主的地位，但在经济基础的层面并没有根本改变农业文明的形态，而由于中国的社会主义制度是建立在相当落后的生产力水平基础之上的，这种特殊的矛盾在某种意义上又决定了建国初期的历史选择：在计划经济体制上形成特殊的社会组织形态："统制社会"。这种社会的基本特征是：单一的经济模式、统一的思想意识形态和高度集中的政治体制。这样一方面，使得传统社会的同质性仍然保持高度的稳定，并在社会生活中形成一体化的经济、一体化的思想和一体化的政治相偶合的统一机制；另一方面，这种社会组织形式依然是未经充分分化的机械组合，个人依赖于社会组织或单位，与宗法社会的维系力量所不同的是，维系"统制社会"凝聚力量的

是以政治目标为导向的价值观念和意识形态。因此，在这个阶段，中国大陆的学校德育突破了宗法社会宗法伦理的内涵，强调以国家意识形态为核心的、以培养遵从、服从阶级、政党要求的接班人为目标的德育系统，[①] 德育成为政治与社会的中介，发挥着传承和巩固社会主义意识形态的作用，这显然是中国社会主义发展一定历史阶段的特殊要求，正是在这个意义上，中国"德育"突出意识形态功能有其历史的合理性。

3. 意识形态性在当代学校课程的反思改变

中国学校德育课程的意识形态特征，可谓是意识形态与学校课程密切结合的典型，固然有其传统和社会的解释，但毋庸讳言都存在着"意识形态化"的极端与偏颇，直到中国社会进入到 20 世纪 70 年代的改革开放和市场经济的时代后，才为中国人理性审思德育与意识形态的关系提供了历史的契机，也为德育课程的时代变革提出了可能性和必要性，形成了辩证的认识：

在如何评价传统德育的问题上，认识到传统德育的历史转型并不意味着对以往德育的彻底否定，因为传统与现代的关系不同于旧与新的关系，传统与现代的背后是历史、文化。历史不可能重演，文化不可能再现，它是人性的生存样式。它们既是有形的，也是无形的；既可通过物质实体、社会范型来表达，也可通过思想意识、制度理念来体现。因此，文化传统使"代与代之间、一个历史阶段与另一个历史阶段之间保持了某种连续性和同一性，构成了一个社会创造与再创造自己的文化密码，并给人类生存带来了秩序和意义。"[②] 恰如杜维明教授所反复强调的，传统与现代是一种相互蕴涵的关系，而不是非此即彼的对立关系，即传统既在现代中，现代亦

---

① 李萍、钟明华：《公民教育——中国学校德育改革的历史型转型》，《教育研究》。

② 樊浩：《中国伦理精神的现代建构》，江苏人民出版社 1997 年版，第 199 页。

在传统里。正是在这种理解上，中国传统德育的转型，不能采取用"新"取代"旧"的方式，不是对传统德育简单的否定，而需要通过审慎的价值分辨。

在德育是否能够保持价值中立的问题上，认识到"德育"作为人类特有的社会理性行为，其存在已经预设了一种"理想"，已经包含了一种价值观。没有价值倾向的教育不可能成其为教育，更不可能成其为德育。关键的问题在于，我们如何来取舍21世纪德育的价值以及到哪里寻找德育的资源？我们如何认识普适伦理与特殊伦理的价值？我们如何在"地球村"的时代，选择文明的对话而不是冲突？我们如何在技术文明、物质文明的高度发展中，保持人类与自然的平衡和可持续发展？虽然，对这些问题的探索仍在进行，但有一点却已然明确，德育在21世纪应以人的生命需要为其立足点，价值教育的领域应具有观照自然、社会与人的心灵的丰富内容。

在德育与意识形态的关系上，认识到实际上所有国家的教育，尤其是思想道德教育都以不同的方式与国家主流意识形态发生关系，或者说反映和表达主流意识形态的原则、立场。从这个角度，我们不主张片面消解德育应有的意识形态功能，但同时我们也要清醒地认识到政治与道德、政治与教育毕竟是两个不同的范畴，属于两个不同的领域。道德靠人们的内心信念良心来维系，政治靠法律与制度来支持；政治具有直接性、现实性的特点，教育是追求理想的事业，因此把政治与道德合二为一，政治与德育等同一体，二者过度"密合"，缺乏独立的界定和约束，便会致使德育潜藏着危机：德育的本质工具化、德育的内容片面化、德育的功能形式化。中国德育发展的曲折历程已经昭示了这一点。

中国学校德育从其自身发展的内在因素来看，正是围绕着对意识形态与学校德育课程二者关系的反思，开始了具有深刻意义的历史转型，典型的意识形态功能得以改变，主要表现为：

在德育的目标上：从接班人到建设者：在教育培养什么样的人的问题上，20 世纪 90 年代末中国大陆德育已经有较大的转变，即由过去单一的"接班人"变为"建设者"和"接班人"。显然，"接班人"主要是从阶级、政党的特殊需要提出要求的，"建设者"是以宪法为基础的合格公民。这种转变不仅只是一些学者所认为的关乎教育目标的层次性问题，其实它更表达了教育理念的深刻变化，即教育不仅是为某个阶级服务的，还应有更广泛的意义，应该超越狭隘的政党利益，从国家、社会与人类文明的传承方面着眼等。这意味着学校课程的价值立足点已经超越了意识形态狭隘的空间，转向了更加丰富的价值视阈。

在德育的内容上：从政治为主到公民教育。2001 年 10 月，中共中央颁布了《公民道德建设实施纲要》，以中国共产党的名义第一次颁布关于公民道德建设的纲要，第一次提出了"公民道德建设"的概念（过去我们主要是提社会主义道德、共产主义道德），其中的意义是十分深远的。从学校教育的角度，确立了公民教育的合法性，它标志着中国大陆"德育"改革的历史性转型。因为公民教育不同于以道德训诫、狭隘的政治教育或政治灌输为主要内容的传统"德育"，它强调以公民的独立人格为前提，以开启、提升人的主体性为目标；不同于单一"义务取向"的传统"德育"，强调以公民的权利与义务相统一为基本的教育取向，这意味着这种要求是对全体公民的，不存在任何特殊的公民；不同于以"圣人教育"或"特殊教育"为目标的传统"德育"，强调以合理性为底线的"平民教育"或"普遍教育"，它虽蕴含高尚道德理想的追求，但却注重平民规范和基本道德的践履，[1] 这种变化将从根本上改变传统德育的功能、内容和方式，也意味着学校课程开始超越意识形态的范围，具有了契

---

[1]　参看鲁洁：《转型期中国（大陆）道德教育所面临的选择》，21 世纪价值教育与公民教育国际学术研讨会交流论文。

合社会与个人发展的丰富内容。

在德育的方法上，从灌输到引导。以往学校课程的讲授，主要是采取由上至下的"单向灌输"的方法，将学生当成"接受器"，只给"现成结论"。现代德育认识到学生是学习的主体，更加注重实践性、体验性学习，注重讨论性的、对话性的、分享性的交流，不仅授人以鱼，更要授人以渔，"给批判的武器"。这样的转变意味着学校课程的教学开始摈弃了意识形态控制思想的方法，以适应学生主体性成长的需要。

客观而言，中国大陆学校德育的转型与变化，已经昭示着意识形态与学校课程之间合理的张力开始逐渐形成，这种变化其实也是当今世界价值教育领域共同的特点与趋向，中国学校德育恰藉此融进了全球化时代世界价值教育发展的潮流，与世界其他国家的价值教育一起，拥有了价值教育发展的前景和未来。而意识形态要想在全球化时代更有效地传递其价值、意义与信仰，走向"文化化"就是其在当代理性选择。

三、意识形态与文化路径

在全球化的时代，意识形态要想在价值教育领域中发挥其更大作用，则必须在厘清意识形态与价值教育的关系基础上，将意识形态"文化化"，即将意识形态这一特定的价值观的表达与诉求，植根于文化的母体中，从狭隘的政治宣教变成文化熏陶，从强制灌输到润雨无声，从硬性说教到软性感化，意识形态所宣传的主导价值观才能真正被人们所接受、认同。

1. 意识形态"文化化"的时代诉求

我们现在所处的时代与以往时代最显著的不同或特质就在于全球化的发生与形成，全球化不是一维的发展，并不仅仅局限在经济领域，而是呈现出向人类社会生活的众多领域辐射与延伸，从经济、政治到文化等的扩展过程；全球化也不局限于有限的地域范围，而

是从经济发达的西方到东方的辐射发散，整个世界因全球化而发生着深刻的改变。而文化就是我们理解与把握这一时代特征与进程本质的钥匙。可以说，全球化型塑着当代世界文化的基本风貌，而文化又构成全球化的一个纬度，"我们这个时代所经历的、由全球化所描绘的巨大的转型式进程，除非从文化的概念性词汇去着手，否则就很难得到恰如其分的理解，同样，这些转型所改变的恰恰就是文化体验的构造。"① 文化对于人类生存而言，它不仅仅是以产品满足我们的消费需要，更主要地是文化为人类存在与发展提供一种意义的建构与解释，"文化乃是提供了个人的意义的感受共存的"②，人类则通过文化建构生活的意义。因此，"当我们以此种观点去切入复杂的联结时，我们所关心的问题就是，全球化是如何改变了意义构成的语境的：它是怎样影响人们的认同感、对地方的体验以及自我与地方的关系的，它是怎样影响人们所有的、完全是在地方定位的生活中发展而来的共享的理解力、价值欲望、神话、希望与恐惧的，所以文化的跨度跨越了全球化的外在性与内在性。"③ 这才是全球化与文化关联的本质所在。

　　而在全球化时代，文化与意识形态恰恰因其认同、意义与价值呈现出紧密的联结：一方面，国家意识形态因文化交融而面临日益频繁的挑战，随着计算机技术和信息网络的日益发达，使远距离的信息互动成本越来越低且越来越容易，有利于增进全球范围内各民族国家之间的经济、政治、文化和社会之间的交流与合作，但信息全球化又极易冲垮民族国家的文化防线，打破了主权国家对社会思

---

① 【英】约翰·汤姆林森著，郭英剑译：《全球化与文化》，南京大学出版社 2002 年版，第 1 页。

② 【英】约翰·汤姆林森著，郭英剑译：《全球化与文化》，南京大学出版社 2002 年版，第 26 页。

③ 【英】约翰·汤姆林森著，郭英剑译：《全球化与文化》，南京大学出版社 2002 年版，第 27 页。

想和价值观念的垄断封锁和控制性筛选，使得思想自由已经成为不可阻挡的发展趋势，导致了多元社会思想和价值观念并存，它为社会成员在价值和信仰上的理性选择提供了多种可能性。人们已经认识到，不同文化体系的冲突正在增长，而且如今比以往历史上任何时候都更危险，文化是一个舞台，也是一个战场，各种政治的、意识形态的力量都在这个舞台上亮相、角逐、较量、争斗。国家意识形态的主导地位有可能在不同文化的冲突中，在外来价值观的冲击下处于可能被颠覆的危险境遇。

另一方面，国家意识形态也因文化融合而得以不断扩张。文化软实力渗透是当今时代价值影响的最重要的方式。文化的本质核心在于能够为人们提供认同感、归属感与价值感的意义系统，于是西方一些发达国家往往冀图通过文化霸权或文化帝国主义，把西方的价值观、意识形态、生活方式等施加给非西方国家。可以说，以美国为代表的西方社会就是凭借着经济的强势和技术的先进、媒介的发达，通过文化工业和产品消费，来传递其价值观和生活方式，形成全球众多地方文化商品的雷同化与生活场景的趋同化。"在全世界的文化商品中出现了明显的趋同现象和标准化。……从服装到食品、到音乐、到电影电视、到建筑（这里仅局限在人们通常包含在'文化的'范围内的内容）莫不如是，而一个不容忽视的事实是，某些时装、品牌、品位和实践现在都开始具有全球化的倾向了，他们现在在世界各地实际上已经是随处可见了。"① 西方价值观借助文化与消费产品，通过对生活方式的全方位渗透，实行软着陆。所以正如汉斯·摩根索所言"文化帝国主义的东西，是最巧妙的，并且它能单独取得成功，也是最成功的帝国主义政策，它的目的，不是征服国土，也不是控制经济生活，而是征服和控制人心，以此为手段而

---

① 【英】约翰·汤姆林森著，郭英剑译：《全球化与文化》，南京大学出版社 2002 年版，第 120 页。

改变两国的强权关系。"国家意识形态正是借助文化霸权而不断扩张。①

可见，在全球化时代，意识形态的存在挑战与发展机遇皆是文化所造就，不仅如此，由于文化就是生产关于和来自我们的社会经验的意义的持续过程，而"任何社会体系都需要一种关于意义的文化体系——它要么使它合乎时宜要么破坏它的稳定，使它更易于或更不易于产生变革，文化（及其意义和快乐）是社会实践的一种持续严禁，因而它具有内在的政治性，它主要涉及各种形式的社会权力的分配及可能的再分配。"② 文化与争夺意义和社会权力的斗争纠缠在一起，所以文化虽不是意识形态本身的总和，但却具有意识形态性，这便是意识形态"文化化"的内在依据。意识形态"文化化"是意识形态在当今发展的趋势和选择，它既关系到价值观的认同、传递与影响，又关乎文化安全与文化软实力。

2. 意识形态"文化化"的核心实质

意识形态"文化化"的核心是达成对其所倡导的价值观的认同。从认同的过程而言，"认同是一个'求同'和'存异'同时发生的过程。……无论是认'同'还是求异，都必须参照特定的社会边界来确定。在特定的社会边界内部，认同表示的是同，超出这个边界，认同实质上就变成了求异，即彰显个性。由于只要社会存在边界，就必然出现内外、我他的分别。因此，认同与求异实质上就构成了认同这一硬币的两面。"③ 价值认同实际上就是去异求同或存异求同的过程。从认同的本质来说，由于认同"是行动者对认同对象于自

---

① 【美】汉斯·摩根索著，卢明华译：《国际纵横策论》，上海译文出版社 1995 年版，第 90 页。
② 【英】约翰·菲斯克：《解读大众文化》［M］，南京大学出版社 2001 年版，第 1—2 页。
③ 【英】约翰·菲斯克：《解读大众文化》，南京大学出版社 2001 年版，第 5 页。

身的意义和价值的诠释和建构过程，本质上是精神的和文化的，所以，'社会认同'在一定程度上就是对特定社会类型的文化机质的认同，故社会认同和文化认同具有本质上的一致性。"① 价值认同就是在文化机质的基础上建构价值与意义的过程。

　　而从意识形态的角度审视认同，我们不难发现价值认同始终是意识形态力图达成的目标。其原因有三：一是由意识形态的本性所决定。意识形态是一种观念体系，但这种观念体系却不同于别的观念体系，它的特殊性则在于它是一套有关价值、信仰或意义的观念体系。换句话说，一个观念体系只有与一定的价值信仰和理想目标及其实践的态度相联系，才能成为意识形态。对于意识形态中的知识系统和单纯的知识体系区别，加拿大学者克里斯托弗曾形象地指出："当科学观念、公理、原理作为单纯的理论体系存在时，它们是科学而不是意识形态，一旦这些理论变成一种'词尾带主义'（－ism）的抽象意义，它们就变成意识形态。科学原理一旦由单纯的客观描述性理论变成意识形态的价值规范性主张，就有了或直白或隐喻的排他性观念，同时，也就有了在人们的心灵深处建构其观念的实践意志，就是说，它已不在于描述而在于规范，在于企图影响人们的观念。"②

　　这种意在影响人们的价值性规范或观念就是意识形态与其他观念体系的区别之所在，它既构成了意识形态这一观念体系内在的质的规定性，也是意识形态的核心所在，"意识形态则是文化的辩护的、辩解的方面——它指的是'文化的那一部分，即积极关心建立

---

　　① 李友梅：《社会认同：一种结构视野的分析》，上海人民出版社 2007 年版，第 2—5 页。

　　② 【英】约翰·汤姆林森著，郭英剑译：《全球化与文化》，南京大学出版社 2002 年版，第 92 页。

和保卫信仰和价值的模式'。"①

二是出于意识形态的功能使然。意识形态的本性决定了意识形态的功能。意识形态的观念体系在阶级社会中往往是一个阶级特别是统治阶级的价值、信仰或意义的表达，因而意识形态的根本目的便是要维护一个阶级或社会集团且往往是统治阶级的地位和利益。而要达成这样的目的，社会秩序的稳定与维护就是必要的条件。"意识形态从根本上说是对现实的思想描述形式，它的目的是使人的社会实践变得有意识和有活力。这种观念的普遍性和必然性的出现，为的是克服社会存在的冲突。"② 社会的裂缝和伤口就是表面的社会现实下掩藏的基本的社会冲突，意识形态恰恰就生长在这一社会的裂缝之上，意识形态的功能就是用理想的崇高客体之幻象对现实的社会裂缝进行文饰与填补，将各种阶层对现实不满的痛苦与愤恨转移到对光明之未来的期许中，从而实现缓解社会矛盾、达成社会共识和整合社会的目的。"一个稳定、有序的社会，必定要由一个由主流意识形态所确定的，得到社会各阶层广泛认同的社会价值系统，使人们出于道德感来自觉地遵守现有的社会规则；否则，没有社会公认的价值系统，也就没有共同遵循的价值规范，各阶层的人们就会依据各自的价值规则自行其是，社会就会出现混乱与动荡。"③

三是源于意识形态实现合法性的诉求。"所谓的合法性，就是基于政府被民众认可的原则的基础上实施统治的正统性或正当性。"④，而"任何统治都企图唤起并维持对它的'合法性'的信仰。"政治

---

① 【德】尤尔根·哈贝马斯著，曹卫东译：《交往行为理论》，上海人民出版社 2004 年版，第 100 页。
② 俞吾金：《意识形态论》，上海人民出版社 1993 年版，第 304 页。
③ 刘明君、郑来春、陈少岚：《多元文化冲突与主流意识形态建构》，中国社会科学出版社 2008 年版，第 59 页。
④ 刘明君、郑来春、陈少岚：《多元文化冲突与主流意识形态建构》，中国社会科学出版社 2008 年版，第 55 页。

秩序与合法性问题是紧密相连的，哈贝马斯认为"合法性意味着某种政治秩序被认可的价值。"① 合法性是统治阶级维持其政治秩序系统的稳定性的根基。韦伯也指出合法性是指任何命令（统治）服从关系中，那种促使一些人服从某种命令的动机。"如何通过影响社会成员的行为，使其服从于政治统治的需要是政治共同体的最基本的任务之一。政治合法性就是为了适应这一任务的需要而产生的。合法性并非只停留在观念层面上，其效力的发挥不可避免要指向社会成员的行为。能不能通过对社会行为的影响和约束，来使之服从于现存政治统治秩序，是合法性获得的关键所在。"② 李普塞也指出"合法性完全取决于政治系统的价值与其成员的价值是否一致而定。""任何政治系统，若具有能力形成并维护一种使其成员确信现行政治制度对于该社会最为恰当的信念，即具有统治的合法性。"③ 由此，可以看出政治合法性的核心则在于能否达成社会成员的价值与其政治系统的价值一致，二者一致性愈大，合法性就愈强，政治秩序也就愈稳定。

在全球化时代，意识形态追求认同的驱动力日益加强，这是因为在全球化时代，社会认同的意义显得更为突出。一方面"按照马克思的观点，由于全球化是资本推动的结果，资本拥有者在这个过程中占据强势地位，因此全球化在很大程度上就成为他们使自身的地方性文化、意识形态普遍化的过程。"④ 所以，全球化时代，意识形态并没有终结，相反却是强势意识形态的扩张与同质化的时代，地方、民族与国家的认同变得更加日益困难。但另一方面，全球化

---

① 【德】哈贝马斯著，张博树译：《交往与社会进化》，重庆出版社1989年版，第184页。

② 王宏强：《论政治合法性的三个层面》（论文），百度搜索。

③ 转引自胡伟：《合法性问题研究：政治学研究的新视角》，《政治学研究》1996年第1期。

④ 李友梅：《社会认同：一种结构视野的分析》，上海人民出版社2007年版，第14页。

也并没有能够消解地方性，相反，从另一个角度看，"当普遍主义在使自身成为一种潮流的同时，恰恰也不经意地唤醒了在全球化过程中处于弱势地位的人们的自主意识，使他们不仅对自身利益有了较为清楚的认识，而且也使人们在比较中认识到自身所属群体的独特性成为可能，如民族国家意识、本土文化意识，并进一步认识到民族国家认同、本土文化认同在捍卫自身利益、抵制强势群体利用全球化对弱势群体的剥夺方面的积极意义，于是全球化在摧毁各种地方性社会认同的同时也成了新的地方性社会认同以及各种反对全球化的社会运动的再生产的关键机制。"① 可以说，在全球化时代，全球化与地方化、普遍性与独特性一直成为"求同"与"求异"的过程的双向力量，但有一点却是无可置疑的，即对于一个民族与国家来说，"新的社会认同、特别是民族国家认同以及与之相关的文化认同的再生产，在很大程度上正在变为全球化条件下各个国家捍卫自身利益的最为重要和有效的武器。"② 这是因为"认同是确定群体的符号边界、实现内群体向心力的生产和再生产、确立群体的内向的合法性的必要条件。"③ 对于一个国家而言，它的稳定与发展，需要的是每个个体对它的向心力而非离心力，因此，越能达成社会认同的社会，向心力越大，目标一致，合力就越大。在竞争与风险的当代社会，社会认同能否达成已然关涉到全球化条件下具体的社会或者组织如何实现自身的再团结以提升自身在各种新的社会竞争场域中的驾驭能力。而意识形态便是社会认同达成的主要手段，"意识形态能给一个群体赋予某种身份，因此它常被用来形成共同观念、共

---

① 李友梅：《社会认同：一种结构视野的分析》，上海人民出版社 2007 年版，第 14 页。

② 李友梅：《社会认同：一种结构视野的分析》，上海人民出版社 2007 年版，第 15 页。

③ 【美】曼纽尔·卡斯特著，曹荣湘译：《认同的力量》，社会科学文献出版社 2003 年版，第 12 页。

同目标以及共同承担义务的观念。通过形成'我们感'或群体团结感发挥着建构群体身份、维持群体联结的功能。"①

在当代中国，社会认同主要表现为民族、国家的认同，"民族——国家认同主要有两个基本内涵：中国人认同与社会主义价值体系的认同。"② 对中国人的认同在排除分裂分子外已无异心，因而意识形态"文化化"的核心实质，归根到底，就是使人们产生和坚持现存政治制度是社会的最适宜制度之信仰的价值判断、价值选择与价值追求，达成对中国人认同与社会主义价值体系的认同。"在今天几乎每一个民族国家都高度重视意识形态建设的语境下，建构社会认同——民族国家认同——实质上就表现为国家层面的意识形态如何为理性和反思能力日益提高的民众接受并内化。"③ 这就关乎到意识形态"文化化"的具体理路与实践。

3. 意识形态"文化化"的理路探索

在全球化时代，意识形态因事关民族—国家认同，关乎文化安全与国家软实力，因此，加强对意识形态的建设就成为现实与理性的双重选择。但在当下中国社会，反观意识形态的宣传和教育，毋须讳言，所遇到的挑战是严峻的，虽投入大量人力、物力、财力，不断宣传、教育、灌输，但效果却强差人意，呈现出"意识形态漂浮"的特点。所谓"意识形态漂浮"，是指主流传媒虽铺天盖地大张旗鼓地宣传某种意识形态，可是，这种意识形态仍不能深入人心，甚至会引起人们的逆反心理而漂浮在空中。"意识形态漂浮"现象的出现，其原因是多方面的：

① 【美】杰拉尔德·古特克著，陈晓瑞等译：《哲学与意识形态视野中的教育》，北京师范大学出版社 2008 年版，第 168 页。

② 李友梅：《社会认同：一种结构视野的分析》，上海人民出版社 2007 年版，第 5—10 页。

③ 李友梅：《社会认同：一种结构视野的分析》，上海人民出版社 2007 年版，第 27 页。

"意识形态漂浮"的原因之一，是意识形态所倡导的价值认同难度增大。意识形态最本质的核心是主导价值观的传递与接受，但全球化所带来的文化交融与冲突，使得价值多元与价值选择成为当今时代价值世界的特点，而在市场经济中主体意识萌发与成长的个体，更是强调价值的自我选择和自我确立，意识形态如果以正确价值观自居和沿用居高临下的宣传，往往导致民众的拒斥与远离。

"意识形态漂浮"的原因之二，是意识形态所倡导的价值信仰难以确立。对主导价值观的认同上升到信仰层面才是最坚定和持久不变的，但现代性在摧毁了对上帝的神圣性之后，也把人的敬畏感和信仰感破坏，终极价值的理想几乎消失殆尽，意识形态所借用的"崇高客体"的"幻想"作用，理想与美好的期许在现实与利益面前往往难以奏效。

"意识形态漂浮"的原因之三，是意识形态所倡导的价值实践出现问题。实践也是认同的强有力的现实力量。社会主义意识形态既有科学的社会发展理论的知识论基础，又有符合社会发展方向的价值信仰，可是在社会主义实践中却因对社会主义本质把握不清而出现了不少问题，导致东欧剧变以及中国社会主义实践中的曲折，这在一定程度上也影响着人们对意识形态所宣传的主导价值观的接受与认同。

为此，要克服"意识形态漂浮"的弊端，意识形态"文化化"必须在当代社会情况下，契合时代和受众的特点，进行探索与实践：

其一，意识形态要契合文化媒介的特质加以传播

意识形态是文化的核心，每一种文化都传递着价值、信仰与意义。文化的传播是伴随着时代的发展、社会的进步而不断变化与发展的，意识形态的表达与宣传也必须在不断的反思中调整、改变与契合。

当今文化传播的典型特点是视觉化与感性化。美国学者弗雷德里克·詹姆逊在其著作《文化转向》一书中为我们揭示了后现代

社会的两个新层面："一是视象文化盛行，二是空间优位。在当今，文化生产领域发生了深刻的变革，传统形式让位于各种综合的媒体实验，电视的普及使整个人类生活视象化，形象取代语言成为文化转型的典型标志。"① 当代社会空间浸透了影像文化："所有这些，真实的，未说的，没有看见的，没有描述的，不可表达的，相似的，都已经成功地被渗透和殖民化，统统转换成可视物和惯常的文化现象。形象正以其优越的可视性表现出对文字的压制。"② 视觉文化盛行，能够以其形象吸引眼球，便是兴趣、接受、认同和消费的前奏。詹姆逊在此基础上提出了"形象就是商品"的观点，指出，"在当今时代，文化逐渐与经济重叠，通常被视觉形式殖民化的现实与全球规模的同样强大的商品殖民化的现实一致和同步。形象这种文化生产'不再局限于它早期的、传统的或实验性的形式，而且在整个日常生活中被消费，在购物，在职业工作，在各种休闲的电视节目形式里，在为市场生产和对这些产品的消费中，甚至在每天生活中最隐秘的皱褶和角落里被消费，通过这些途径，文化逐渐与市场社会相连。'文化领域中后现代性的特征就是伴随形象生产，吸收所有高雅或低俗的艺术形式，抛弃一切外在与商业文化的东西。由此，今天的人们已处于一个与过去完全不同的存在经验和文化消费的关系中，每天面对数以千计形象轰炸，'幻象'取代了真实的生活。"③

与形象转换相关的是后现代的空间性特征，在詹姆逊看来，"当今世界已经从由时间的定义走向由空间的定义。在后现代社会中，

---

① 【美】弗雷德里克·詹姆逊著，胡亚敏等译：《文化转向》序，中国社会科学出版社 2000 年版，第 5 页。

② 【美】弗雷德里克·詹姆逊著，胡亚敏等译：《文化转向》序，中国社会科学出版社 2000 年版，第 5 页。

③ 【美】弗雷德里克·詹姆逊著，胡亚敏等译：《文化转向》序，中国社会科学出版社 2000 年版，第 5 页。

空间具有主宰的地位……不仅时间具有空间性的特征，而且一切都空间化了，市场的货币形式和商品逻辑也转换为空间形式，成为结构性因素。"① 文化市场与消费因其特点而日益摆脱地域国家的物理空间的限制，利用电子空间的依托而快捷方便，市场呈现为全球性，受众者广泛性，影响性不言而喻。

显然，后现代的这两个特征是由现代技术作为支撑的，"无论是形象转换还是空间优位，都与现代技术密切相关，在我们这个时代，高科技和传媒真正承担着认识论的功能，我们看到，当今世界正被高科技的狂欢所占据，后现代艺术家正充分利用新的技术手段来制作各种视象制品，并且随着电子媒介和机械复制的急剧增长，视象文化已不再限于艺术领域，而成为公共领域的基本存在形态。……同时，在后现代社会中，美学也发现自身已转移到感知领域，并开始转向以感觉为核心的生产，追求视觉快感成为人们的基本需求。"② 因此，如何用视觉形象吸引眼球，用视觉快感引发追逐，就成为当今时代文化传播的时代特质与诉求。

客观而言，文化从语言转为形象的转型，固然有丧失思想深刻与理论系统的危险，但它无疑就是我们当今时代文化真实发生的变化与新的特点。空间优位是电子技术和全球化的后果，却道出文化市场拓展的途径；视觉快感这一美学的追求，虽然有受感官操纵之弊，却道出引发兴趣关注的方法。

所以，当今时代意识形态的生产与传播要想被受众者广泛接受就需要在克服其弊端之同时，不能不顺势而为，契合文化转型和接受者的特点，让意识形态走向感性化。可以说，"大多数民众对于一种意识形态（意义系统）的把握，一般都会根据自己的社会阅历、

---

① 【美】弗雷德里克·詹姆逊著，胡亚敏等译：《文化转向》序，中国社会科学出版社 2000 年版，第 5—6 页。

② 【美】弗雷德里克·詹姆逊著，胡亚敏等译：《文化转向》序，中国社会科学出版社 2000 年版，第 6 页。

知识积淀以及具体的生活需求将之转化为某种可以操作或者触摸的形象化指标。如把前苏联宣扬的共产主义比喻为'土豆加牛肉';中国'大跃进'时期把共产主义解读为'敞开肚皮吃饭',虽然通俗,但大体符合大部分民众对外来的意义系统的理解方式。"① 这是民众对于意识形态理论自发的转换。但现在的问题是,作为意识形态的生产者、传播者的知识分子却常常受制于意识形态是一个观念体系,抽象性、学理性、逻辑性成为其诉求,致使意识形态的话语表达难免因其观念体系和生产者的追求而具有超越于生活层面的抽象与晦涩的特点,客观上对意识形态的受众者接受意识形态的宣传、理解与把握方面造成了很大的限制,无形中增加了民众转换与理解的难度,在一定程度上致使人们远离抽象的意识形态,并易于将意识形态作为空洞的大话体系加以拒斥或反感,导致意识形态的功能无法有效实现。故,作为意识形态生产者的知识分子,在当代文化传播视觉化的趋势下,应该自觉地将意识形态的观念体系用通俗化、口语化和生活化的语言表述与概括,做到通俗易懂,被广大民众所接受,以增强对主流意识形态的认同。

其二,意识形态通过制度文化的构建加以强化

社会制度就是文化的刚性表达;就人的社会性生存来说,社会制度是个体生存的硬性环境,每个人的生活都受其社会制度所制约与影响,而社会制度的制定及所包含的政策等,实际上内隐着主导价值观的表达,其中与民众生活最直接相关的社会福利制度对民族—国家的认同起着至关重要的支撑作用,社会福利制度往往成为政府传递的主导价值观直抵民众心灵的最佳通道。因为"福利系统属于社会资源再分配领域,直接影响着民众的日常生活和抗风险能力,

---

① 李友梅等著:《社会认同:一种结构视野的分析》,上海人民出版社2007年版,第28页。

因此对于社会认同的支撑作用是显而易见的。"① 如亚洲四小龙之一的新加坡，儒家伦理价值观在国家意识形态中占据非常重要的作用，政府对儒家伦理价值观的宣传除了学校教育之外，且通过制度加以强化。如儒家伦理重"孝道"，新加坡政府就在住房制度中通过子女住房与父母住房之间远近度给予不同的补贴，从制度层面来促进孝道价值观的发扬光大，民众也极易从福利制度中接受其所倡导的"孝道"的直接教化，对意识形态所宣传的主导价值观的认同也易达到。对此，如社会学家吉登斯所言："个体行动者对对象世界连续性和社会活动构造抱有信任感。这种信任感的基础，在于这些行动者与他们的日常生活过程里进行活动的社会情境之间，存在着某些可以明确指出的关联。在一个不确定的社会中，社会福利国家成功地在个体行动者及其在日常生活环境之间建立了稳定的联系，从而赢取了民众的信任。"② 以此观照中国社会，"中国共产党及其建立的中华人民共和国之所以能够在很短时间内获得治下民众的普遍认同，原因是多方面的，其中的重要因素之一就是覆盖城市和农村的社会福利制度的建设，虽然这个制度并不完善，但却是中国历史上第一个全民性的社会福利制度，大大提高了普通民众的生活质量和抗风险能力。"③从而激发了民众对新中国和中国共产党的热爱。而当下中国社会福利制度的当务之急就是如何解决民众的住房、医疗与教育这三个关乎民生的大问题，这既关乎民众对政府与执政党的认同，也关乎对国家意识形态所倡导的主导价值观的接受与强化。

---

① 李友梅等著：《社会认同：一种结构视野的分析》，上海人民出版社2007 年版，第 16 页。

② 李友梅等著：《社会认同：一种结构视野的分析》，上海人民出版社2007 年版，第 17—18 页。

③ 李友梅等著：《社会认同：一种结构视野的分析》，上海人民出版社2007 年版，第18 页。

其三，意识形态通过文化环境的营建加以熏陶

文化环境是文化的软性表达。"人是文化主体，同时又是文化的对象。人生存于世界上，也就意味着人在文化中。"① 而文化从存在方式来说，它既是有形又是无形的。文化存在的有形表现在人类的物质文明中，人类所有的建筑、所有的雕塑，所有的绘画……所有被我们眼睛所能够感知的具象化的客体，都是文化的对象化的存在，它们既是人类主体的智慧、才华、情感等的折射与反映，也是人类的价值、信仰与意义的表达与追求。而文化的无形则在于文化除了其对象性的产品的表现方式外，还以另一种方式存在，它虽无形看不见但却无处不在，就像人的生存所离不开的空气一样弥漫与包围着我们，任何一个个体生命的思维方式、语言行为、价值判断等无不深深地打上了文化的烙印，一言一行，一举一动，在显性与隐然之间，文化的气息便扑面而来，文化的密码也时时流露。文化的有形与无形共同构成了个体生命生活的文化环境，意识形态所倡导的价值、信仰与意义的表达可以采用隐性的方式融进文化环境中，通过其潜在的长期熏陶，使其价值观如"润物细无声"般慢慢地渗透到人的思想深处，使其教化、接受与认同。在这一方面，西方的基督教通过高耸入云的哥特式教堂建筑营造对上帝的敬畏与对天堂的向往可谓是颇为成功的范例，著名诗人海涅在《论浪漫派》中曾这样评价："从外面来看，这些哥特式的教堂，这些宏伟无比的建筑物，造得那样的空灵、优美、精致、透明，简直叫人要把它当做大理石的布拉邦特花边了，你这才真正体验到那个时代的巨大威力，它甚至能够把石头都弄得服服帖帖，石头看来都鬼气森树地通灵会意似的，连这最顽强的物质也宣扬着基督教的唯灵主义。"②约翰·

---

① 【美】道格拉斯·凯尔纳著，丁宁译：《媒体文化》，商务印书馆2004年版，第1页。
② 【德】亨利希·海涅著，张玉书译：《论浪漫派》，人民文学出版社1979年版，第16—17页。

麦茜也在其《世界文学史》中说道："中世纪的艺术天才……表现于建筑及其与建筑有关的艺术。当时的哥特式寺院，如果不能使一个近代人觉得自己的渺小，至少也可以打击他的骄傲，使他不敢对他的中世纪祖先取鄙视的态度。"①显然，意识形态通过文化环境加以传递，这是远比自上而下的灌输、强制更为明智，也是无处不在和更为有效的方式。

其四，意识形态通过文化产品的消费加以影响

文化产品就是文化的具象表达。在市场经济的时代，文化与市场相结合形成文化市场，"文化市场经营的是文化产品，文化产品除了具有一般商品的属性如经济价值和使用价值外，还有其特殊性即它的意识形态性。一般商品如食物、衣饰、家具、化妆品、日常百货甚至包括住房，都是为了满足人们的实用物质需要，其作用仅仅在于保证人的正常生活，以及决定人的物质生存状态的优劣高下，而文化产品则不同，消费者购买或消费文化产品，不仅同样要付出经济代价，而且在观念上、精神上要受到文化产品的潜移默化的，或积极或消极的影响。"② 文化产品的特质是满足人的精神世界的需要，安顿人的身心，型塑人的价值，可以决定人怎样活着，做怎样的人。而在全球化信息化的时代，相较之传统社会，媒体文化所提供的文化产品日益显示其重要性，"广播、电视、电影和媒体文化的其他产品都提供了诸种材料，由此，个体铸就了自身的认同感、自我感、那种有关成为男性或成为女性究竟意味着什么的概念、阶级、种族意识、民族意识、性意识，以及人们所处的社会与世界如何被划分'我们'和'他们'或'好'和'坏'等的方式。媒体形象有助于塑造某种文化和社会对整个世界的看法及其最深刻的价值观：

---

① 【美】约翰·麦茜著，雅吾译：《世界文学史》，世界书局1934年版，第144页。

② 方明光主编：《文化市场与营销》，上海人民出版社2003年版，第11页。

什么是好的或坏的，什么是积极的或消极的，以及什么是道德的或邪恶的。"① 信息是迅捷的，市场是广阔的，消费是自愿的，意识形态在当代社会中，恰恰需要契合这些特点，大力发展文化产业，借助于文化产品，特别是媒介文化的产品，使意识形态所宣导的价值观通过文化消费而不断扩大其影响，在国内不断被越来越多的民众所接受与认同，以提高民族的凝聚力和向心力；在国外必须通过文化产品的积极输出，抗衡文化"帝国主义"的侵蚀，增强文化市场中的竞争，以提高国家的文化软实力和影响力。

_____

① 【美】道格拉斯·凯尔纳著，丁宁译：《媒体文化》，商务印书馆2004年版，第1页。

第八章

全球化时代价值教育的发展态势

　　全球化时代，伴随着交往的扩大和联系的增强，共在、共识与共享的理念日益成为时代的发展诉求。在当今价值教育领域，虽然中西方价值教育有着各自的历史沿革与现实问题，但也呈现出发展的共同趋势，因为作为价值教育主体的人，在全球化时代已经从地域性的存在走向了全球性的存在，中西价值教育领域也就必然呈现出碰撞、交融与共同发展。

一、价值观的建构

1. 价值观的共识性

在全球化时代，中西方价值教育在价值观方面，在保留自身特点的同时，也都呈现出追求价值观共识的趋势。

在当代西方价值教育领域，价值观的共识性特点的形成是建立在对"道德相对主义"（Moral Relativism）反思的基础之上的。"在20世纪，如果说还有一种思潮左右了当代哲学、文化学和伦理学的理论走向的话，那么，这种思潮就是相对主义思潮。"[①] 在道德价值观领域，很多学者称20世纪为"道德相对主义时代"，道德相对主义可以进一步分为文化相对主义和个人相对主义：文化相对主义认为，一切道德价值观都随文化、时代甚至地域的不同而不同，所以不存在永恒的道德价值观，"不同的文化信奉不同的价值观"[②]；个人相对主义则认为，在特定社会中，每个人的价值观都是相对的，不存在评价个人行为正当与否的客观价值标准，因此，对个人的行为和判断无法进行道德上的评价，那种企图把"社会的价值观"（Social Values）强加给个人的任何做法是错误的。20世纪西方社会文化、道德、价值观盛行的相对主义思潮，实质上是走向现代多元文化时代的西方社会在思想上的反映。

文化的多元体现了文化的发展和繁荣，但是也引发了人的发展的困境：人的发展需要价值的引领，文化的核心价值观的多元化发展，使得人们无所适从。为应对这一困境，西方发达国家开始倡导旨在"学会选择"价值教育活动，"价值观辨析"（Values Clarification）的教育模式在20世纪60年代开始风靡西方世界，在价值教育

---

① 戚万学：《冲突与整合：20世纪西方道德教育理论》，山东教育出版社1995年版，第39页。

② 【美】L. J. 宾克莱著，马元德等译：《理想的冲突——西方社会中变化着的价值观念》，商务印书馆1983年版，第6页。

领域广为应用。该模式主张：在价值多元的背景下，应通过教育帮助学生在纷繁复杂的价值观面前摆脱茫然，学会选择自己的价值观，并进而认同、践履之，使之指导自己的行为。在该模式下，教师应保持价值中立，而不应传授某种来自权威的社会性价值观。该模式实质上体现了相对主义思潮的影响。

但实践证明，相对主义的价值教育模式，非但没有解决青少年面临价值冲突的困境，反而由于缺少核心价值观的引导与教育，导致西方国家青少年没有基本的是非观念，不知对错以及善恶标准，成为一代"道德文盲"（Moral Illiteracy），西方社会出现"道德颓废"（Moral Decline）、"道德危机"（Moral Crisis）的惊呼不绝于耳。

面对道德危机和人与社会发展的困境，教育思想家们开始从根源上查找问题。无情的现实让教育思想家们深刻反思道德相对主义的危害，反思价值观相对主义，强调价值观共识，成为他们破解危机的理路。比如，英国学校课程评估局（SCAA）前主席和主管泰德博士（Dr. Tate）在其于 1996 年发表《课程中的道德和精神层面》（spiritual and moral aspects of the curriculum）一文中，抨击了道德相对主义，认为它毁坏了"我们赖以生存的道德语言"（our surviving moral language），他认为道德真理的确存在，有些道德真理具有普遍性，它们构成了"核心价值观"（common values），应该传授给儿童；美国著名教育思想家诺丁斯（Noddings，1987）在其著名的《关心：伦理价值教育的母爱途径》一书中呼吁发展学生的"关心"（Caring）的道德价值观，使学生具有道德责任感，不仅关心自己，而且关心他人，关心动物、植物、地球，关心人生存的基本问题；美国教育家波普尔（Purpel，1989，2004）认为："没有共同接受的一套标准"这种观念对美国人道德状况的混乱、社会的失范负有一定责任，青少年亟需核心价值观的引导与教育①。

对于核心价值观教育与引导的呼吁，绝不仅限于个别有识之士的积极倡导。实际上，自 20 世纪 80 年代末以来，应该寻求价值共识、追寻核心价值观的引导的思想在西方世界一直得到很多人的认同。

1988 年，在美国纽约州立大学，国际人道主义和伦理学会（IHEU）主办了第十次世界人道主义大会，29 个国家的 1300 多人参加了这一盛会，会议围绕当代全球化的大趋势，倡导人道主义的新型全球伦理学。会议认为，各国人民尽管存在着很大差异，但是，也有一些基本的道德价值观是可以被普遍认同的，如"诚实"、"守信"、"友善"、"利他"、"公正"、"合作"等。

1989 年联合国教科文组织号召"面向 21 世纪教育国际研讨会"，指出"关心"价值观应是新时代的价值观。此后，"学会关心、理解、宽容、尊重"（Learning to care, understand, forgive, respect）的教育思想开始成为西方影响深远的教育思潮。

1993 年，"世界宗教议会"召开并通过《走向全球伦理宣言》，该宣言认为，我们这个世界正处于苦难之中，而当代人类苦难之根源在于人类的道德危机，应该寻求"一些有约束力的价值观、不可或缺的标准以及根本的道德态度的一种最低限度的基本共识"②，宣言从世界各大宗教和文化的价值观准则中，提出全人类都应当遵循的基本价值观："己所不欲，勿施与人"。宣言表述了四项"不可取消的规则"：1）"珍重生命"，2）"正直公平"，3）"言行诚实"，4）"互敬互爱"。

多元社会中到底有没有价值共识？英国著名调查公司"MORI"，

---

① See Purpel, Reflections on the Moral and Spiritual Crisis in Education, Peter Lang Publishing, Inc., 2004.
② 《世界宗教议会走向全球伦理宣言》，《全球伦理——世界宗教议会宣言》，第 9 页。

曾受英国学校课程评估局（SCAA）的委托，询问了 1455 名人士，结果显示，绝大多数人对于"自尊"、"正义"、"真理"等价值观有认同。SCAA 前任主席泰德博士由此感言："因为我们的社会是多元的，所以没有共同价值观，这是错误的认识。"①

进入新世纪以来，西方发达国家更加重视价值共识的引导对于人和社会发展的意义，更加重视"核心价值教育"（Core - values Education）：比如：在美国，倡导以"尊重"、"责任"等核心道德价值观的品格教育运动方兴未艾，联邦政府逐年增加对各州和学区用于品格教育的拨款，并培训教师学会用积极的价值观引导学生；在英国，英国工党政府早在 2000 年制定英格兰新的国家课程时，就致力于寻求"支撑学校课程和学校工作的共同价值观体系和目标"，"品格教育"（Character Education）、"个人、社会与健康教育"（PSHE）、"公民教育"（Citizenship Education）、"宗教教育"（Religion Education）等价值教育的各种形式纷纷融入到英国学校教育教学活动中；在澳大利亚，2003 年初，澳大利亚教育科学与培训部发表了"价值教育研究总结报告"（Values Education Study Finally Report），对澳大利亚中小学业已开展的价值教育进行了深入的分析和探究，提出了价值教育优秀试点学校计划，决定再拿出 2970 万澳元来帮助开展价值教育，2005 年，《澳大利亚学校价值教育国家框架》（National Framework for Values Education）颁布，从国家的范围内倡导包括"关心"、"同情"、"尊重"、"责任"等"九大价值观"。近年来，这种关注价值以及价值教育的趋势越来越明显，英美发达国家对价值教育越来越重视。该词频频出现于学术讨论、政府文件、学校实践指导文件中；关于"Values Education"著述和研究文献数不胜数；相关专题网站纷纷涌现；相关教育资助项目和实践探索活

---

① Mal Leicester etc. （2000）：Moral Education and Pluralism，p. 3，Falmer Press.

动不断出现。种种迹象表明：西方政府以及社会各界一改以前一度对属于个人"私领域"的价值问题所持的放任态度，对价值教育表现出极大兴趣，由以前的价值中立，转变为大力强调核心价值引导和教育。正如美国教育家努什（Nucci，2008）所说，"价值教育日益成为学术研究和发展的热点，在当今流行话语和学术著述中得到越来越多的使用。"[①]

综上可知，自20世纪80年代以来，西方社会各界逐渐认识到：道德价值上的个人主义、相对主义等思潮应该被否定和批判；人以及社会的发展都需要达成价值观共识，多元社会中可以而且必须建构核心价值观体系并进行传授，否则，不仅人的发展面临瓶颈，人类社会甚至我们赖以生存的地球也都将无法可持续地发展。有鉴于此，西方上世纪应对价值观多元挑战的相对主义价值教育模式开始退隐，另一种强调价值观共识的核心价值观教育模式在"后科尔伯格时代"（Post – Kohlbergian Era）正式登场，成为西方多元社会中进行价值教育或道德教育的主流模式。诉求价值观建构的共识性，是当代西方价值教育的特点和发展趋势。

在当代中国，人们也开始探索核心价值观教育的理念和实践模式。核心价值观教育问题之所以引起关注，其中一个重要的原因，就是我国存在价值观多元化这种社会现实。

众所周知，改革开放以后，随着我国社会的转型和国内外形势的深刻变化，我国社会的经济结构、社会结构、利益格局都发生深刻变动，使得人们的思想价值观念发生了巨大的变化；同时，我国作为一个后发现代化国家，传统社会和发达的现代社会的多种生产方式和生活方式并存，不可避免地带来价值观的多元化。价值观多元化是当代我国当代社会发展过程中的一种独特的文化现象，指的是由东方价值观和西方价值观、传统价值观与现代价值观、主流价

---

① Larry P. Nucci, Handbook of Moral Education, Routledge, 2008, p. 159.

值观和非主流价值观，精英价值观与大众价值观等同时存在并有一定冲突的价值观系统。

价值观多元背景下，青少年由于所处的特殊环境、年龄阶段以及心理发展水平等因素，更容易成为对各类价值观念嬗变最为敏感的群体，不同的价值观导向使得青少年价值观陷入迷茫和困惑，容易导致道德的相对主义、虚无主义，进而引发青少年是非不分、道德衰退；社会也由于没有共同价值观的凝聚而导致失序。这无疑对于我们当前建设文明社会、和谐社会是极为不利的。

在这种社会背景下，中国价值教育领域的主要任务便是反对价值观相对论，坚持核心价值教育，以社会核心价值观引领多元化的价值观和社会思潮，推进社会主义和谐社会建设。因为核心价值观是社会整体价值观体系中的核心，是对行为提供普遍指导和制定决策，或是对信念、行动进行评价的基本参数，是人据此行动的基本原则、理念、标准和生活态度。多元文化背景下，核心价值观是凝聚社会的强力。

我国在十六届六中全会通过《中共中央关于构建社会主义和谐社会若干重大问题的决定》中，首次提出了"社会主义核心价值体系"概念。十七大进一步明确了建设社会主义核心价值的重大战略任务。社会主义核心价值体系包括四个方面的内容，即马克思主义指导思想、中国特色社会主义共同理想、以爱国主义为核心的民族精神和以改革创新为核心的时代精神、以"八荣八耻"为主要内容的社会主义荣辱观。这是我国从政府的层面提出的核心价值观教育主张，目前正在研究实施阶段。

当然，对于核心价值观体系的构建，我国学术界以及学校同政府的观点各有特点和侧重，政府层面倡导的核心价值体系较为宏大，具有一定的意识形态性，侧重社会主义公民价值观的教育，较多强调社会纬度的和谐；而学术界则更加倡导青少年价值世界的启蒙与敞亮，侧重作为个人的精神、价值领域的完善与发展，较多强调个人内在的和谐；学校则更为倡导青少年的道德价值观引导，以养成道德的人为旨归，较多强调校园的和谐。

总之，鉴于我国思想价值领域日益呈现出多样性、多元化发展趋势。在价值观多元背景下坚持核心价值观引导与教育的问题，便成为我国德育面临的一个新课题，也成为社会各界的共识。如何贯彻核心价值观教育引起国内诸多专家和学者的广泛关注。尤其在核心价值观教育的内容即核心价值体系的构建问题上，需要进一步通过研讨、对话以达成共识，并有针对性的实施教育与引导，这是我国核心价值教育发展的趋势。

2. 价值观的传统性

全球化是人类文明发展的产物，但人类文明的发展是一个历史承继的过程，价值教育领域也不例外，表现在价值观内容构建方面，中西价值教育领域都有从传统伦理道德寻求资源的态势。

在西方价值教育领域，主要表现为西方美德伦理学（Virtue Ethics）在当代的复兴。美德伦理学源于古希腊的智慧——亚里士多德伦理学。亚里士多德在《尼各马克伦理学》中精彩地论述了他的伦理思想。在该书中，亚氏列举了"勇敢"、"节制"、"慷慨"、"大方"、"胸襟恢宏"、"温和"、"诚实"、"机智"、"友善"等美德，在《优德谟伦理学》中又列入"正义"、"高尚"、"坚毅"、"智慧"等美德德目。其中，"智慧"、"勇敢"、"节制"、"正义"被称为古希腊的"四主德"。亚氏认为美德是客观的、普遍的，坚决反对道德相对主义和道德虚无主义。

西方传统价值教育或道德教育大都以美德伦理为哲学伦理学基础，具有"美德"教育的基本形式，如在不同的时代，都注重美德的授受：在人性复归和反叛的文艺复兴时期，人文主义者提出许多反映新兴资产阶级需要的新"美德"，如夸美纽斯主张"明智、节制、坚忍、正直"等美德；资产阶级革命时代，洛克重视"节制、诚实、智慧、自尊"等内在品格的培养。赫尔巴特把"内心自由、

完美、仁慈、正义、公平"这五种美德作为道德品格的基础；建国后的美国宣扬"民主"、"爱国"、"平等"等美德，早期的学校，通过纪律、教师的榜样作用、课程等方式致力于教导学生形成"爱国"、"勤奋"、"诚实"、"节俭"、"利他"、"勇敢"的美德。然而，西方传统价值教育由于时代的限制，并没有切实贯彻美德伦理学的要义。如它仅仅承认客观的美德之存在，却在价值教育的目的论、方法论上陷入偏颇和机械。

19世纪中下叶以来，现代科学技术突飞猛进，拓展了人们认知世界、社会和自我的视野，改变了人们的认知方式，现代伦理学走向多元化，美德伦理学一度失去其显学的地位。价值观念的更迭和多元化，也促使道德相对主义逐渐代替传统的道德绝对主义，强调传统文化和普遍性美德的美德伦理学进一步受到批判和否定。进化论、相对论的泛化，经验心理学、逻辑实证主义的冲击使美德伦理学随着传统道德教育理论受到彻底批判而在20世纪30年代的美国销声匿迹，与之反道而行的相对主义却被普遍接受。可以说，这一时期价值教育或道德教育是自由主义哲学对传统道德教育的彻底否定，是矫枉过正的产物。

20世纪80、90年代，西方社会各界在对道德相对主义所带来的道德危机的反思中，开始主张重新回到古希腊的智慧，复兴美德伦理学，坚持美德伦理学的根本立场，反对道德相对主义。

比如，1981年麦金太尔（Alasdair MacIntyre）出版了代表作《美德的追寻》（*After Virtue*）一书，对整个西方道德传统及现状进行了深刻的反思，指出现代社会道德问题之症结在于现代道德研究的非历史主义倾向——摈弃传统。麦金太尔提出重述亚里士多德的美德伦理学传统，复兴美德伦理学，这一观点引起整个世界伦理学界的兴趣。自此，美德伦理学展现复兴的趋势，在西方被大力研究和广泛传播，构成了西方价值教育价值观取向的伦理学基础。比如，当今美国品格教育运动的领袖里克纳（T. Lickona）就明确地提出把美德伦理学作为品格教育的伦理学基础。品格教育积极促进核心道德价值观，如尊敬、责任、诚实、公正、谦逊、友善、自控、勤奋等美德，以此作为培养好品格的基础。他认为，尽管社会日益多元化，道德价值多元化成为时代特质，但是，"正如自然界存在自然法则一样，道德界也存在天然的道德法则即美德，美德是超越时空和文化的。"[①] 传授这些美德是极其重要的，"不传授美德对任何社会都是最大的失误。"[②]

方兴未艾的美德伦理学的传统性，决定了当代西方价值教育的特点和态势：当代西方价值教育在价值观的建构上，从传统中汲取美德资源，与传统美德教育相承接，具有传统性。

在中国，价值观建构的传统性态势，主要表现在儒家伦理的现代复兴上。复兴了的儒家美德伦理学也是当代中国价值教育内容体系建构的重要理论基础。

众所周知，儒家文化，正如古希腊智慧一样，博大精深，蕴含着丰富的道德价值资源。从一定意义上说，儒家伦理即是德性伦理、美德伦理。儒家伦理和美德伦理是可以"公度"的。如它们都确认美德的客观存在（儒家的"仁义礼智信"，古希腊的"四主德"）、都注重具有美好德性的人的养成、都注重道德知情意行的统一等。但五四运动以来，儒家文化、儒家伦理受到了不公正的待遇，受到极大的否定和批判。至今，对中国传统文化、传统价值观持全盘否定态度的人仍然大有人在。当今不少青年人茫然不知我国诸多传统美德，更不能据此为人处事、型塑品格。在社会转型期，我国青少年面对价值多元的社会思潮，无所适从，迷茫困惑，一度出现"价值真空"、"价值无力感"，出现道德的乱象，其中一个重要的原因，

---

① Lickona，T."Educating for Character：The School's Highest Calling"Georgia Humanities Lecture. p. 4.

② Lickona，T."Educating for Character：The School's Highest Calling"Georgia Humanities Lecture. p. 4.

就是忘记了我国历史上的优良德性传统。事实证明：如果我们不去利用儒家道德文化的丰厚资源，无视文化的本土性特征，我国的价值教育要取得实效是困难的。

所幸的是，几乎在美德伦理学复兴的同一时期，我国儒家伦理学在现代的转化成为伦理学研究的热点。西方美德伦理学的复兴与我国儒家伦理的现代阐释热的兴起共同揭示了现代价值教育的新趋向：核心价值体系不能凭空产生，从传统中寻找道德的智慧，对当代核心价值观建设意义重大。

正如我国教育部长袁贵仁教授指出，"建设有中国特色的价值观体系，离不开对中国优秀传统价值观的继承，否则，不仅会导致社会价值观取向的混乱和失衡，而且会使经济、政治、文化的发展失去民族力量的依托。"① 因而，当代中国价值教育领域，在价值观建构问题上，如何"返本开新"便成为研究的重点，从丰富的传统中汲取营养，是价值观建构的发展态势。

3. 价值观的时代性

全球化时代，是人类文明的巨大进步，在中西价值教育领域，也呈现出价值观的时代性。在当代西方价值教育领域，价值观建构的时代性态势主要表现在后现代价值观的逐步建立与巩固上。

众所周知，社会变迁，文化、价值观必然也会发生变化。西方社会的价值观大致可以分为启蒙之前的宗教社会价值观、启蒙之后的工业社会的现代性价值观、以及后工业社会的后现代价值观。启蒙之后，追求个性解放与自由成为现代性的基本价值观目标，但由此而使人性局限于个体性，陷入了个人主义的误区。在工业社会的价值观中，个人主义价值观是西方社会占主导的价值观取向，是现代性的重要指针。"几乎所有现代性的解释者都强调个人主义的中心地位。"（格里芬）在后现代主义者看来，这种个人主义的现代性价

---

① 袁贵仁：《价值观的理论与实践》，北京师范大学出版社 2006 年版。

值观包含如下困境：第一是割断了自我和社会的联系，把个人当作是绝对的主体，容易滑向反人类、反社会、自我中心化的极端个人主义；第二，个人主义只关心自己的权利，容易走上利己主义，而忽略公共利益和集体事业。"个人主义的黑暗面是以自我为中心，这使我们的生活既平庸又狭窄，使我们的生活更缺少意义，更缺少对他人及社会的关心"。第三，个人主义使人性局限于个体性，忽视了人的类本性，使人类共同体的整合力瓦解，在精神上也容易出现功利主义，丧失了人的崇高精神，无法找到安身立命的家园而引发精神的困倦。

后现代主义者对现代性个人主义价值观的批判非常深刻。的确，在西方启蒙运动以来，人们对个人的权利和自由的争取取得了空前的成就。20世纪60年代以来，西方在个人主义价值观的引导下，开展了一系列的解放运动，这些运动都试图把个人从传统的社会规范和道德准则中解放出来。"启蒙是光，但是太强的光也会刺伤眼睛。"美国教育家里克纳（T. Lickona）反思道：这种"自我实现的个人主义"崇尚个人的价值观、尊严和自主，它强调权利而不是责任，强调自由而不是奉献，它使人们作为个人，而不是作为群体（如家庭、社区或国家）的成员来履行义务和实现自我，这种个人主义在带来社会进步的同时也带来了新的问题，即过分强调个人的自由，而反对对个人自由的一切限制，反对一切权威，引发价值观虚无主义和价值观相对主义，带来了诸多问题。

后现代主义认为①，现代人摆脱了身份、等级和出身等传统社会对个人的制约后产生的现代自我，是一种没有社会规定性的自我。"个人主义已成为现代社会中各种问题的根源"。后现代主义倡导摈弃现代激进的个人主义，主张通过倡导主体间性来消除人我之间的

---

① 参见【美】大卫·雷·格里芬编，王成兵译：《后现代精神》，中央编译出版社2005年版，第2—12页。

对立。与现代性视个人与他人、他物的关系为外在的、偶然的和派生的相反，后现代主义强调内在关系，强调个人与他人、他物的关系是内在的、本质的、构成性的。后现代主义将人不是看作一种实体的存在，而是关系的存在。每个人都不可能单独存在，永远是处在与他人的关系之中的，是关系网络中的一个交汇点。同持二元论的现代人与自然处于一种敌对的或漠不关心的异化关系不同，后现代人信奉有机论。所谓信奉有机论，意味着改变现代人的机械论世界观，改变现代人习惯占有的价值观。现代人统治和占有的欲望在后现代被一种联合的、快乐的和顺其自然的愿望所代替。

后现代主义的产生是基于现代社会出现现代人的"单子化倾向"、现代生态环境问题等严重的"现代性问题"而提出的。对于人与他人、人与自然的新价值观对西方核心价值观体系的构建提供了启迪。纵观西方核心价值观体系，比如尊重他人，负责、合作团结，爱护环境等体现了自我中心向社会中心的转向，明显与工业社会的价值观不同，体现了对现实问题的应对，具有后现代社会价值观的特点。

在中国价值教育领域，价值观建构的时代性主要表现为两个方面：

其一，体现在对传统价值观的负面效应的反思和超越上。众所周知，我国传统价值观是具有双重效应的，其正面效应表现在使我国成为世界闻名的"礼仪之邦"：以义为先、群体本位和道德本位等价值取向，所催生的价值观体系包括诸多"德目"或美德体系，大都强调个人与群体的密切联系，强调社会成员对于民族和社会的责任和义务，培养社会成员的集体主义精神和爱国主义情感，这都有利于增强民族和社会的向心力和凝聚力等，这些应继续发展和弘扬。而传统价值观同时亦具有负面效应，比如过于偏重集体而轻个体、扼杀个人的自由个性和创造精神，剥夺人的权利，反对竞争等诸多不适应现代社会发展、落后于时代需要的价值观。当今的时代需要重视民主和个性自由，强调进取和创新等价值观，这就需要对传统价值观进行辩证分析，加以扬弃和超越。当前如何扬弃和超越传统文化价值观，实现价值教育的创新，正成为我国当前教育研究的重要课题之一。

其二，体现在对现代性价值观取向的反思与超越上。改革开放以来，我国当前人们的价值观也出现了西方后现代主义所批判的那种"现代性问题"，亟需反思和超越：

首先，极端个人主义、利己主义价值观在我国一定程度上存在，这是不争的事实。众所周知，个人主义作为一种价值观体系，包含有强调个人的独立、自由和尊严，捍卫个性发展，鼓励个人奋斗，主张个人对自己的一切负责等合理内容，但是，真理和谬误只差一步，个人主义不等同于利己主义。当人们对群体主义的极度反动和对个人主义的极度崇拜，当人们开始把个人主义发挥到极至，便会走向利己主义的迷途，甚至呈现一种"单子化"的生存状态。"单子化"的人与他人割裂、与社会割裂、与自然割裂，导致人的类本质极度萎缩。"单子化"的个体不仅自身片面发展，而且还导致了整个社会的无序状态。

其次，重物质轻精神的价值观取向也相当程度上存在。随着全球化的文化渗透，改革开放的深入，市场经济日益壮大，整个社会文化、价值观、道德诸方面受实用主义、物质主义、经济主义的影响非常明显。人们由过去的"道德人"、"政治人"转变为"经济人"，使人们由"务虚"转变为"务实"，人的物质化现象在我国在一定程度上存在。陷入享乐主义和物质主义的人们，没有道德的追求和境界，道德失范现象比比皆是，违法犯罪案件也曾出不穷。

最后，重科学轻价值的唯科学主义价值取向一定程度上存在。在改革开放进程中的中国，唯科学主义在很多人的思维之中相当程度地存在。不少人认为，是否有利于科学技术的发展乃是评价一切工作成败得失的最高价值观标准，这便从文革时的一个极端（政治

统帅一切）走向了另一个极端（唯科学主义）。

总之，当前中国，伴随改革开放而来的工业社会的价值观正悄然改变和重构我们的日常生活方式，影响我们的思维方式和价值观取向，甚至我们的人格的发展。加上传统价值观中的消极负面的影响，都使现代人的发展走向偏执，从而不适应时代对人的发展和社会发展的需要。所以，对现代性价值观进行批判、反思与超越，诉求价值观的时代性，并以"与时俱进"的价值观为指针，引导青少年健康成长，成为当代中国价值观建构以及教育的发展态势。

4. 价值观的综合性

全球化时代，是人的丰富性、自由性和全面性日益发展的时代，表现在中西价值教育领域，呈现出价值观的综合性。

在当代西方价值教育领域，主要表现在综合性的价值观体系的建立。加拿大著名价值教育家贝克（Clive Beck，1998）认为，价值观植根于人性，植根于人类的幸福，凡是能促进人类幸福的，便都是有价值的。基本的人类价值观至少包括：生存、健康、快乐、友谊、同情他人、助人、自尊、尊重他人、审美体验、履行诺言、自由、对生活意义的感受等。这些价值观之所以是基本的，是因为，他们产生于人类的基本需要和倾向，是人性和人类自然状态所固有的，在很大程度上他们本身就是目的，他们共同决定人类幸福或美好的生活。除了这些基本的人类价值观外，还有一些精神价值观、道德价值观、社会和政治价值观以及大量的中间性的和具体的价值观。贝克认为，所有这些价值观一起组成了一个综合性的价值观体系共同为人类幸福服务。在贝克看来，价值教育中的价值观是人走向自由而全面的发展所必需的，包括但不仅限于道德价值观，还包括精神价值观、政治教育观等等，具有综合性。青少年需要价值教育才能更为全面地发展，为幸福的人生打下坚实的基础。

美国价值教育家克什堡姆认为，价值教育比德育和公民教育更为广泛，举凡和所期望的价值观有关的内容，都可包括在内。例如德育、公民教育、民主教育、法律教育、性教育、宗教教育、环境教育、环境教育、美育、生命教育等等（Kirschenbaum，1995）。

英国价值教育学者 Halstead & Taylor（1996）认为，价值教育的概念非常广泛，大体上包括道德教育、审美教育、公民教育与心灵教育等。价值教育的课程可以涵括心灵教育（Spiritual Education）、道德教育、社会与文化教育、个人层面与社会层面教育（PSE）、宗教教育、多元文化教育、学生辅导（Pastoral Care）、跨课程主题：特别是公民资质、环境与健康、学校氛围、校外活动、团体仪式或集会等。上述各层面的教育都会涉及与价值观相关的议题，由于这些议题也常常涉及与道德或伦理相关的课题，致使价值教育带有浓郁的道德的成分，比如，多元文化教育设计公平、正义与尊重等核心价值观、伦理议题是环境教育的核心主轴等。

在当代中国价值教育领域，表现为价值教育领域内容的拓展，即从单一的政治价值观教育开始转变和拓展。这种转变是建立在对人的完整性的理解基础之上的。马克思主义人学认为，人的发展应是全面的发展，这是由人的存在的丰富性和多样性决定了的。比如，人不是"单子式"生存的人，需要与他人建立良好的关系，这就需要道德价值观的指引；人又是社会的人，不能脱离共同体而独立存在，这就需要公民价值观的指引；人又是超越性的存在，这就需要精神价值观的指引。总之，人的存在方式的多样性，决定了人需要综合性价值观的引导和构建。所以当代中国价值教育也开始了包含道德教育、公民教育、精神教育、宗教教育等丰富内容的价值教育体系的探索与构建。

二、方法论的理路

全球化时代，在价值教育的方法论方面，中西价值教育领域都呈现出价值教育回归日常生活世界的新思路。价值教育是以人为目的、以价值为教育介质、以效用实现为表征的主体性活动。价值教

育在当代社会的特质与趋势是价值教育生活化。

1. 价值教育生活化的诉求

"只有与时代精神相一致的教育理想，才能引导一个推动时代向前发展的新教育的构建。"① 价值教育生活化的趋势在于契合当今时代的主题即"回归生活世界"。

（1）价值教育生活化缘于哲学家们对人的生存方式的反思

价值教育生活化，是对哲学家们在对近代文化与人的生存反思基础上提出的"生活世界"的契合。"生活世界"的提出首先归于哲学家胡塞尔，在其后期哲学的代表作《欧洲科学危机和超验现象学》一书中表达了自己的生活世界的思想，"生活世界"这个概念逐渐成为一个核心概念，也使"生活世界"获得了在现象学的中心意义。在胡塞尔之后，海德格尔提出了"日常共在世界"、赫勒的"日常生活世界"、迦达默尔及哈贝马斯的"生活世界"等，使得生活世界成为现当代不少思想家关注的焦点。哲学家们提出生活世界的宗旨，归根到底是缘于对欧洲近代文化与人的存在的反思。如胡塞尔的"生活世界"的提出便是对其所处时代精神的哲学把握和理性反思。"欧洲人性危机的根源在于它过分着迷于实证主义的科学理论，从而遗忘了或掩盖了人生存于其中的'生活世界'，所以，在他看来拯救欧洲生存危机的唯一出路，只有回到被近代自然科学所掩盖的那个'生活世界'，才能建立起统一的哲学观念或'内在目的论'，从而使欧洲文化在真正的哲学精神（即理性精神）中获得再生。"②

因为生活世界是非课题化的世界，具有丰富性。"和科学世界相

---

① 尹艳秋：《必要的乌托邦：教育理想的历史考察与建构》，福建教育出版社 2004 年版，第 215 页。

② 张廷国：《胡塞尔的"生活世界"理论及其意义》，《华中科技大学学报》2002 年第 2 期。

比较，生活世界是前科学的、前逻辑的、未被课题化的、原初的和具有奠基性的世界。所谓前科学的、前逻辑的、未被课题化的，实质上就是指生活世界是世界的原形，是形而上学和科学的基础，带有原初的丰富性和多样性。"①生活世界的这一特点是针对科学世界课题化而提出。在哲学家们看来，近代社会由于科学技术起着主导的力量，近代文化也因此显示其科学主义的特征，以至造就出"课题化"的世界，而"课题化"的世界"已经把与它的课题不相干的现象都排除、抽象掉了，因而它先天就具有一种片面性、狭隘性、区域性。当它把现实的合理性中根本不存在的原理预设为自己的基本课题时，它也就在科学的课题结构中'遗忘了'直观的生活世界和活动着的主体。"② 而生活世界则是一个非课题化的世界，或者说，是先于一切课题化世界的一个世界。"生活世界总是一个预先被给予的世界，总是一个有效的世界，并且总是预先存在着的有效世界，但这并不是由于某个意图、某个课题，或按照某个普遍的目的而有效。每一种目的都是以它为前提的，即使是那种在科学的真理中能认识到的普遍目的，也是以它为前提的，而且已经以它为前提了，并且，在科学工作的进展过程中，始终都要重新以它为前提，即以作为一个按照其自己的方式存在着的而且恰好是存在着的世界为前提的。"③换言之，完整丰富的生活世界本身才是惟一的课题和目的，生活不为别的，就是为了"活着"。生活世界是一个全面丰富性的世界。

因为生活世界是非客观化的世界，具有主体性。科学世界是客观化的世界，真理是存在于客观世界中，人们只是去发现它，它关

---

① 唐汉卫：《生活道德教育论》，教育科学出版社 2005 年版，第 52 页。

② 张廷国：《胡塞尔的"生活世界"理论及其意义》，《华中科技大学学报》2002 年第 2 期。

③ 转引自张廷国：《胡塞尔的"生活世界"理论及其意义》，《华中科技大学学报》2002 年第 2 期。

乎真，而无关乎意义。而"现存生活世界的存在意义是主体的构造，是经验的、前科学的生活的成果。世界的意义与世界存有的认定是在这种生活中自我形成的，每一时期的世界都被每一时期的经验者实际地认定。"①因此，世界并非外在于人的自在存有，真正自在的第一性的东西是主体性，是它在起初素朴地预先给定世界的存有，然后再把它理性化或客观化。生活世界是"人们在其中生活着的、可直接经验到的、主体间的文化世界"②是一个意义的世界。

因为生活世界是直观的世界，具有开放性。科学的世界是抽象的，只有少数人能够进入，而生活世界"作为"直观的世界就意味着它是非抽象的，是通过知觉实际地被给予的、总是被经验到并能被经验到的世界，即我们的日常生活世界"是一个交互主体共在的世界"，在我们对世界的连续的知觉之流中，我们同时就拥有了与他人的关联。每一个人都有自己的知觉，他自己的当下化，他自己的一致性，并且都会将自己的确定性贬低为单纯的可能性、可疑性、成问题性、假象。但在与他人的共同生活中，每一个人就有可能参与到他人的生活中，因此，一般地说，世界并不只是为个别的人而存在着的，而是为人类共同体而存在着的，也就是说，世界已经渗透了素朴的知觉现象的群体化。因而生活世界并不是自身封闭的自在的世界，而是一个无限开放的有着多种可能性的世界。

显然，生活世界的提出是针对近代科学世界的问题而提出的，"科学世界"的思维的总体特征是本质主义，即在人的世界之外设置了另外一个世界，以这个世界来说明人周围世界的产生与发展，并把这个世界作为理论建构与知识的意义之本。"科学世界"超越了"生活世界"的直观、主观、相对的视界，它试图用各种抽象语言、

---

① 【德】埃德蒙德·胡塞尔著，张庄熊译：《欧洲科学危机和超验现象学》，上海译文出版社1988年版，第81页。

② 李文阁：《回归现实生活世界》，中国社会科学出版社2002年版，第98页。

符号来表征客观性世界的规律与法则。因而,"科学世界"来源于对"生活世界"抽象,是对"生活世界"理性化的结果。"科学世界"要求人以理性来关照与探寻世界的内在规律,在这一过程中,它往往贬低人的情感、忽视人的体验,将人的生命活动机械化、刻板化,排斥了人的激情与感悟,而把科学世界置于生活世界之上。生活世界的提出则意在将人从狭隘的科学世界中还原到丰富的生活世界中,使人的存在从片面性回归丰富性、主体性与生动性。

(2) 价值教育生活化是回应教育学家走向"生活世界"的教育探索

价值教育生活化,是对教育学家走向"生活世界"的教育探索的回应。在哲学家们反思文化与人的存在的同时,教育学家也从教育与生活的关系,提出了相同的看法。

最具代表性的当属大教育家杜威。他对教育的根本看法主要通过以下三个命题表现出来:教育即生活。传统教育认为:"教育就是生活的准备",其根本特征就是为遥远的未来做准备,视儿童为"小成人",教育的主要任务在于把业已建立或规定的适应未来成人生活的知识、技能体系传授给正在成长的一代,并形成与既定目标一致的行为习惯和知识体系。据此,传统教育观强调通过奖励与惩罚对儿童进行强迫和灌输的道德教育。在批判传统教育观的基础上,杜威提出了"教育即生长",即他认为一切教育的最终目的都是为了使儿童社会化,道德教育也不例外;"教育不是为成人时期做准备,学习也不是因为它以后有用。一个人教授道德不是因为某人将来要成为有道德的人,而是因为一个人现在就应该经验道德。"① 他认为,传统教育严重地脱离了儿童的实际生活,从根本上违背了儿童现有的能力和需要,扼杀了儿童的个性,最终导致教育无效。同时,他

---

① 约翰·杜威著,王承绪译:《民主主义与教育》,人民教育出版社 1990 年版。

指出："教育是生活的过程，而不是将来生活的预备。"① 一方面，教育为生活所必需。杜威认为："从最广泛意义上，教育乃是社会生活延续的工具。"② 另一方面，生活为教育提供具体内容。人的生活如习惯、制度、信仰等每一方面都有教育意义。因此，教育包括道德教育的主要任务就是如何联系社会生活，使儿童在成长上适应并改造生活。教育即生长。"教育即生长"是"教育即生活"的进一步延伸。杜威认为，"生活就是发展，不断发展，不断生长，就是生活。"③ 不断生长是生活的本质，也是生活的诉求，"因为生长是生活的特征，所以教育就是不断生长。"④ 杜威把教育看作是促进儿童天生本能欲望生长的过程。他进一步指出，道德问题是一个生长问题，是自我不断完善的过程。他坚决反对追求任何绝对目的和最终的善，认为"生长自身才是唯一的道德的目的。"⑤ 教育即经验的改造。如果说"教育即生长"是"教育即生活"的进一步延伸，那么，"教育即经验的改造"则是"教育即生活"的扩展，前者是从纵向意义上看，后者是从横向意义上看。杜威所指的生活即是有机体与环境的相互作用，在这一互动过程中，由于环境的变动不居，要求有机体为适应环境必须不断改造已有的经验。因而，经验改造的过程也就是教育的过程。在经验中主体获得了对行动以及行动结果的认识，并通过这种认识，人们预料类似环境的结果并以此改变活动方式。经验的改造也是生活得以继续和更新的方法，是认识和

---

① 约翰·杜威著，王承绪译：《民主主义与教育》，人民教育出版社 1990 年版。

② 约翰·杜威著，王承绪译：《民主主义与教育》，人民教育出版社 1990 年版。

③ 约翰·杜威著，王承绪译：《民主主义与教育》，人民教育出版社 1990 年版，第 54 页。

④ 约翰·杜威著，王承绪译：《民主主义与教育》，人民教育出版社 1990 年版，第 54 页。

⑤ 约翰·杜威著，王承绪译：《民主主义与教育》，人民教育出版社 1990 年版。

改造环境的工具。据此，杜威指出："教育即经验的继续不断的改组和改造。这种改造或改组，既能增加经验的意义，又能提高指导后来经验进程的能力。"① 学校道德教育就是让学生参与实际的社会生活。

　　可以说，杜威的教育思想指明了教育向生活世界回归的方向，在 20 世纪下半叶成了众多教育家的共识。影响较大的是生活经验重构说。代表人物是平纳、格鲁梅特等。他们认为课程是学生的"生活经验"，是个体"履历经验"的重组，是学生生活世界独有的东西，主张不要从设计、教材、学程等角度来谈论课程，而要从儿童过去经验和未来精神解放的角度来讨论课程。学校课程绝对不能局限于系统化的书本知识，而要关照个体作为"具体的活生生的存在"的"生活经验"，因为"离开了参与社会生活，学校就既没有道德的目标，也没有什么目的。"② 从课程实施的角度看，学生对课程的学习是依照自己的"履历情境"，是依照自我的生活经验和生活连续来理解课程所提供的客体文本。格鲁梅特则更明确指出，现实的课程往往被概念化的东西所掩盖，课程未能反映儿童的个体与群体的生活经历，没能把生活世界的东西提供出来让儿童去理解和体验，这样做是不妥当的。由此，生活经验在课程中如何建构成为当代不少课程理论家们所关注的中心课题。

　　教育向生活世界的回归在学者们的倡导之下，很快成为各国制定教育政策的重要依据。20 世纪 70 年代以来，联合国教科文组织所发表的一系列报告都把教育回归生活世界、培养实践能力作为强调的重点之一。如 70 年代的《学会生存》、90 年代的《教育—财富蕴涵其中》都体现了这一理念。可以说，价值教育生活化则是教育向

---

　　① 约翰·杜威著，王承绪译：《民主主义与教育》，人民教育出版社 1990 年版。
　　② 约翰·杜威著，赵祥麟等译：《学校与社会·明日之学校》，人民教育出版社 1994 年版，第 146 页。

生活世界的回归的回应。

（3）价值教育生活化是对价值教育脱离生活的纠偏

价值教育生活化，是对价值教育脱离生活的纠偏。生活总是先于价值判断、先于分析、先于思辨而存在的，也正是生活成全了理解，但理解是渗透在生活世界的各个方面的，它是人生的一种普遍过程。价值教育应该是一种生活价值教育，青少年时期是价值观念、价值评判的形成时期，青少年的生活是价值所赖以形成的广阔背景，"人在生活着。在生活中我们思考生活的意义，在生活中我们认识自己，在生活中我们与他者相遇，在生活中我们努力追求着种种现实的、可能的，以及那些永远是可望不可即的东西，生活构成了人的所有探求和行动的母体。"① 但在价值教育领域，毋庸讳言，在相当长的时期存在着远离生活世界的局限，价值教育着重于价值知识的灌输，价值教育的过程被片面地理解为价值观知识的认知过程，结果教师疲于"说明"，学生忙于"识记"，价值教育中浓重的知性色彩，将其自身从青少年的生活中剥离出来，回避多元、复杂的社会现实，客观上造成了青少年价值观的困惑和迷茫，常常使他们感到书本的空泛和不真实，从而本能地更倾向于来自校外的、多样化的、更贴近他们实际生活的种种价值观念，价值教育与生活的脱轨，造成的结果只能是这样：即使青少年出于考试的需要，在考卷上顺应教材的内容与教师的出题意旨来组织答案，但他们内心深处却是否认和抵触的，不会将课堂上学到的种种规范纳入到自己的价值观念体系，更不会将这些价值规范内化到自己的信念和行为当中，价值教育的效果大打折扣。因此，将价值教育生活化也就成为反思之后的纠偏。

在当代中国德育领域，自 2001 年 6 月国家教育部通过制定《基础教育课程改革纲要（试行）》，到 2002 年及 2003 年《全日制义务

---

① 唐汉卫：《生活道德教育论》，教育科学出版社 2005 年版，第 163 页。

教育品德与社会课程标准（实验稿）》、《全日制义务教育品德与生活课程标准（实验稿）》和《全日制义务教育思想品德课程标准（实验稿）》的颁布，开启了德育新课改，而"回归生活"则成为德育新课程追求的理念。① 它表明中国当代价值教育的理路开始与世界同步，契合了价值教育生活化的发展趋势。

2. 价值教育生活化的方法

价值教育对于个体与社会皆起着举足轻重的作用，在一定的意义上，可以说，"今天实施怎样的生活价值教育，将决定未来的社会生活拥有怎样的价值。换个角度来说，'选择了一种教育就意味着选择了一种社会'（引自《德洛尔宣言》）。"② 价值教育生活化的方法，归纳起来有：

（1）价值教育"活动法"

"价值不仅是空中楼阁般的观念，而是与现实生活（包括家庭生活、学校生活、社会生活）相关联的活生生的行为。"③ 在价值教育领域最具代表性的"生活价值教育"，它是由美国教育心理学家戴安·泰尔曼等来自60多个国家教育工作者在不同环境、不同文化背景对不同种族的儿童、成人、家长进行不同实践的结果，是人类共同的价值理想付诸教育行动的结晶。为了帮助儿童、青少年和成年人探索并发展"合作、自由、快乐、诚实、谦虚、爱心、和平、尊重、责任、简朴、包容、团结"12项核心价值，他们根据不同对象，推出了《生活价值训练广场》，按3—6岁、7—14岁、青年、家长及教师培训的感不同层次，构建起全新的教材与教学体系。它

---

① 杜时忠、卢旭：《多元化背景下的德育课程建设》，江苏教育出版社2009年版，第92页。

② 【美】戴安·泰尔曼、皮拉·克罗米纳著，李宝荣等译：《生活价值教育培训者手册》，北京师范大学出版社2005年版，第1页。

③ 【美】戴安·泰尔曼、皮拉·克罗米纳著，李宝荣等译：《生活价值教育培训者手册》，北京师范大学出版社2005年版，第3页。

区别于传统德育教材的特色在于，生活价值教育紧紧围绕学生，设计吸引他们参与的课堂活动、个性化的指导和互动与合作。"像针对3—6岁儿童的生活价值教育，就设计了适于孩子接受的游戏、歌谣、演唱、舞蹈等方式，让孩子参与想象、思索、交流与创造。即使教师的讲解，也是辅助于肢体语言和教具，从感受、体验、互动入手，强化孩子们的真实理解。

　　例如，关于"和平"这一主题，教师出示不同的图片，提问："手臂是做什么用的？"孩子们在演示与活动中得出结论："手臂是用来拥抱的，手臂不是用来推撞的。"稚真的答案在童心里撒下了正确价值观萌生的种子。当孩子提出"手臂也可用来保护自己和他人"的时候，教师又因势利导，告诉孩子们：和平的行为也包括对不和平的行为说"不"，进而又将"和平"与另一项价值主题"爱心"联系在一起，"爱心"包括爱自己，爱他人，爱大家，爱整个世界；对他人要关怀，处理事要友善，对自己要有平和心态；平静地消除愤怒与对抗，平静地欣赏他人的成功、分享他人的幸福。

　　又如，"责任"既是关注自己分内的事，也是关心有需求的他人。宽容、帮助、公正、合作等等都是履行做人的天职。在3—6岁的孩子中，从"玩完玩具，放回原处"到"自己的东西自己整理"，从"自己洗手帕"到"打扫家中的角落"，从"做幼儿园的值日生"到"做爸爸妈妈的好帮手"……循序渐进地开展生活价值教育，让孩子从自身的责任，逐渐认识爸妈、老师、医生、交通警察、消防队员的责任，最终明白每位社会成员都担负起责任，个人才能获得自豪感与满足感，世界才能变得更美好。[①]

　　生活价值教育遵循着教育的规律，契合成长的发展，适应认知水平，循序渐进，"教师创设出一个个贴近生活的情境，吸引学生在

　　[①]　【美】戴安·泰尔曼、皮拉·克罗米纳著，李宝荣等译：《生活价值教育培训者手册》，北京师范大学出版社2005年版，第3—4页。

生动具体的活动中获得价值体验。学生感到无论是身体、语言、听觉（音乐）、视觉（动画）、营造情境、逻辑推理、自我认识、情感交流……都有自己亲身参与。"① 可以说，将生活价值的传递，寓于课堂活动中，使得价值教育"从以教师为中心到以学生为中心，从传授到启发，从师生关系到朋友关系，从命令、责备到活泼生动、充满笑声的课堂互动"② 为学生和教师所欢迎，也打开了更广阔的价值教育创新的空间。

（2）价值教育"情境法"

价值教育生活化，就是让价值教育回归生活本身，避免那种脱离生活实际的教条或纯知识的宣教，价值教育"情境法"应运而生，这是国外许多教育学家、心理学家进行价值教育的重要方法。大体情境设计可以分为：

说明情境：价值教育中使用最多的情境，是一些富有道德寓意的童话、神话和故事。如用《三个和尚》、《蚂蚁搬家》等传统故事，可以生动地向年幼的学生说明"团结合作"的道理。不妨把这种比直接而严格的论证效果更好的情境称作"说明情境"。"蚂蚁搬家"寓意是人多力量大，而"三个和尚"则说明人多未必力量大（一个和尚挑水喝，两个和尚分水喝，三个和尚没水喝），两者分别从正反两个方面说明"齐心协力、团结合作力量大"的道理。前者可谓"正面说明情境"，后者可谓"反面说明情境"

实验情境：价值教育中的实验情境也是为了说明某个道理，但与一般的说明情境稍有不同。教师通常运用说明情境直接向学生阐明某种道德价值或规范，而在使用实验情境中，教师指导学生通过实验形成或巩固某种道德认识。

---

① 【美】戴安·泰尔曼、皮拉·克罗米纳著，李宝荣等译：《生活价值教育培训者手册》，北京师范大学出版社 2005 年版，第 4 页。

② 【美】戴安·泰尔曼、皮拉·克罗米纳著，李宝荣等译：《生活价值教育培训者手册》，北京师范大学出版社 2005 年版，第 5 页。

体验情境：价值教育中，教师有时还设置或利用一些教育意图比"说明情境"和"实验情境"更隐蔽的情境，使学生获得某种道德体验。它们通常是日常生活、游戏、学习中学生之间真实的互动情境，或者是一些与"做"有关的情境性"练习题"。如教例"粘报纸"中隐含一个富有教育意义的人际互动情境。设置这种情境，意在使学生在行动中获得对某种道德要求的切身体验，因此可以称之为"体验情境"。

道德两难情境："道德两难情境"是远比"说明情境"、"实验情境"、"体验情境"更为复杂的道德情境。它涉及两条或多条道德规范，而且这些道德规范在特定情境中发生了不可避免的冲突，例如：好朋友考试作弊该不该揭发？这种道德两难问题是开放性问题，每个难题都没有标准答案，而存在多种可能的选择。这些答案互不相容，相互对立，使得这类问题对学生的思维极具挑战性，刺激学生对它们做出认真思考，使真正的探究成了可能。在这个意义上，可以把道德两难情境教材称作"探究性问题情境教材"。因为在现实生活中，价值观的冲突是不可避免的，"如果学生缺乏这样的教育和训练，当他们在生活中遇到冲突时就很难做出正确的判断和选择。"[1] 正如教育家里克纳所言："那些公认的价值观——比如生命和自由、忠诚与公平、个人主义与公共利益、经济发展与环境保护——的确常会造成冲突……假如学生从来不学习对这些复杂问题深思的话，我们怎么能期望公民在碰到生活中的较深奥的道德问题时，能作出合理的判断呢？"[2] 从这样的理念出发，在情境设计中大都涉及两条或多条道德、价值规范，而且，这些规范在情境中发生了不可避免的冲突，使学生在对这些相互对立的艰难选择中培养和锻炼道德认知能力和价值判断能力。所以，美国道德教育家柯尔伯

---

① 刘济良等著：《价值观教育》，教育科学出版社2007年版，第231页。
② 【美】托马斯·里克纳著，刘冰等译：《美式课堂——品质教育方略》，海南出版社2001年版，第256页。

格提出情境设计必须具备三个条件。"其一，两难故事或情境必须包括两种相互矛盾、尖锐对立、彼此冲突的不同的价值选择，只有具备了这个条件，才能引发学生的道德和价值冲突，才能促使他们进行认真的思考，进行深入的探究，最后做出艰难的抉择。'除了冲突，没有什么能引起人们的注意，刺激人们的思考。'其二，两难故事或情境所代表的道德、价值冲突必须是每种文化中的青少年和成人都会关注的问题，也就是说情境必须和青少年的社会生活与日常生活具有密切的关系，能够引起他们的兴趣和关注，能够引起他们的探究欲望，能够调动他们探究的积极性、主动性与创造性。其三，两难故事或情境所引发的道德、价值冲突与矛盾必须对个体在较高道德观、价值观的发展水平上具有意义，也就是说，情境所引发的冲突与矛盾及其对这些冲突与矛盾的解决能够促使青少年价值观提高一个层次，达到一个更高级的水平。柯尔伯格认为符合这三个标准的两难故事或情境就是一个好的、有利于学生价值观形成和发展的两难故事或情境，也只有这样的两难故事情境才具有教育意义。"① 道德两难情境不仅可用于促进学生道德判断力发展，也可用于提高学生的道德敏感性，使他们更加自觉地意识到各种不同的道德规范在现实生活中可能存在的矛盾和冲突，意识到自己同别人在道德价值取向上可能存在的矛盾和冲突，还可用于提高学生在道德问题上的行动抉择能力，深化学生对各种道德规范的理解，提高学生的道德认识。

体谅情境：由于道德敏感性有赖于个人的切身体会，是在人际交往和社会生活中逐渐形成的，教师应该在引导学生处理现实的人际问题和社会问题中，培养学生的道德敏感性。人际—社会问题的发生带有偶然性和即时性，这就限制了教师在培养学生道德敏感性

---

① 刘济良等著：《价值观教育》，教育科学出版社 2007 年版，第232—233 页。

上的主动性和创造性。然而，教师可以创设和利用虚拟的人际或社会问题情境，培养学生的人际和社会意识。在这方面，颇具代表性的是由英国学校德育专家麦克菲尔"体谅德育模式"教材《生命线》为典型。《生命线》的第一部分的标题就是《设身处地》，由三组主题分别为"敏感性"、"后果"和"观点"的卡片和一本《教师指导书》组成。卡片表现的都是学生常见的生活场面，如"一个你认识的女孩子有时候对你说刻薄话。你怎么办？"教师在教育过程中就卡片上的问题提问学生，以发展学生体谅他人的动机，设身处地为别人着想。

后果情境：后果情境问题不同于体谅情境问题。体谅情境的叙述和提问方式使学生介入事件之中，去体察他人的心情和处境；后果情境的叙述和提问方式则使学生超然于事态之外，以客观的方式评估人际互动的行为后果（如：小明到邻居王爷爷家找小刚，看到一只药瓶很好玩，就拿去玩了。接着可能发生什么事？）设置后果情境问题的目的，在于激发学生采取旁观者的立场，对人际互动的后果客观地进行思考，增强学生对人际互动行为后果的想象、理解、推测的能力。

冲突情境：冲突情境可以涉及性别冲突、代际冲突、职业冲突、民族冲突、文化冲突、宗教冲突、生活习惯冲突、心理冲突等方面的问题。这类情境问题的设计，使学生卷入特定的冲突之中，目的是鼓励学生在采取行动之前，扮演与之发生冲突一方的角色，设身处地为对方着想。

模拟情境：用于道德教育的道德两难情境、体谅情境、后果情境、冲突情境等，通常都是一些虚拟但可信的人际或社会问题情境。之所以使用虚拟的问题情境，是因为在学生中故意制造人际问题或社会问题并藉此教育学生是不恰当的。虚拟的问题情境，使学生有身临其境的真实感，又不至于受到伤害。但学生主要是靠想象和理智来处理这种情境问题的，并没有实际的行动。模拟的生活情境在很大程度上克服了上述缺陷，不但使学生真正置身于问题情境之中，扮演某种角色去理解和体验道德价值或规范，更重要的是使学生采取实际行动去解决道德问题。例如，在毕姆小姐的学校里，学生一学期里要扮演一天盲人、一天瘸子、一天聋子、一天哑巴。这不但使扮演者深深地体验到了残障人士的处境和心情，也使照料扮演者的学生变得敏感而有耐心。毕姆校长顺利地实施了关怀残障人士的教育，但她并未因此故意招收有残疾的儿童入学，也没有不可理喻地把某个学生弄成残疾。这正是模拟生活情境明显不同于实际生活情境之处。富有教育意义的实际生活情境虽然效果最佳，却往往是可遇不可求的。

将价值教育置于情境中，而情境素材取自生活，不同的情境设计服务于不同的教育目的，如说明情境和实验情境有助于提高学生的道德认识，体验情境和模拟情境有助于学生道德信念和行为习惯的养成。道德两难情境、体谅情境、后果情境、冲突情境均属问题情境。其中，前一种问题情境适于激发学生进行道德探究，发展道德思维能力；后三种问题情境适于激发学生的道德想象力，培养和增强学生的人际—社会意识或道德敏感性。从而真正促进学生的成长。

（3）价值教育"角色扮演法"

"人生活在社会之中，在不同的情况下会扮演不同的角色，而不同的角色对人有不同的要求。人只有在扮演某一角色并同时采用与之相应的行为方式时，才能更好地完成自己的任务，符合社会的要求。也就是说，人担任不同的角色就会有不同的要求，角色控制着人的价值取向、行为方式。"[1] 因此，角色扮演就成为价值教育生活化的一个重要方法。

"所谓角色扮演法就是教育者引导学生把自己置于别人的角色上，通过体验他人的价值承担，按照他人的角色规范行事，从而培养学生对他人处境、需要、利益、道德、价值观的敏感性，以及设

---

① 刘济良等著：《价值观教育》，教育科学出版社 2007 年版，第 235 页。

身处地为他人着想的移情能力。"① 这种方法可以在不同方式、不同场合下运用，既可以在模拟的情境中进行，也可以在真实的情境中进行，尤其是在实际的情境中运用效果最好。可以说，一个人的角色扮演是其社会化的一个重要部分，学生正是通过扮演各种角色学习到各种不同的社会价值观和行为方式。一个人如果缺乏这种角色扮演能力，那么，不管他的全部教育环境和条件多么优越，也难以实现道德社会化进程并形成正确的价值观。

角色扮演法的优点在于，"一方面，它给学生提供了以经验为基础的学习情景，通过人际交往、扮演角色或社会互动情境，能够再现学生现实生活中可能发生的人际和社会难题。通过角色扮演，学生可以以参加者的身份，实际进入各种真实的人际、社会道德、价值问题的情境中，并可以根据自己的价值取向对所遇到的问题做出回答或处理。学生由扮演角色所引起的一系列语言或行动、理智或情感反应，所获得的一系列感性的经验或教训，又会成为学生的道德探索、价值观形成与发展的进一步感性的经验或教训。这些经验的获得对于他们以后道德的发展和价值观的形成具有十分重要的意义和价值。另一方面，这样做能够有效激发学生的兴趣和参与意识，是培养学生观察、思考能力的一种特殊的方式。当你必须去扮演某一道德角色时，你就真的进入这个人的内心，想他所想，去体验角色的感觉……一项研究表明，这种角色模拟训练是刺激学生兴趣和参与意识的最有影响力的方法。"②

在价值教育中采用角色扮演法最重要的是，"扮演角色的确立要具有重要的道德意义，要有利于学生价值观的形成与发展，角色所处情境是学生现实生活中可以感知和遇到的情境，要符合学生的年龄特征和生活实际，要有利于调动起学生的兴趣，有利于激发他们

---

① 刘济良等著：《价值观教育》，教育科学出版社 2007 年版，第 235 页。
② 刘济良等著：《价值观教育》，教育科学出版社 2007 年版，第 236 页。

的参与欲望。"① 教师要让学生明白，角色扮演不是为了表演而表演，表演的目的是使大家能够获得直接的感知经验，有一种深刻的切身体会，从而为自己的价值观的形成打下良好的基础。

（4）价值教育"榜样示范法"

价值教育生活化的过程，也是从生活中学习与提高的过程。对于成长中的青少年来说，向榜样学习，也是价值教育的重要方法。可以说，"榜样示范法是运用别人的高尚思想、模范行为、优秀品德和卓越成就来教育、影响学生的一种价值观教育方法。这种方法的特点是把抽象的说理教育代之以具体生动的典型任务或榜样，具有很大的感染性、情景性、形象性和说服力，对学生良好价值观的形成具有非常重大的意义和价值。"②

榜样教育法的最大特点是其感染性和形象性。在榜样示范法中，尤其要注意教育者自身的榜样对学生的影响作用。因为教师是学生接触最多的人，是学生最经常、最直接的模仿对象。所谓身教重于言教，教师的榜样是无声的命令。教师就要既美其道，又慎其行。这方面，体谅德育模式就明确地提出了教师的榜样作用在道德教育中的重要性。因为学校既是青少年受教育的专门场所，又是他们人际关系形成的主要情景。麦克菲尔等人通过对学生的调查，从第一手的调查资料中"学生们表示，尽管他们想自由地作出选择和决定，但他们欢迎反应灵敏、善解人意的成年人的帮助；他们对树立好榜样并且践履自己认可的标准的成年人表示敬佩，即使自己并不认同那些标准；试图保持中立的学生，也喜欢表现自信而正直的家长和教师。总之，青少年愿意虚心向成年人学习，他们不满的是受成年人的支配。基于以上结论，麦克菲尔坚信，行为和态度是富有感染力的，品德是感染来的而非直

---

① 刘济良等著：《价值观教育》，教育科学出版社 2007 年版，第236—237 页。

② 刘济良等著：《价值观教育》，教育科学出版社 2007 年版，第 214 页。

接教来的"[①]，因此，体谅德育模式提出了学校在道德教育教师发挥自身的道德表率作用是实现德育目的的重要途径。青少年谈到在学校怎样得到社会性和道德性的帮助时，他们更加强调了个人影响的重要性。他们一致认为：如果他人以体谅的方式对待我的需求、兴趣和情感，那么我更加愿意以同样的方式对待别人；否则，我很难对别人如此体谅。麦克菲尔曾说道：对他人行为的影响而言，我们所做的总是比所说的更加重要，只有我们关心他们时，才有理由期望他们关心别人，"有一点是确定的，就是我们的行为，我们对待他人的方式，比我们关于道德的陈述更有说服力。"[②] 因此，教师在教育过程中充分考虑学生的需要，学会关心。"教师的关怀行为是建立师生之间信任关系的基石，同时，它对学生践行关怀具有催化之功。因为学生是在被关怀的感受中学会关怀的，所以，道德教育应该是教师通过'行'道德而不是'讲道德'来进行的。"[③] 教师需要以自己的人格魅力、榜样示范来感染和影响学生。

　　总而言之，价值教育生活化是当今时代价值教育发展的趋势和显著特质，价值教育生活化的"活动法"、"情境法"、"角色法"和"榜样法"构成了价值教育生活化的空间，"活动法"与"情境法"分别以纵与横构架出价值教育生活化空间的经与纬，而"角色法"和"榜样法"则分别代表了教育中的学生与教师在价值教育生活化的空间的行为，他们共在共生共长，从而为价值教育在当代的发展和人的发展开辟了新的广阔的天地。

三、策略论的特点

　　全球化时代价值教育的方法策略体现出如下的特点：力避权威

---

① 黄向阳：《德育原理》，华东师范大学出版社 2000 年版，第 242 页。

② Peter McPhail et al："Moral Education in the secondary school"，London：Longman，1972，P. 34.

③ 余维武：《冲突与和谐——价值多元背景下的西方德育改革》，江苏教育出版社 2009 年版，第 166—167 页。

式价值灌输，积极发展学生价值思维和价值判断能力，以应对价值多元的现实；积极主动地进行核心价值观引导，使学生懂得基本的是非善恶，形成稳定而向上的价值观；既重视设立专门课程进行价值引导，又注意利用学科教学活动、课堂交往活动中贯穿价值教育，而且注意隐性课程的价值渗透等等。

1. 力避权威式价值灌输：通过学科、课外活动进行价值引导

全球化时代的价值教育往往利用学科教学进行价值教育，在西方，如本书第五章所说，价值教育利用历史、文学、科学、数学与技术科学等学科，已经取得了较好的效果。在中国，在当前业已开展课程新一轮的改革中，已经明确指出要把情感、态度、价值观的发展贯穿于学科教学之中的三维目标，加强学科教学活动中的价值引导，已成为我国课程改革需要关注的重要问题，中国教育界的有识之士已做出了积极的探索，比如我国著名学者朱小蔓教授一直关注课程改革中的道德教育、价值观教育，她曾与南京师范大学德育研究所的同仁们一道，尝试推出"课程中的德育计划"。该计划的理论假设是：每一门学科中都蕴藏着丰富的道德教育资源。教师和学生对学科教学内容中具有道德教育价值的素材的发掘，以及在课程教与学活动中的阐发和经验，可以表现为三个作用：一是培养增进教师和学生对学科价值（特别是其中的人文道德价值）的敏感和景仰；二是激发教师和学生教与学的兴趣及情感投入，在培养学习能力的过程中实现认知发展与情感态度的统一；三是共同挖掘、诠释学科素材内容与形式的道德教育价值，即实现了德育价值。以下是朱教授对学科教学中可能的道德教育资源及其表达方式的研究，用图表表达，见表1。[①]

[①] 朱小蔓：《课程改革中的道德教育、价值观教育》，《当前中小学教育改革中的6大焦点问题——11位教育专家及名校校长的多元思考》，湖北教育出版社2003年版。

表1

学科			素材形式		蕴涵的道德价值	教与学的方式	教师的角色	学生的角色
分类	特征	学科	学科内容	学科方法				
人文学科	伦理正义情感关爱审美	品德	伦理、价值观、人物、情操……	榜样示范、体验、讨论、思考……	真诚、孝亲尊师、感恩、五伦十义	讲述	伙伴 ↓ 参与者 ↓ 体验者 ↓ 引导者	伙伴 ↓ 参与者 ↓ 体验者 ↓ 求救者
		政治	经济政治社会原理、人物、事件、价值观……	分析、论证、推理、批判、独立思考、辩证思维	平等、尊重、正义、公正	生命叙事		
		语文	字词句章、人类文化、人物、情感、伦理……	榜样示范、阅读、审美、情感、语词的敏感	伦理、正义、同情			
		历史	典籍、人物、事件、价值观……	批判性、独立思考、历史感、辩证思维	正义、宽容、理解	讨论交流分享		
		外语	语言、文字、文化风俗……	情景、交流、对话语感……	尊重、倾听、国际理解、宽容			
自然科学	理性秩序对称工整和谐复杂性有机性	数学	公理、公式、原理、计算、数学家、发现……	推理、演绎、归纳、计算……	严谨、理性、坚韧	案例分析		
		物理	定律、原理、公式、计算、物理学家、发明……	实验、观察、实证、计算、设计……	严谨、理性、坚韧、求实			
		化学	定律、原理、公式、计算、化学家、发明……	实验、观察、实证、计算、设计……	严谨、理性、坚韧、求实			

表 1 续

学 科			素材形式		蕴涵的道德价值	教与学的方式	教师的角色	学生的角色
分类	特征	学科	学科内容	学科方法				
自然科学		地理	天文、地质、气象、风土人情、人物、发现……	观察、实证、描述……	严谨、理性、坚韧、报国、感恩、审美	角色扮演		
		生物	物种、生命成长、人类、定律、生物学家、发现……	实验、观察、分析、描述……	严谨、生命、尊严、感恩、有机性			
		自然	物种多样性、环保组织、志愿者、发现……	观察、分析、描述、感受……	多样性、和谐、敬畏、感恩、审美			
综合实践课程	信息技术教育	原理技术操作做中学	原理、方法、发展、操作、技术	探索、操作	秩序简约精确	示范操作		
	研究性学习	探索情境做中学创造性	现象、原理、方法、研究报告……	探索、实验、分析、论坛、独立思考、辩证思维	严谨独立性合作超越无限	参与表达交流分享案例分析		
	社区服务与社会实践	伦理性情境参与体验	伦理义务、服务、技能、体验社会	参与、体验、责任承担	责任义务感感受他人	参与表达交流分享角色体验		
	劳动与技术教育	伦理性技术操作做中学	技能体验	讲述、操作、体验	责任感惜物节俭劳动之美	参与动手做表达交流分享		

表2

道德价值	教师角色	要　点	学生的体验及可能成效	期望传达给学生的道德品质
真诚	榜样	"一真俱真，一妄皆妄"；将自己真实的一面展示给学生	归属感 同感共受	真诚
平等	伙伴	"不尚贤，使民不争"；平等对待学生；给学生提供平等的机会	安全 分享 自尊	平等
尊重	聆听者 欣赏者	重视学生当下的感受；不伤害学生的自尊心；给学生对更多的自主权	自由表达意见 敢于质疑 独立见解 责任感	尊重
公正	提问者	将评价的原则及依据的理由向学生公示	安全感 正义感	公正
宽容	引导者 导师	将学生的错误看成是其成长过程中的正常现象；给学生的成长"留有时间"	合作意识 创造力	宽容
同情	关怀者 照顾者	丰富的情感，为处于困境（学习、心理、交往等方面）中的孩子提供帮助	依恋感 关注他人 感恩	同情
关爱	赞助者 激励者	表扬与批评对事不对人；称赞只对德性而言	感恩 积极 有错就改 不骄傲	关爱
……	……	……	……	

至于课堂交往活动中的德育，朱教授的理论假设是：如果在课堂交往活动中奉行以下道德价值，就会增进师生之间的相互信任与情感沟通，从而体现为三个作用：

一是教师以身示范本身就是道德价值的呈现，即实现了德育的目的；

二是因为师生之间相互信任的增加与情感沟通，使得教学内容更顺畅、更有效地传达给学生，即实现了教学的目的；

三是在这充满互动与情感交流的过程当中，师生双方能够获得精神上的愉悦与满足，既这一过程本身就实现了每个个体当下的生命价值。课堂道德交往中教师的多元角色及要点，如表2。

可见，在学科教学活动和课堂交往活动中贯穿价值导向是合理可行的。

2. 注重隐性教育：学校人文环境、校风的价值渗透

美国心理学家盖林指出，在学校学习过程中，学习者可以有七种不同类别的愉快：第一，感官刺激：指从嗅觉、味觉、听觉、视觉及触觉获得的喜悦。第二，发现：指发现、明白及寻找新事物时的喜悦。第三，扩展和掌握：学会待人处事，肯定自己的进步和成长。第四，创造力：指制造和已有想法不同的主意和做事方法。第五，投入感：是在一段时间内，全心投入一个活动或计划，而且对该活动甚感兴趣。第六：与别人融合：通过和一组人互相合作，集合个人力量令整个小组成功，从中获得小组的认同。第七，超凡经验：留意到自己身为宇宙一分子的喜悦。从心理学家细致入微的分析可见，学校仅学习过程中就蕴含着这么丰富的有利于人发展的精神文化生活的契机：学校里的校风、班级中的气氛，学习的方式，人际关系等等微妙的因素都会在潜移默化中影响学习者的发展方向。如果说在显性课程中，学生主要获得认知方面的发展，那么，在隐

性课程里，学生更多的得到的是情感方面的陶冶。有学者的调查研究证明，① 随着教育渠道的多样化，正面的、系统的理论教育、理论灌输教育对人的价值影响和作用正逐渐减弱，而渗透式教育，不漏痕迹的隐性教育的效果却日显成效。"这种渗透把理性的道德精神遍布在自然的教育氛围中，把抽象的理论寓于具体解决问题的过程中，这种教育方式极大地减少了教育对象的逆反心理，更加符合现代人的独立精神，而实际上却对人们的道德认识和行为产生了一种无形的、潜移默化的影响。"②

在中国价值教育领域，毋庸讳言，在相当长时期，我国的道德教育、思想政治教育比较重视在课堂上的直接传授，而相对忽视隐性课程对人的潜移默化的影响，以至于出现"五加二等于零"现象（即五天的正规学校教育加上两天的社会非正规教育的影响效果等于零）。当前，中国教育界已经认识到"教育者可以根据隐性德育课程的特点进行有目的、有计划的开发，去唤醒隐藏在教育过程中的影响学生德育素质发展的隐性因素，使之成为一种有目的、有计划地对学生德育素质发展影响的教育资源"，③ 开始重视隐性课程蕴含的教育契机，思考和探索价值教育隐性课程的研究和设计，以使隐性课程发挥正向功能，促进人的道德、精神诸素质的发展。

3. 努力开发教学资源：师资培训与网络支撑

在学校价值教育中，教师的教学策略与态度至关重要。在西方，传统的价值灌输策略早已被认为在多元社会中不具有合法性，如黑尔（Hare，1992）指出，多元社会中，没有人有权力去

---

① 佘双好：《思想政治教育的综合评定》，《青年研究》1993 年第11 期。
② 李萍：《现代道德教育论》，广东人民出版社1999 年版，第292 页。
③ 佘双好：《现代德育课程论》，中国社会科学出版社2003 年版，第204 页。

灌输他人。但是，作为价值灌输的对立面即价值中立的教育策略，也在实践中被认为是贻害无穷。随着时代的发展，当代西方的价值教育策略采用了一种超越以往的策略，即教师鼓动学生积极讨论中思考，向学生客观地呈现各种不同的观点，让学生进行选择，同时，强调积极价值的重要性，引导学生自觉地选择健康的、积极的价值观。从价值中立，走向价值引导，需要教师本身不仅要具有较强的责任感和积极的价值取向，还要具有良好的教学素养和技巧，以有效地在培养学生价值选择能力的同时引导学生。有鉴于此，西方非常重视师资的培养，并通过各种途径提供价值教育的专业成长与教学资源网络。比如英国部分高校开设有价值教育的硕士课程班，提供给中小学教师在职进修。此外，英国"教育与技能部"（Department for Education and Skills，DFES）以及"地方教育局"（local Education Authority，LEA）等机构除了出版价值教育相关资源外，还提供许多如价值教学的教学设计等网络资源。民间也有价值教育的促进研究会，比如国际"生活价值网络"（Living values network）经常举办教师培训工作坊，强调将以价值为本位的概念融入学校和社会；"心灵教育组织"（Educating heart and soul）也经常提供旨在帮助教师心灵与精神层面完善的教育。

在我国，虽然长期以来教师习惯于价值灌输，但是，随着时代的发展，这种教学策略的弊端也被越来越多的人所认识。讨论式价值教学、教会学生价值选择也在我国教育领域中得到很大程度上的认同。不少教师也在理论和实践中探索价值引导的策略。但是，我国在师资培训与网络资源的支持方面发展较为薄弱，而这正是我国价值教育策略发展的方向。

4. 力求形成合力：学校、家庭与社区的通力合作

当前西方价值教育的文件中，大都强调学校价值教育与家庭、社区之间的合作关系的重要性。美国前副总统戈尔（Al Gore）指出，"对青少年而言，父母和家庭永远是他们人生中最重要的力量，但在这个人生发生重大变化的时期，社区可以为他们提供额外的帮助，使他们发现自己的人生价值——毕竟，这是青少年开始独立的阶段。""如果家庭能够与社区建立密切的关系，社区就会具有很强的社区凝聚力，暴力和犯罪就无法继续肆虐。""从社区寻求相互支持，共同抚育孩子成长、共同参与卓有成效的活动、加强自我保护力，这是我们的天性"。[①] 美国心理学家、作家多米尼克·卡佩拉（Dominic Cappello）强调，孩子13岁以前，"父母有机会给孩子灌输有益的信息和价值观念"；道德青春期，青少年通常会在他们的生活中寻找其他成年导师来检验父母先前灌输给他们的价值观。这个时候，社区的支持就显得非常关键。[②] 美国品格教育领导人里科纳更大力推举家庭、学校与社区合力进行品格教育。提出了品格教育的"综合法"（Comprehensive Approach）。

家庭是人类最基本的社会生活单位，占据着教育的起点，决定着人的价值观的原始取向。在学生的成长和发展中，除学校教育外，家庭教育仍然是一种不可替代的自然需要。但实际上，在当代社会里，由于家庭的现代变革，家庭的价值教育功能已经衰微。比如我国很多家庭对于子女的教育关切，往往限于对其考试成绩的关注。社会的价值影响更是不容忽视。广告、媒体、影视等的影响更是对青少年的价值取向具有迁移默化的深刻影响。社区和学校可以通过

---

① 【美】阿尔和迪帕戈尔（Al and Tipper Gore）著，冯琦译：《心心相印》，中国方正出版社2004年版，第212、213、214页。

② 【美】阿尔和迪帕戈尔（Al and Tipper Gore）著，冯琦译：《心心相印》，中国方正出版社2004年版，第72页。

提供经费的方式来资助出版、提供实习基地、加强联系，来促进学生的积极健康的价值观的形成。我国要进行有效的价值教育，也必须切实注意价值教育的合力，建立起家庭、学校、社会价值教育的立体网络。

主要参考文献

一、中文著作：

1. 朱小蔓：《情感教育论纲》，人民出版社 2007 年版。

2. 朱小蔓：《情感德育论》，人民教育出版社 2005 年版。

3. 戚万学：《冲突与整合》，山东教育出版社 1995 年版。

4. 檀传宝：《网络环境与青少年价值教育》，福建教育出版社 2005 年版。

5. 檀传宝：《学校道德教育原理》，教育科学出版社 2000 年版。

6. 檀传宝：《信仰教育与道德教育》，教育科学出版社 1999 年版。

7. 鲁洁：《德育现代化实践研究》，江苏教育出版社 2003 年版。

8. 鲁洁：《当代德育基本理论探讨》，江苏教育出版社 2003 年版。

9. 万俊人：《寻求普世伦理》，商务印书馆 2007 年版。

10. 刘慧：《生命德育论》，教育科学出版社 2005 年版。

11. 刘惊铎：《道德体验论》，教育科学出版社 2005 年版。

12. 素质教育调研组：《共同关注——素质教育系统调研》，教育科学出版社 2006 年版。

13. 【加拿大】马克斯·范梅南：《生活体验研究：人文科学视野中的教育学》，教育科学出版社 2003 年版。

14. 中共中央国务院：《关于进一步加强和改进大学生价值教育的意见》［Z］，2004 - 08 - 26。

15. 中共中央国务院：《关于进一步加强和改进未成年人思想道德建设的若干意见》［Z］，2004 - 02 - 26。

16. 魏贤超主编：《20 世纪国际德育理论名著文库》，浙江教育出版社 2000—2003 年版。

17. 魏贤超：《道德心理学与道德教育学》，浙江大学出版社 2003 年版。

18. 朱永康：《中外学校道德教育比较研究》，福建教育出版社 1998 年版。

19. 袁桂林：《当代西方道德教育理论》，福建教育出版社 2005 年版。

20. 许桂清：《美国道德教育理念研究》，黑龙江人民出版社 2002 年版。

21. 丁锦宏：《品格教育论》，人民教育出版社 2005 年版。

22. 郑富兴：《现代性视角下的美国新品格教育》，人民出版社 2006 年版。

23. 刘济良：《青少年价值观教育研究》，广东教育出版社 2003 年版。

24. 石海兵：《青年价值观教育研究》，安徽人民出版社 2007 年版。

25. 王葎：《价值观教育的合法性重建》，［博士论文］，袁贵仁指导。

26. 黄凯锋主编：《当代中国价值观研究新取向》，学林出版社 2007 年版。

27. 张进辅：《青少年价值观的特点：构想与分析》，新华出版

社 2006 年版。

28．廖小平：《分化与整合：转型期价值观代际变迁研究》，高等教育出版社 2007 年版。

29．潘自勉：《论价值规范》，中国社会科学出版社 2006 年版。

30．袁贵仁：《价值观的理论与实践：价值观若干问题的思考》，北京师范大学出版社 2006 年版。

31．向玉乔：《人生价值的道德诉求：美国伦理思潮的流变》，湖南师范大学出版社 2006 年版。

32．【德】热罗姆·班德（Jerome Binde）主编，周云帆译：《价值的未来：21 世纪研讨》，社会科学文献出版社 2006 年版。

33．王敬华：《道德选择研究：以价值论为视角》，〔博士论文〕，郭广银指导。

34．吴美莲：《教育的价值与价值的教育》，〔博士论文〕，2003 年。

35．王伦光：《价值追求与和谐社会构建》，浙江大学出版社 2006 年版。

36．金钊主编：《社会主义核心价值体系教育读本》，中央文献出版社 2007 年版。

37．本书编写组编：《建设社会主义核心价值体系》，学习出版社 2007 年版。

38．【美】吉米·卡特（Jimmy Carter）著，汤玉明译：《我们濒危的价值观：美国道德危机》，西北大学出版社 2007 年版。

39．【英】乔治·克劳德（George Crowder）著，应奇等译：《自由主义与价值多元论》，江苏人民出版社 2006 年版。

40．丁志刚：《全球化对我国政治价值的挑战与对策研究》，中国社会科学出版社 2006 年版。

41．吴向东：《重构现代性：当代社会主义价值观研究》，北京师范大学出版社 2006 年版。

42．陈章龙：《论主导价值观》，江苏人民出版社 2006 年版。

43．王玉樑：《21 世纪价值哲学：从自发到自觉》，人民出版社 2006 年版。

44．刘小新等：《当代大学生主导价值观研究》［专著］，首都师范大学出版社 2005 年版。

45．连保军：《冲突与重塑：后 WTO 时期的价值观建设》，河北大学出版社 2005 年版。

46．李德顺、孙伟平：《道德价值论》，云南人民出版社 2005 年版。

47．黄希庭、郑涌：《当代中国青年价值观研究》，人民教育出版社 2005 年版。

48．刘和忠主编：《经济全球化与我国青年价值取向》，中共中央党校出版社 2004 年版。

49．吴亚林：《价值与教育》，华中师范大学年博士论文，王坤庆指导，2006 年。

二、外文著作

1．The Revival of values education in Asia and the West, edited by William K. Cummings, S. Gopina Oxford, England , New York, Pergamon Press, 1988.

2．Values for learning and working together in a globalized world：An integrated approach to incorporating values education in technical and vocational education and training（菲）奎苏姆宾（Quisumbing, Lourdes R.）2006.

3．Values in education / edited by Joan Stephenson ... ［et al.］. London；New York：Routledge, 1998.

4．Transforming religious education ：Beliefs and values under scrutiny／Brian Gates 2007.

5. Kids of character : A guide to promoting moral development / David M. Shumaker and Robert V. Heckel. Westport, Conn. : Praeger Publishers, 2007.

6. International handbook of the religious, moral and spiritual dimensions in education / edited by Marian de Souza [et al.] Dordrecht; London: Springer, 2006.

7. Education, philosophy and the ethical environment / Graham Haydon. London; New York: Routledge, 2006.

8. Grappling with the good : Talking about religion and morality in public schools / Robert Kunzman. Albany: State University of New York Press, 2006.

9. The war for children's minds / Stephen Law. Milton Park, Abingdon, OX: Routledge, 2006.

10. Civic and moral learning in America / edited by Donald Warren and John J. Patrick. New York: Palgrave Macmillan, 2006.

11. Moral education : Beyond the teaching of right and wrong / by Colin Wringe. Dordrecht: Springer, 2006.

12. Moral education in America's schools : The continuing challenge / by Thomas C. Hunt and Monalisa Mullins. Greenwich, Conn: Information Age Pub. , 2005.

13. Character psychology and character education / edited by Daniel K. Lapsley and F. Clark Power Notre Dame, Ind. : University of Notre Dame Press, 2005 .

14. The challenge to care in schools : An alternative approach to education / Nel Noddings. New York: Teachers College Press, 2005.

15. Spirituality and ethics in education : Philosophical, theological and radical perspectives / edited by Hanan A. Alexander. Brighton; Portland: Sussex Academic Press, 2004.

16. Reflections on The moral & spiritual crisis in education / David E. Purpel & William M. McLaurin. New York, NY: P. Lang, 2004.

17. Nurturing morality / edited by Theresa A. Thorkildsen and Herbert J. Walberg. New York: Kluwer Academic/Plenum Publishers, 2004.

18. In the name of morality : Character Education and Political Control / Tianlong Yu. New York: P. Lang, 2004.

19. Education with character : The Moral Economy of Schooling / James Arthur. London; New York: RoutledgeFalmer, 2003.

20. Education for values : Morals, ethics, and citizenship in contemporary teaching / [edited by] Roy Gardner, Jo Cairns, Denis Lawton. London; Sterling, VA: Kogan Page, 2003, 2000.

21. Educating citizens : Preparing America's undergraduates for lives of moral and civic responsibility / Anne Colby [et al.]; San Francisco, CA: Jossey – Bass, 2003.

22. Values in sex education : From Principles to practice / J. Mark Halstead and Michael J. Reiss. New York: RoutledgeFalmer, 2003.

23. Happiness and education / Nel Noddings. Cambridge: Cambridge University Press, 2003.

24. Teaching values : Critical perspectives on education, politics, and culture / Ron Scapp. New York: RoutledgeFalmer, 2003.

25. Teaching in moral and democratic education / Wiel Veugelers, Fritz K. Oser (Eds.). Bern; New York: P. Lang, 2003.

26. Bringing in a new era in character education / edited by William Damon. Stanford, Calif: Hoover Institution Press, 2002.

27. Moral and political education / edited by Stephen Macedo and Yael Tamir. New York: New York University Press, 2002.

28. Educating moral people : A caring alternative to character edu-

cation / Nel Noddings. New York: Teachers College Press, 2002.

29. Educating hearts and minds : A comprehensive character education framework / Edward F. DeRoche and Mary M. Williams. Thousand Oaks, Calif: Corwin Press, 2001.

30. The moral stake in education : Contested premises and practices / Joan F. Goodman, Howard Lesnick. New York: Longman, 2001.

31. Philosophical discussion in moral education : The Community of Ethical inquiry / Tim Sprod. London; New York: Routledge, 2001.

32. Education for spiritual, moral, social, and cultural development / edited by Ron Best. London; New York: Continuum, 2000.

33. Values and the curriculum / edited by Jo Cairns, Roy Gardner, and Denis Lawton. London; Portland, OR: Woburn Press, 2000.

34. Reconstructing religious, spiritual, and moral education / Clive Erricker and Jane Erricker; London; New York: Routledge/ Falmer, 2000.

35. The death of character : Moral Education in an age without good or evil / James Davison Hunter. New York: Basic Books, 2000.

36. Moral education and pluralism / edited by Mal Leicester, Celia Modgil, and Sohan Modgil. London; New York: Falmer Press, 2000.

37. Education in morality / edited by J. Mark Halstead. London: Routledge, 1999.

38. Building character and culture / Pat Duffy Hutcheon. Westport, Conn: Praeger, 1999.

39. Diversity and distrust : Civic Education in a Multicultural Democracy / Stephen Macedo. Cambridge, Mass: Harvard University Press, 2000.

40. Literacy as a moral imperative : Facing the Challenges of a Pluralistic Society / Rebecca Powell. Lanham, Md. : Rowman & Littlefield

Publishers, 1999.

41. Building character in schools : Practical Ways to Bring Moral Instruction to Life / Kevin Ryan and Karen Bohlin; foreword by Sanford N. McDonnell. San Francisco, Calif. : Jossey – Bass, 1999.

42. Educating hearts and minds : A Comprehensive Character Education Framework / Edward F. DeRoche, Mary M. Williams. Thousand Oaks, Calif: Corwin Press, Inc. , 1998.

43. An Integrated Approach to Character Education / editor, Timothy Rusnak. Thousand Oaks, Calif: Corwin Press, 1998.

44. Values in Education / edited by Joan Stephenson, London; New York: Routledge, 1998.

45. Creating citizens : Political Education and Liberal Democracy / Eamonn Callan. Oxford; New York: Clarendon Press, 1997.

46. The Education of the Whole child / Clive Erricker ... [et al.] London; Herdon, VA: Cassell, 1997.

47. Teaching about Values : A New Approach / Graham Haydon. London; Herndon, VA: Cassell, 1997.

48. Values in Education and Education in Values/Monica Taylor & Halstead. London: Falmer Press, 1996.

三. 网站

1. 澳大利亚价值教育网：www. valueseducation. edu. au
2. 英国价值教育学会网：www. vel. valueseducation. org. uk
3. 国际生活价值教育网：www. livingvalues. net
4. 价值教育课程资源网：www. hci – online. com
5. 美国教育部网站：www. ed. gov
6. 英国教育部网站：www. dfes. gov. uk
7. 联合国教科文组织网站：www. unesco. org

8. 英格兰教学大纲与学历管理委员会：www. qca. org. uk

9. 苏格兰执行委员会教育部：www. scotland. goc. uk

10. 北爱尔兰教育部：www. deni. gov. uk

11. 欧洲价值观研究网：www. europeanvalues. nl.

12. 世界价值观研究网：www. worldvaluessurvey. org.

13. 美国 4R & 5R 研究中心：www. cortland. edu/character

四、中文论文

1. 葛春：《美国公立学校价值观教育的特点及启示》，《外国中小学教育》2009 年第 2 期。

2. 洪明：《教育者的价值品质是教育的基石——访石中英教授》，《少年儿童研究》2009 年第 3 期。

3. 【美】卡明斯著，钟启泉编译：《价值教育的政策——价值教育的国家比较》，《外国教育资料》1997 年第 4 期。

4. 吴亚林：《当代美国价值教育》，《湖北第二师范学院学报》2009 年第 1 期。

5. 王守纪：《英国生活价值教育概述》，《教学与管理》2002 年第 3 期。

6. 李明汉：《全球化进程中的价值教育》，《教育导刊》2003 年第 6 期。

7. 李学峰：《全球化背景下的现代价值教育浅论》，《安阳师范学院学报》2004 年第 3 期。

8. 樊浩：《应对"全球化"的价值观念及其道德教育难题》，《教育研究》2002 年第 5 期。

9. 王坤庆：《精神教育初探》，《教育研究与实验》2000 年第 6 期。

10. 王坤庆：《论精神与精神教育——一种教育哲学视角的当代教育反思》，《华中师范大学学报》2002 年第 5 期。

11．李荣安：《从道德角度看价值．文化和教育》，全球教育展望 2001 年第 6 期。

12．唐志龙：《试论价值观教育的时代特色》，《学习论坛》2004 年第 9 期。

13．杨涛：《价值教育观念与素质教育理论：基于历史学的比较研究》，《教育探索》2007 年第 9 期。

14．金盛华、辛志勇：《中国人价值观研究的现状及发展趋势》，《北京师范大学学报》2003 年第 3 期。

15．胡青：《新世纪的价值冲突与价值教育》，《广东社会科学》2000 年第 6 期。

16．郑钢：《当代青少年价值观的研究及其发展趋势》，《心理学动态》1996 年第 1 期。

17．王逢贤：《价值教育及其在新世纪面临的挑战》，《高等教育研究》2000 年第 5 期。

18．傅维利：《关于价值观教育的几点思考》，《高等师范教育研究》1995 年第 4 期。

19．石中英：《价值教育的时代使命》，《中国民族教育》2009 年第 1 期。

20．黄藿：《价值教育的几个问题》，《中国德育》2007 年第 2 期。

21．王坤庆：《论价值、教育价值与价值教育》，《华中师范大学学报》2003 年第 4 期。

22．刘铁芳：《自我认识的提升与个体价值精神的超越》，《高等教育研究》2006 年第 12 期。

五、英文论文

1．Elisabeth Arweck & Eleanor Nesbitt：Values education：the development and classroom use of an educational programme，British Educa-

tional Research Journal, Vol. 30, No. 2, April 2004.

2. David Kerr: Citizenship education: an international comparision across sixteen countries, International Journal of Social Education, 17 No. 1, 2002.

3. Alan Sears and Andrew Hughes: Citizenship: Education or Indoctrination? Citizenship Teaching and Learning, Vol2. No. 1. July 2006.

4. Mark A. Pike: Values and visibility: the implementation and assessment of citizenship education in schools, Educational Review, Vol. 59, No. 2, May 2007, pp. 215—229.

5. Michael Watts: Citizenship education revisited: policy, participation and problems, Pedagogy, Culture & Society, Vol. 14, No. 1, March 2006, pp. 83—97.

6. Duck – Joo Kwak: Re – conceptualizing Critical thinking for Moral Education in Culturally Plural Societies, Educational Philosophy and Theory, 2007.

7. Kathleen Knight Abowitz: On the Public and Civic Purposes of Education, Educational Theory, vol. 58, No. 3, 2008.

8. Terence Lovat and Neville Clement: Quality teaching and values education: coalescing for effective learning, Journal of Moral Education, Vol. 37, No. 1, March 2008, pp. 1—16.

9. Fritz K. Oser etc. : The just Community approach to moral education: system change or individual change? Journal of Moral Education, 2008.

10. Graham P. McDonough: Moral maturity and autonomy: appreciating the significance of Lawrence Kolhberg's Just Community, Journal of Moral Education, Vol. 34, No. 2 June 2005, pp. 199—213

11. Jim Mackenzie: A Reply on Behalf of the Relativist to Mark Mason's Justification of Universal Ethical Principles, Educational Philoso-

phy and Theory, Vol. 39, No. 6, 2007

12. Matthew J. Mayhew and Patricia King: How curricular content and pedagogical strategies affect moral reasoning development in college students, Journal of Moral Education, Vol. 37, No. 1, March 2008, pp. 17—40

后 记

本书系中山大学"985工程"二期"全球化时代的意识形态与价值教育"的课题成果。

本书是集体写作的结晶。作为〈全球化时代的意识形态与价值教育〉丛书的一本，依据丛书的整体筹划，由本书的主编林滨设计了本书的框架结构与写作提纲，所有撰写者对基本思路、内容结构进行了多次研究讨论，在取得共识的基础上，开始各自的写作。经过近两年大家的共同努力，终于得以完成。

具体写作分工如下：第一章：曾胜聪；第二章：朱美华；第三章：罗明星、杨超（第一节）；第四、五章：杨超；第六章：林楠；第七章：林滨；第八章：杨超、林滨（第二节）。最后由林滨、杨超负责统稿与校对。

在写作过程中，撰写人员参考了大量的资料，绝大部分已列出，在此向有关作者表示感谢。我们还要特别感谢人民出版社林敏副编审，谢谢她为此书的出版所付出的辛勤劳动。

价值教育，从本性而言是促进人生美好的教育。本书意在探讨全球化时代价值教育的何去何从，我们的探讨只是初步的、尝试性的，真诚地期待同行和读者的指教。

主编

2011年8月8日于中山大学康乐园

责任编辑:林　敏
装帧设计:小辉设计

图书在版编目(CIP)数据

全球化时代的价值教育/林滨 等著.
　－北京:人民出版社,2011.9
(全球化时代的意识形态与价值教育/李萍主编)
ISBN 978－7－01－010321－1

Ⅰ.①全…　Ⅱ.①林…　Ⅲ.①社会主义建设模式-价值论-
教育-研究-中国　Ⅳ.①D616

中国版本图书馆 CIP 数据核字(2011)第 201926 号

全球化时代的价值教育

QUANQIUHUA SHIDAI DE JIAZHI JIAOYU

李萍 主编　林滨 等著

人 民 出 版 社 出版发行
(100706　北京朝阳门内大街 166 号)

北京新魏印刷厂印刷　　　新华书店经销

2011 年 9 月第 1 版　2011 年 9 月北京第 1 次印刷
开本:710 毫米×1000 毫米 1/16　印张:22.5
字数:270 千字

ISBN 978－7－01－010321－1　定价:48.00 元

邮购地址 100706　北京朝阳门内大街 166 号
人民东方图书销售中心　电话 (010)65250042　65289539